教育部人文社会科学研究项目"中国企业的国际代工及其持续成长的
能力基础与策略空间"（10YJA630166）资助
浙江越秀外国语学院出版基金资助

中国企业的
国际代工问题研究

吴解生◎著

ZHEJIANG UNIVERSITY PRESS
浙江大学出版社

前　言

　　20 世纪 90 年代以来,中国有大量的企业参与了国际代工,并成为影响中国经济发展和国际分工的一个重要因素。由于代工模式与独立产销模式相比存在着较大的差异,因此参与代工的企业能否实现持续的成长?如果要寻求持续的成长,有哪些可供选用的基本策略?需要特别构建哪些主要的能力?这不仅成为一个涉及相关企业成长发展的微观问题,也在某种程度上成为一个涉及中国经济的未来发展和国际分工模式选择的宏观问题。

　　本书认为,尽管代工模式中存在着代工承接商往往会受到委托商不同程度的监督与控制、代工业务在产品价值链中处于相对低端的环节、代工企业会对委托商形成一定程度的依赖性等局限性,但是代工企业在充分把握代工模式的特征和采用恰当的经营策略的前提下,通过更加有效的学习和资源能力的获取积累,完全有可能摆脱很多人所担心的"每况愈下"的结局而实现持续稳定的成长。至于企业参与国际代工成为重要影响或构成要素后中国经济的未来走势如何,则在很大程度上取决于是否有足够多的代工企业实现了持续成长,是否在一部分采用相对低端要素的代工企业被淘汰出局或实现空间转移之后,有足够多的使用相对高端要素的代工企业或其他企业适时补充进来。而所有这些又在很大程度上取决于中国能否将包括代工企业在内的微观主体所创造的国民经济收益中的较大部分用来不断提升中国的区位优势。这种区位优势既包括良好的基础设施,也包括真正有效率的制度,还包括继续保持劳动力要素的高"性价比"优势。

关于代工企业寻求持续成长可供选用的策略,本书通过总结和归纳,提出了价值链后向整合策略、职能服务化延伸与细分策略、深度互动策略、多客户服务策略、多产品共存或产业链跃迁策略、优势区位转移策略、错位化自营策略、稳定无变与坚守共进策略。关于代工企业寻求持续成长需要特别构建的能力,本书着重讨论了代工机会识别能力、客户价值创造能力、合作权益维护能力、网络关系调适能力和路径依赖超越能力。

本书认为,充分认识代工企业与委托商之间的"互补型竞争"对代工企业实现持续成长非常重要。在代工企业所嵌入的网络合作关系中,代工企业与委托商的关系首先是合作伙伴关系:大家共同创造"1+1>2"的超额价值,并按照一定的规则分享这些超额价值;大家必须向对方做出种种承诺,例如代工企业往往需要进行一定程度的专用性资产投资,需要按照委托商的要求对运作流程、质量控制体系等加以改造,委托商则需要在进行种种技术和管理指导的基础上对代工企业做出长期购买的相关承诺。在此过程中,信任、长期合作共赢的愿望和契约精神的坚守是合作关系得以维持与发展的基础。但同时,合作双方也往往存在着各自的"打算"。从代工企业的角度来看,往往会希望更快地学习和进行资源能力的获取积累,使自己在合作网络中拥有更加平等甚至更加有主导性的地位;从委托商角度来看,一方面希望自己的合约供应商能够提供高效卓越的代工服务,另一方面又不得不防备自己优势要素的"过度溢出"和代工企业的"过度学习",从而使代工企业逐渐成为对自己能够形成某种"替代威胁"的竞争对手。可以认为,这种各自的"打算",实际上就是一种竞争动机或意愿的表现,而合作双方彼此之间的此消彼长则可以在一定程度上被看作是这种竞争的结果。此外,代工企业利用从代工中赚取的金钱和学到的知识、技术从事"公司内创业",发展某些不同于其代工业务的新业务,并通过这种新业务的快速成长,实现自身市场地位的提升,也可以被看作是这种竞争的另一种结果。从这个意义上来讲,代工企业能否实现持续成长在很大程度上也取决于其能否在与委托商的关系中恰当把握

"合作"与"竞争"的平衡点。

　　本书在写作过程中进行了以下几个方面的推进性尝试：(1)研究视角的宏微观贯通。由于中国的企业国际代工问题既是一个微观的企业商业模式选择问题,也是一个涉及中国经济发展的战略导向问题,因此单独讨论其中任何一个问题都难以将问题"说透"。而本书则立足于研究视角的宏微观贯通,以期既有助于解析人们在宏观战略方面的某些疑虑,又不失相关结论的微观分析基础。(2)强调代工企业的持续成长而非仅仅"转型升级"。应该说,"转型升级",尤其是向OBM(自主品牌制造)经营转型升级是"持续成长"的一部分,但不是全部。如何帮助一部分在一定时期内不具备"转型升级",尤其是不具备向OBM转型升级条件的代工企业寻求持续稳定发展,也是一个不应被忽略的重要研究任务。(3)代工企业生存环境的多维度分析框架构建。与委托商之间的关系固然是影响代工企业生存状况的最重要的因素,但并不是唯一因素。在代工企业与委托商所构成的合作网络之外还有一个更大的市场环境系统,这个系统中的相关因素也会直接或间接地影响代工企业的存在状态。本书通过代工企业存在环境的多维度系统性分析,为恰当把握代工企业生存状态影响因素构建了一个更为全面的分析框架,有助于避免将代工企业的经营不利过分归结于委托商的"盘剥""压榨"等认识偏差。(4)正面触及代工模式的"锁定效应"或"路径依赖"问题。"锁定效应"或"路径依赖"既非代工模式所独有,也非绝对牢不可破。因此,本书对"锁定效应"或"路径依赖"的破解之策进行了一定的探讨,并认为没有必要因视"锁定效应"或"路径依赖"为代工模式无法摆脱的致命性缺陷而对其避而远之。(5)代工企业与委托商关系价值概念的提出和综合估算框架的构建。与委托商之间的关系状态是影响代工企业持续成长的关键性因素,而如何从总体上把握这种关系状态必然是代工企业成长问题研究中绕不开的"结"。本书关于关系价值概念的提出和"关系合宜度"估算框架构建的阐述将为解开这个"结"提供一定的理论或方法支撑。

　　尽管随着国际经济景气程度和中国与发达国家之间的要素价格比率等因素不断发生变化,中国企业大规模参与国际代工的巅峰时期已经过去,但是在今后一定时期内,中国企业的国际代工模式并不会完全消失,并仍可能在一定程度上继续成为中国参与国际分工诸多形式中的一种。即使国际性的"制造代工"可能会逐渐减少,国际性的"设计代工""研发代工""服务代工"仍将可能继续发展;即使抛开国际代工因素,国内企业间的代工委托与承接关系也会有相当大程度的发展。因此,客观理性地看待代工模式和国际代工,深入准确地把握代工模式和国际代工的特点,科学地寻求代工承接商的持续成长之道,仍然是一个有着一定理论价值和实际意义的话题。

本书是笔者主持的教育部人文社会科学研究项目"中国企业的国际代工及其持续成长的能力基础与策略空间"(项目编号:10YJA630166)的最终成果。书中的疏漏和错误一定不少,诚恳地希望读者提出批评、指正,或展开讨论。

目　录

第一章　导　论

一、问题的提出

　　20 世纪 90 年代以来,随着中国对外开放程度的不断加深,有大量的中国企业通过承接国际委托商的代工委托而担当起了代工承接商的角色。所谓"代工"就是"代为加工制造"的意思。代工的英文表达有 OEM(original equipment manufacture)与 ODM(original design manufacture)。OEM 通常译为"原始设备制造"或"原厂产品委托生产",其基本意思是因原生产该产品的厂商所需生产成本较高,故委托其他厂商代为生产,生产后交由原厂商用自己的品牌加以出售。ODM 通常译为"原始设计制造"或"委托设计制造",是一种应客户要求对产品做较大改进、改型,或者根据客户需要重新设计产品,产品生产出来后交由客户(委托商)用自己的品牌在市场上出售的生产加工方式。代工生产方式也叫"贴牌生产""贴牌加工"。

　　在一段时间内,代工产品的涵盖面极广,从服装、鞋帽、玩具、家用电器,到电子产品、通信设备、建筑材料等,无所不包。据统计,中国在一段时间内从事国际代工的家电企业比率高达 90%,品种范围几乎包括了家电产业的各类产品。在此过程中,大量中国境外企业将其产品制造环节转入中国。其中,世界 500 强企业有近 400 家将其生产线搬到中国。世界服装巨头皮尔卡丹、Valentino(华伦天奴)等服装绝大部分由中国广东、浙江等地的厂商生产,著名运动鞋品牌耐克的产品的 60% 由中国企业生产。据统计,全球 1/3 的代工业务由中国提供。仅长江三角洲地区的家电企业的国际代工业务就占据了全球75%的份额。大量企业从事国际代工使中国成为全球最重要的代工产品输出国。例如,由中国企业代工生产的微波炉在欧洲市场有着较大的份额,仅格兰仕在欧洲市场上的年销售量就一度保持在250万至300万台左右。其他家电企业如新飞、澳柯玛、创维、长虹等也通过OEM方式大量向国际市场出口其彩电、冰箱和空调等产品。在眼镜、打火机等小五金产品和部分IT产品方面,OEM产品的输出数量也相当巨大。正是由于大量企业参与国际代工,从而形成了发达国家控制着品牌和渠道资源、中国企业广泛开展OEM或ODM制造的国际分工格局。

但是,从企业的经营模式角度来看,代工模式是一种与独立产销模式相比差异性较大的商业模式。第一,在由品牌委托商与代工企业构成的合约制造网络中,委托商往往处于更为主导性的地位,代工企业在按照品牌委托商的要求完成产品的加工生产(OEM)或设计生产(ODM)过程中往往要受到委托商不同程度的监督与控制。第二,由于代工企业所承担的产品价值链环节是委托商外包出来的非核心性环节,因而其价值在整个产品价值中往往仅占较小的比重。第三,代工企业为了更加有效地提供为委托商生产"专属性"产品的代工服务,需要形成一定数量的专用性资产,包括相关的厂房、设备、知识和技能等。尤其值得一提的是,由于成为品牌委托商的特约供应商以后,代工企业的产品大部分甚至全部交由委托商进行市场销售,代工企业的运营职能将专注(或退守)于生产职能,其营销职能往往会大为弱化甚至缺失。从某种意义上来讲,专注于生产制造性职能也是一种专用性资产的投资,是一种关于经营性知识和技能方面的专用性资产投资。如果说有关厂房、设备和有关产品生产方面的知识和技能的专用性资产投资会使代工企业在转换新的买主或转产新的产品方面面临较大转换成本的话,则弱化甚至一定程度放弃营销职能,主要或仅仅专注于生产职能这样一种有关经营性知识和技能的专用性资产投资,会使代工企业在重返独立产销模式时面临巨大的困难。而所有这些专用性资产的存在都意味着代工企业会对委托商形成某种程度的依赖性。

也许正是代工模式的这种不同于独立产销模式的特征,使人们一度在认识上产生了很大的困惑:一方面,人们不得不承认大量企业参与国际代工在促进经济增长、增加出口量、提高就业率等方面所担当的重要角色和发挥的重要作用;另一方面,人们又对参与国际代工的企业乃至整个国民经济能否实现持续稳定的增长表现出了种种担心和忧虑。

因此,如何恰当看待企业参与国际代工,如何恰当看待代工模式,如何帮助代工企业寻求长期稳定的持续成长之道,就成为一个非常具有挑战性的研究课题。而本书的目的就是试图在回答这些问题方面做出一些积极的努力。

二、国内相关研究的梳理与评价

目前,国内学术界对中国企业参与国际代工的问题已经有了很多的研究,其成果也相当丰富。大体而言,国内相关研究可归为以下三种基本的类型。

其一,代工模式不利因素揭示性研究。这类研究的关注点主要集中于对代工企业在价值链网络中分工地位低下、收入微薄、受到委托商控制、容易被长期锁定等不利性或负面性因素的揭示,其中大部分研究的主要目的是帮助人们对代工模式和国际代工的局限性有充分的认识和估计。

其二,代工企业升级路径导向性研究。这类研究的基本内容主要是强调代工企业"升级",即主要是沿着从 OEM、ODM 向 OBM(original brand manufacture,通常译为自主品牌制造)的方向实现功能或职能升级以及如何实现这种升级的路径选择问题。例如,胡军、黄永明等分别围绕着 Gereffi、Humphrey 和 Schmitz 等人提出的代工企业包括工艺流程、产品、产业功能和产业链条"升级"的"升级模式",对珠三角 OEM 企业、中国纺织服装 OEM 企业的价值链环节升级问题提出了相关对策建议;毛蕴诗等通过典型企业案例对采用 OEM—ODM 和 OEM—OBM 不同升级路径的代工企业的经营绩效展开了比较;俞荣建从价值链治理的角度对代工企业的升级问题展开了跨案例分析和共同演化视角的研究;黄永春等从产业链升级、品牌竞争力和企业资源理论出发,进行了代工企业自主品牌导向升级路径的阶段性特征研究。

其三,代工企业能力策略探寻性研究。这类研究以探寻代工企业成长发展所需竞争力提升为基本关注点。应该说,无论是上面所说的代工模式不利因素揭示性研究,还是代工企业功能升级导向性研究,都或多或少地涉及一些这方面的研究。但是其中有些研究在代工企业能力策略方面的讨论更加集中、全面而深入。例如,杨桂菊对代工企业的竞争力构成因素,代工企业自创品牌的演进路径与能力构建,相关典型代工企业转型升级与网络关系构建、模仿学习、创新投入、国际化导向、企业家精神、企业文化等相关因素的关系进行了多方面的研究;王雷结合相关企业集群案例,对代工企业应如何通过技术创新战略、市场开拓战略和品牌培育战略从而突破国际品牌委托商的"纵向控制"展开了相关的研究;江军民、晏敬东对能力不对称条件下代工企业创建自主品牌如何冲破委托商的封堵构建了博弈模型;马海燕、李世祥分别考察了代工企业扩大客户范畴、价值交错、价值延伸、与客户共同决策、调整客户类型等发展策略。

应当肯定,这些成果为本书展开关于如何恰当看待企业参与国际代工、如何恰当看待代工模式、如何帮助代工企业寻求长期稳定的持续成长之道的研究提供了很好的基础。但同时也不能不看到,这些相关研究还存在着某些不足甚至偏颇之处。

首先,在代工模式不利因素揭示性研究中,虽然大部分研究的落脚点都止于提醒人们不可忽视代工模式的局限性和过分陶醉于国际代工所取得的成绩,但是也有一些研究将代工企业出现的经营困难不加区别地归因于代工模式本身,尤其是归因于代工委托商的"盘剥"。例如,有学者认为代工企业往往难逃"悲惨增长"(即生产不断增长,报酬不断降低)的厄运,国内已有大量代工企业陷入了"悲惨增长"的境地,而委托商的监督与控制是其陷入"悲惨增长"境地的根源。可以看出,这类研究对代工模式或国际代工表现出一定程度的否定性倾向,或者说或多或少地在暗示代工模式是一种"劣等"的商业模式。有些研究甚至直接提出中国企业在一定时期内应放弃国际代工。例如,有学者认为鉴于代工企业的不利处境,中国企业目前不宜急于嵌入全球价值链(即参与国际代工),而应先在国内市场上发展到足够强大,再在全球价值链中寻求更为有利的地位。为了做到这一点,国家应在相关方面采取适度保护的措施。尽管这类研究仅在一定时间段内出现,总的数量也不算很多,但是这类看法是否妥当贴切,似乎仍是一个有待廓清的问题。

其次,相关研究的关注重点过分集中于代工企业的"升级",尤其是向自创品牌(OBM)的职能环节升级,对于在一定时期内不做或基本不做自主品牌业务的代工企业的成长问题关注不够。显然,对如何指导、帮助这部分企业寻求持续稳定的成长之道也是一个不容忽视的问题。

再次,相关研究在讨论代工企业成长发展的策略与能力过程中,与代工企业的商业模式特征、代工企业特有的竞争环境因素结合不够紧密,或未能将代工企业与委托商之间的"关系"作为一个重要的"关注要点"加以系统深入地分析,从而使某些对策、建议在针对性方面显得有所不足。

最后,相关研究对于如何解决人们最为关心或担心的代工模式的"锁定"问题也缺少应有的直接或正面的讨论。

三、研究视角与基本思路

代工模式是当今社会生产组织体系中上下游企业间关系朝着更加有利于发挥企业自身核心能力的方向发展变化的产物。从代工委托商的角度来看,将产品的生产制造环节委托给代工企业去做,实际上就是一种业务外包,只是与其他形形色色的业务外包相比,代工委托商完全把企业的生产制造职能都外包出去了,这是一种更高层次的业务外包。从代工企业的角度来看,承接代工业务实际上也就是成为代工委托商的特约供应商,只是与其他形形色色的特约供应商相比,代工企业所供应的产品是贴上委托商的商标就可以直接出售的产品,因而是一种服务形态更为独特的特约供应。从这个意义上来讲,代工模式的特点或代工企业的持续成长都应属于一个微观层面的话题。然而这个微观层面的话题之所以会引起相关学者如此高度的重视,是因为这种商业模式或企业形态与国际分工等问题存在着密切的联系。尤其在中国,企业参与国际代工已经成为影响中国在国际分工体系中的角色地位,甚至影响中国经济未来走势的重要因素。因此,代工模式的分析评价与代工企业的成长发展这个微观层面的话题就有了很强的宏观意义。

鉴于代工模式与中国企业国际代工问题具有这样一个特殊背景,本书选择了"宏微观贯通"这样一种研究的视角,以求本书的研究既有助于解析人们在宏观发展战略方面的某些疑虑,又不失相关结论的微观分析基础。为此,本书将按照以下基本脉络展开:系统阐述中国代工企业嵌入全球合约制造网络的产业组织演化和国际分工背景,帮助人们深刻理解中国企业参与国际代工的趋势顺应性与存在合理性;深入分析代工企业经营环境与独立产销企业经营环境的重大区别,准确把握代工模式的基本特征,并在此基础上有针对性地提出代工企业在寻求竞争优势和实现持续成长的过程中可供选用的相关策略与应特别着力构筑的不同于独立产销企业的相关能力基础,从而为代工企业寻求竞争优势、实现持续成长提供有益的理论指导;对代工企业和因为企业参与国际代工而受到重要影响的中国经济的可能前景及其关键性因素展开分析,并提出寻求有利前景应采取的相关措施。

本书的基本研究思路如下所示。

(1)在国际生产组织方式发生深刻变化和中国坚持开放经济的条件下,参与国际代工是部分本土企业分享国际市场的一种务实选择,也是在今后相当长一段时间内中国参与国际分工的基本形式之一。

(2)代工模式本身虽然未必一定是"天堂之梯",但也绝非一定就是"地狱之门"。一些代工企业出现经营困难,甚至每况愈下的情况,其原因可能是多方面的。那种把代工企业出现经营困难的原因不加区别地归结为代工模式本身的局限,从而或多或少地将代工模式视为"劣等"商业模式的思维方式是缺乏科学依据的。任何一种商业模式能够存在,能够被相关企业所接受,在一定程度上都表明其具有存在的价值或合理性。世界上没有绝对"好"的商业模式,也没有绝对"不好"的商业模式,一切都应视企业的具体条件和环境而定。

(3)代工企业沿着 OEM、ODM 和 OBM 的路径实现"升级"当然是其成长的一种重要方式,但并不是唯一的方式。在研究代工企业的成长问题时,既要重视对"升级"问题的研究,也要对那些"升级"效应并不明显,甚至在较长时间内都停留在 OEM、ODM 环节的代工企业的成长给予应有的肯定与关注。

(4)由于专用性资产的投资,包括企业部分经营职能的弱化甚至缺失,代工企业会在商业模式方面形成一定的"路径依赖"或"锁定"效应。但是"路径依赖"或"锁定"效应是一种广泛存在于技术变迁、社会制度变迁和企业转型等过程中的现象。同时,"路径依赖"或"锁定"也并不是不可超越或打破的。因此,在恰当把握代工模式基本特征、充分构建相应能力和科学遵从"狭路相逢勇者胜"法则的前提下,代工企业完全有可能实现包括成功进入 OBM 在内的战略转型和持续成长。

(5)由于代工业务通常不是面对很多的委托商,而是主要服务于少数甚至单一的委托商,所以代工企业与委托商之间的"关系"就成为影响代工企业成长发展的重要因素。因此,代工企业的持续成长需要学会如何从总体上把握其与委托商之间的合作关系,并努力寻求这种合作关系的"价值"最大化。

(6)在同为市场主体这一点上来说,代工企业与独立产销企业并无本质上的不同。因此,在成长策略方面,代工企业与独立产销企业也应当有很多共同之处。但是代工模式毕竟与独立产销模式存在较大的差别,因此在代工企业的策略选择空间中,价值链后向整合策略、职能服务化延伸与细分策略、深度互动策略、多客户服务策略、多产品共存或产业链跃迁策略、优势区位转移策略、错位化自营策略、稳定无变与坚守共进策略等应占据更为突出的地位。

(7)代工企业的持续成长需要依托多种能力,但是从代工模式的角度来看,代工企业需要特别重视构建以下几个方面的能力,即代工机会识别能力、客户价值创造能力、合作权益维护能力、网络关系调适能力和路径依赖超越能力。

(8)尽管代工企业的经营环境与独立产销企业有所不同,但决定代工企业发展前景的关键因素与后者仍有很大的相通性:从微观层面来讲,主要取决于其学习过程和能力提升的加速度以及相关"商业能量"的筹集储备程度;从宏观层面来讲,则主要受制于国内要素禀赋的改善程度和政府能否创造更加公平有效的竞争环境。

四、研究框架

基于以上研究视角与基本思路,本书共分八章,各章主要内容如下。

(一)导论

本章主要阐述问题的提出及其研究意义,对已有研究做出简要的梳理和点评,提出本书的研究视角和基本思路,简要介绍各章内容和说明研究方法等。

(二)中国企业参与国际代工的背景分析

本章主要说明,大量中国企业参与国际代工是在特定背景条件下形成的重大趋势性现象。这部分内容主要围绕以下三个方面展开。

1. 大量中国企业参与国际代工是中国实施开放经济政策条件下本土企业顺应和对接国际主流企业实施"归核化"战略的产物

在这种"归核化"战略中,相关企业往往并不是简单地放弃那些非核心业务,而是采取战略外包(outsourcing)的形式将其交给了那些形形色色的战略伙伴企业。因此,外包担当了"归核化"战略实施的重要纽带、桥梁和支撑点的角色。代工模式从委托商角度来讲也是一种"归核化"战略,代工委托从根本上来说也是一种业务外包,只是这种外包对外部资源的利用程度更高,层次更深。

2. 大量中国企业参与国际代工是产业价值链对接"网络化"的重要表现形式

产品或产业价值链环节的对接既可以通过企业内部以科层、等级制的权力为基础的计划、安排、部署等形式来实现,也可以通过单纯市场体系的"竞价式"买卖形式来实现,还可以通过基于企业间签订长期买卖合约的形式,即合作网络的形式来实现。实践证明,借助企业间签订长期买卖合约,即合作网络这种介于"市场"和"科层"之间的价值链环节对接方式有着一系列独特的优越性,因而得到了广泛的应用与快速的发展。而代工模式也是一种产品或产业价值链环节的对接形式,代工企业与委托商之间的关系也是一种网络合作关系,因此,大量中国企业参与国际代工是产业价值链在全球范围内实现"网络化"对接的重要表现形式。

　　3. 中国企业的大规模国际代工是当今世界国际分工"职能化"的重要标志

　　国际分工在经历了由工业国与农业国之间的分工为主向工业国之间分工为主、产业间分工为主向产业内分工为主的演变之后,进入了以全球价值链不同职能环节分工为重要特征的阶段。代工模式说到底是一种产品或服务价值形成过程中不同职能环节的企业间分工模式。具体来说,就是代工委托商把产品或服务价值形成过程中的消费者需求挖掘,产品市场指向或定位,产品的分销、服务及品牌维护职能环节留给了自己,将产品的生产制造职能环节等通过外包的形式"分工"给了其他企业,即"分工"给了代工承接企业。而当这种企业间的分工跨越了国界,就形成了国际分工。当这种分工达到一定的规模时,国际分工就拥有了"职能化"分工的属性。这种分工已经超出了对实体性、物质性对象进行加工制造的范围,更多地表现为以实体性、物质性对象进行加工制造为基础的价值增值活动与非实体性、非物质性对象价值创造之间的分工,或者更为形象地说是"品牌"与"制造"的分离、"大脑"与"手脚"的分工。

　　通过以上分析,本章意在强调大量中国企业参与国际代工是在中国实行开放经济,中国的经济发展水平、要素禀赋状况与发达国家存在着较大的差距,并且在优势资源和核心能力等方面与发达国家的相关要素之间正好有着很大互补性等特定条件之下的"顺势而为"。

(三)网络组织与全球代工体系

　　研究代工企业的持续成长,需要对代工企业所依托的合作、交易和互动的关系环境有所了解,而代工企业所依托的合作、交易和互动的关系环境就是网络组织。或者更进一步说,参与国际代工的企业所嵌入的是一种可以被称作"全球代工体系"的网络组织。本章首先从讨论企业与企业的边界、企业与企业之间的互动交换方式入手,引出了网络(network)这样一种介于市场(market)与等级制(hierarchy)之间的企业间实现交换与资源整合的形式,并讨论了这种形式的优势或价值。接着,本章讨论了网络组织大量出现的过程和原因,讨论了网络组织的类型与治理结构,强调了由契约、信誉与信任等构成的网络组织治理或运行的机制核心,阐明了合约关系终止的威胁和交易者违反合约的行为在市场上使其信誉贬值造成的损失（即所谓的"声誉机制"）是形成网络组织不完全合约自我履行机制的重要基础。在此基础上，本章最后讨论了全球代工体系的概念与类型，指出"全球代工体系"是"全球价值链体系"的一种特例或组成部分。在讨论全球价值链体系的治理与治理者的基础上，分析了全球代工体系的主要治理模式，分析了全球代工体系中不同职能环节的价值分布。

（四）代工企业及其网络合作与竞争

在总体上认识了全球代工体系的相关特征，认识了全球代工体系在网络组织和全球价值链体系中的"角色"之后，我们需要将研究视角转入代工合作关系的内部，研究代工企业与其委托商之间的合作、竞争关系，研究代工企业与其他相关主体之间的直接与间接的竞争关系。

1. 代工模式的起源与代工企业的类型

这部分内容在简要回顾代工模式起源的基础上，着重分析了代工企业与独立产销企业的差异性，并分别从代工业务在代工企业全部业务中的构成状况和代工企业与委托商之间业务构成关系的对等性等角度，将代工企业划分为单一客户纯代工企业、多客户纯代工企业和混合业务代工企业，以及依他型代工企业、他依型代工企业和对等型代工企业。

2. 代工企业的"合作收益"与"关系成本"

代工企业的"合作收益"是指代工企业通过网络合作可能获取的超额收益，其既包括财务性收益，也包括非财务性收益。财务性超额收益主要包括在一定时期内稳定的利润水平、生产稳定性带来的减少资产闲置和固定成本支出、降低产品或服务的销售成本所带来的财务收益等。非财务性超额收益主要包括直接市场风险的规避效应、技术溢出效应和声誉提升效应（或"背书效应"）。代工企业的"关系成本"则主要是指代工企业在实现网络成员间功能上的高度互补性的同时所伴随着的相互之间的高度依赖性。由于这种高度依赖性会造成组织成员在独立性方面的某种缺失，所以被看成是一种"减损性因素"或"成本性因素"，而专用性资产的投资是导致"关系成本"存在的最根本的原因。

导　论

3.代工企业的竞争关系

在代工企业与委托商之间的竞争中,分别讨论了代工企业与委托商竞争的主要表现、代工企业与委托商竞争的特点、代工企业的(合理的)竞争性行为与机会主义行为之间的差别。

在服务于同一委托商的代工企业之间的竞争中,指出在服务于同一委托商的代工企业之间往往存在着一种诸如为了获得更大份额的订单而展开的包括压低代工价格、提升服务质量、提供优惠供货条件等内容在内的直接竞争。同时也指出这种竞争达到一定程度时可能会导致委托商的直接干预或间接介入。

在代工企业与潜在进入者之间的竞争中,指出除了绝对成本优势和规模经济等常规性影响因素以外,代工过程中代工企业与委托商的互动程度、在位代工企业的代工声誉好坏、委托商分散代工业务的意愿等也是影响潜在进入者壁垒高低的因素,进而成为影响代工企业与潜在进入者之间竞争程度的重要因素。

在代工企业与供应商之间的竞争中,指出供应商的议价能力对代工企业的盈利能力具有很大的影响,如何构建在提供高品质服务和有效实现成本控制目标等方面表现卓越的供应链体系,是影响代工企业成长发展的重要基础。

在代工企业所在的合作网络与外部相关市场主体之间的竞争关系中,指出代工企业的产品虽然并不直接面对外部市场(而是只面对委托商),但是在产业或所生产产品的生命周期阶段,外部市场的竞争者状况、替代品状况、潜在进入者状况等竞争性因素的影响仍然会通过委托商的"传递"或"折射"影响到代工企业。

(五)代工企业持续成长的概念、路径和代工企业与委托商合作关系价值

本章是关于代工企业持续成长的概念、路径和代工企业与委托商合作关系价值的讨论。

1.代工企业持续成长的概念

本章对企业成长的一般理论和代工企业"持续成长"的特定含义作了

简要的概述,并在此基础上特别说明研究代工企业的"持续成长"并非旨在一般性地探寻代工企业成为"长寿公司"的"秘诀",而是主要在于强调:(1)代工企业的成长并非一定比独立产销企业缺少"可持续性"。(2)代工企业的"俘获性""锁定性"和"路径依赖性"并非绝对不可打破。(3)"升级"虽然是代工企业的一种最重要的"成长",但"成长"并不仅仅局限于"升级"。研究代工企业如何摆脱代工固然很有意义,但研究代工企业如何在代工模式的恪守中生存和发展下去也很有意义。(4)规模扩大当然是成长的常见形式,但是为了寻找新的生存空间而借助"内部创业(internal corporate entrepreneurship 或 internal corporate venture)"等形式,经过某种程度的规模缩小或"瘦身"之后实现"蜕变"也是代工企业成长的重要形式之一。

2. 代工企业的成长路径

在相关学者已有研究的基础上,本章基于代工企业与委托商关系的战略属性视角,将代工企业的成长路径划分为功能互补取向型、互补竞争共存型、完全竞争型和跨业务能力延展型四类;根据不同成长路径与委托商相关性程度的不同,将以上四种类型又划分为"委托商高相关性路径"和"委托商低相关性路径";通过引用和改写,展示了两个实施"委托商高相关性"成长路径的同行业代工企业的案例,比较了这两个分别实施功能互补取向型成长路径和互补竞争共存型成长路径的企业在财务表现、知识产权保护和决策者对各自成长路径看法方面的差异。

3. 代工企业在持续成长中的"关系价值"

本章提出了代工企业与委托商之间进行代工合作的"关系价值"的概念,并将其定义为代工企业参与代工合作的关系受益(或超额收益)与关系成本之比;对代工企业的关系受益与关系成本进行了可估算化概念转换,从而分别给出了代工企业的超额收益度、关系依赖度、资产可转度、业务对等度等概念;给出了代工企业关系价值的估算框架性指标:关系合宜度。关系合宜度=超额收益度/关系依赖度=超额收益度×资产可转度×业务对等度。

(六)代工企业持续成长的策略空间

围绕着代工模式的基本特点,结合相关代工企业的案例与经验,本章提出和讨论了8种有助于代工企业持续成长的基本的策略。

1.价值链后向整合策略

成本、质量和客户响应是代工企业存在与发展的基础。而沿着产品价值链的后向环节加以高效整合则是控制成本、保证产品质量和实现快速客户响应的重要保障。因此,价值链后向高效整合往往成为代工企业最为重要的"基本功"。"后向整合"的概念在很多情况下就是指"后向一体化",但是这里所说的"后向整合"的含义较宽,不仅包括后向一体化,也包括供应商管理或关系构建。另外,关键投入品的内生替代也被单独提出进行讨论。

2.职能服务化延伸与细分策略

生产制造职能无疑是代工企业的主要和基本业务职能,但是立足于生产制造职能,沿着产品价值链向某些非制造性服务职能环节延伸,将有效增加代工企业的业务价值含量。从 OEM 向 ODM 延伸是一种最为常见的服务延伸策略,也是一种沿着价值链的"后向"所进行的服务化延伸。售后服务、提供维修和物流服务等内容,属于沿产品价值链"前向"的服务化延伸。而品牌厂商只要有一个"想法",代工企业即可把这种"想法"变成产品和相应的服务,应当是"代工"的最高"境界"。除此之外,将部分国际代工订单交由国内其他代工制造企业完成的"二传手"角色是一块价值创造的"中间地带",是一种服务功能的细分化定位,也是一种可以尝试的策略。

3.深度互动策略

代工企业与委托商之间的良性互动主要是指供方向买方及时反馈产品设计、制造中存在的问题,提出改进建议,共同寻求相应解决方案等,买方让供应商较早参与产品研发,并给予他们更多的设计和制造职责等。代工企业与委托商之间的良性互动既是体现买供间网络关系优越性的重要内容,也是代工企业寻求持续发展的重要形式之一。代工企业通过与客户共同进行产品价值分析活动、通过提供制造环节的技术和成本分析,共同制定降低成本的目标,实际上也是在一定程度上参与了委托商的"决策",而这种决策活动的参与有助于代工企业与委托商之间合作关系的进一步加深和延续。

4.多客户服务策略

多客户服务是指代工企业同时为多家经营同类产品或相近产品的委托商提供代工服务。实施多客户服务有助于代工企业寻求规模经济优势,降低专用性资产的专用程度,改善业务的倚重格局。当然,从委托商的立场来看,代工企业的多客户服务是一种具有不利性因素的"事件"。但是,只要这种不利性因素或负面影响没有大到一定程度,委托商通过对代工企业的高品质代工服务、因代工规模扩大所带来的代工成本降低预期、寻找和更换新的代工承接商的相关代价等因素的综合权衡,仍然有可能对代工企业的多客户采取"容忍"的态度。

5.多产品共存或产业链跃迁策略

多产品共存或产业链跃迁是指代工企业进入不同的产品或不同的业务领域。如果代工企业在进入其他产品或产业领域的同时并不放弃原有的产品,我们就将其称作"多产品共存"。如果代工企业在进入其他产品或产业领域的同时放弃了原有的产品,我们就将其称作"产业链跃迁"。多客户服务属于集中成长策略中的横向成长策略,多产品共存或产业链跃迁策略属于多元化成长策略。实施多元化成长策略有利于实现范围经济,对于代工企业而言,也有助于关系适宜度的改善。

6.优势区位转移策略

代工模式作为一种特殊类型的外包,寻求生产制造环节的最低成本是其最重要的出发点之一。而低成本的获得,除了借助规模经济和学习效应以外,寻求最为有利的区位条件也非常重要。随着区位要素条件的变化,某些产业活动对某些区位的适应性会逐渐下降甚至消失。这时,代工企业要么放弃原有的产品或产业,进入与原有区位要素供给相适应的产品或产业,要么离开(或部分离开)原有的区位,寻求与现有产品或产业相匹配的新的区位。因此,适时寻求向优势区位的转移是部分代工企业的一门重要的"必修课程"。

7.错位化自营策略

所谓"自营策略"是指代工企业直接销售与自己代工产品相同或相近产

品的经营策略,亦即人们通常所说的"自主品牌"或"OBM"策略。在自己所代工的产品领域内以自己的品牌直接生产和销售,实际上就将自己置于了与委托商直接竞争的地位。当然,这种直接竞争的程度可能各不相同,有的对抗性较强,有的对抗性较弱。这里所说的"错位化自营策略"主要是指后者。从委托商的利弊得失角度来考察,影响其对代工企业"错位化自营"或自创品牌行为容忍程度的主要因素有转换代工企业的搜寻与培育成本、代工企业的业务量在委托商业务总量中的比重与代工企业的潜在替代者数量、代工企业所提供服务的"物超所值"程度、代工企业在代工网络中获取合作收益的大小、委托商业务量在代工企业的业务总量中的比重与委托商的潜在替代者数量、代工企业拟经营品牌业务对委托商业务的竞争程度等。代工企业的"错位化自营"应在这些相关因素中找到恰当的"平衡点"。

8.稳定无变与坚守共进策略

所谓"稳定无变"是指企业选择继续维持既有经营策略,以实现某种可预见的未来收益与生存状态。前述各项策略的共同特点大都是在讨论代工企业在原来的基础上如何实现"变",积极争取这种"变"无疑是一种更为理想的目标。但无论是代工企业还是独立产销企业,都有可能处在某一种"无需求变"或"难以求变"的状态,这时选择"不变"或"无变",也是一种合理的明智之举。例如,部分代工企业可能由于种种原因在相当长时间内选择继续保持原有的代工合作格局,与委托商共同分享产业(或产品)生命周期中的"可延续"阶段。实际上,面对所在产业(或产品)增长趋缓的形势,不仅代工企业在考虑寻求新的可进入产业,委托商也在做同样的考虑。如果委托商选中的新的战略产业仍然具有大规模委托制造的可能性,对于那些暂未找到新成长空间的代工企业来说,密切关注委托商的新产业探寻开发动向,并适时跟进,可能也是一种可用策略。在这里,我们将这种策略称作"坚守共进策略"。

(七)代工企业持续成长能力基础

企业能力是企业在生产、技术、销售、管理和资金等方面力量的总和,企业能力的研究已经有非常深厚的基础。但是代工企业作为一种不同于一般独立产销主体的市场经济组织,应该具备某些用来应对其特定存在环境和商业模式的一些能力,主要包括以下内容。

1. 代工机会识别能力

代工机会的识别能力可分为对是否接受代工模式的判断能力和服务于什么样委托商的评估能力。首先,代工企业应具备对于自己从事代工业务是否有利做出恰当判断的能力。这种判断对于从独立产销企业转为代工企业,尤其是那些完全或基本放弃自营业务,从而转为纯代工业务的企业来讲是一次重大的战略转折。代工企业的决策者需要具备将自己的经营现状、代工模式的有利性与不利性、参与代工希望达到的目标和可能的前景等因素作多方面估量权衡和决定取舍的审时度势能力。同时,应具备对服务于什么样的代工委托商进行筛选评估的能力,这包括对委托商运行和管理风格上的相容性、资源和能力方面的互补性、战略意向上的一致性以及其他方面的一些相关因素做出相应评估的能力。

2. 客户价值创造能力

委托商与代工承接商组成价值链合作网络的目的在于提供比由它们各自为市场提供产品与服务的价值之和更大的价值。而这种"更大价值"的基础之一就在于代工企业为客户提供优质的代工服务,从而创造卓越的客户价值。因此,创造卓越的客户价值的能力是代工企业最基本的能力。通过经验曲线效应的运用不断降低产品的制造成本,通过实施精益生产(lean production)、敏捷制造(agile manufacturing)等措施,自己能够以更快的响应速度、更好的产品质量来满足委托商在产品质量、品种、交货速度、存货数量等方面的严格要求,这些都是这一基本能力的构成内容。

3. 合作权益维护能力

代工企业与委托商构建合作网络的目的在于创造和分享超额价值,从公平的角度来看,网络成员的超额收益分享程度应当与其所创造价值在合作网络创造总价值中所占的比重相适应。如何能够做到这一点既是一个实践问题,也是一个理论问题。理论界对网络(或联盟)合作利益的分配问题已进行了一定的研究。国内一些代工企业采用的"战略供应商制度"与客户"议价机制"在有效维护代工企业的合作权益方面发挥了一定的积极作用。

除此之外,代工企业在维护自己的合作权益过程中应特别注意对自己代工服务的价值做出客观的估量,对合作网络外部市场的竞争状况保持一定程度的关注并对自己与委托商的"关系张力"作恰当的把握。

4. 网络关系调适能力

代工企业与委托商之间的合作状态既是代工企业成长状态的综合性反映,也是影响代工企业能否持续成长的重要整体性因素。因此,有效调适代工企业与委托商之间的合作关系、寻求关系价值保持或提升的能力也就成为代工企业寻求持续成长的重要能力之一。结合关系合宜度概念,代工企业保持或提升关系价值的总体方向应当是超额收益度、资产可转度和业务对等度的改善或提升。代工企业的超额收益度、资产可转度和业务对等度三者之间并不是完全相互独立的关系,而是存在着一定的连带性。因此,代工企业在关系合宜度调适的过程中,要将超额收益度、资产可转度和业务对等度综合起来作通盘考虑,尽可能争取在资产可转度不变或仅有较小幅度减损的情况下获取较高程度的超额收益度或业务对等度,或者在超额收益度不变或仅有较小幅度减损的情况下争取较大幅度的资产可转度或业务对等度改善。这种通盘考虑、反复估算的能力也可以被看作是代工企业必须掌握的一种独特的"关系管理"的能力。

5. 路径依赖超越能力

当相关产业环境发生变化,代工模式就有可能成为企业进一步发展的制约性因素,因此必须实行相应的战略转型。实施这种战略转型会面临路径依赖的影响,因此如何培育路径依赖的超越能力就成为代工企业能否实现持续成长的又一个重要问题。尽管代工企业路径依赖突破或超越的难度往往比独立产销企业更大,但也绝不是一旦踏入代工之门就永无回头之日,关键在于"改变不利现状或不理想现状",即路径依赖超越的"作用力"足够强大。代工企业路径依赖超越能力的构建除了充分吸收理论界相关研究成果以外,应特别注意原有业务发展前景的判断能力、业务转型方向选择的战略决断能力、与委托商进行有限博弈的能力、转型资源整合能力的构建。其中,转型资源整合能力的构建需特别注意生产制造组织过程中相关知识与经验的转移延展能力,新进入领域关键性知识、信息与技术的学习掌握能力,战略性人力资源的前瞻性储备能力和财务资源的聚集动员与平衡配置能力的培育和掌握。

(八)如何争取中国企业参与国际代工的有利前景

本章对如何争取中国企业参与国际代工的有利前景展开了讨论。

首先,本章对大量企业参与国际代工为促进中国经济快速增长、提高中国的工业化水平、提升中国经济的国际化程度与国际地位、充分发挥中国的劳动力资源比较优势、使企业获得重要的技术和管理方面的学习机会等所发挥的极为重要的积极作用给予了充分的肯定。

其次,本章特别强调了应客观理性地看待国际代工的利弊得失,指出中国企业参与国际代工具有一定的内在合理性,从事代工是弱小企业寻求快速发展的艰辛之路;指出不恰当强调代工之"弊"可能会形成某种误导,视国际代工为"替他人作嫁衣裳",似是而非地暗示国际代工或代工模式与"悲惨增长"之间存在着必然的因果关系,呼吁本土企业在还没有培育出自己的"高级要素"之前不应"急于"嵌入全球价值链(即参与国际代工),对品牌商收益水平比较中的"成本因素缺位"、"NVC倡导"中的"市场保护呼吁"等存在着一定的认识偏颇或误区。

再次,本章讨论了中国企业参与国际代工的可能前景及其影响因素。从微观层面来看,试图说明每况愈下或破产倒闭并不是代工企业的唯一结局或必然归宿,其中必有相当一部分代工企业能够实现沿着同一产品价值链的不同环节由低到高纵向攀升、在特定价值链环节上横向扩展、从某一价值链向另一价值链跃迁等不同形式的持续成长。另有部分代工企业则可能处于相对稳定的状态,这些企业因能够提供令购买者满意的产品制造服务而使价值链伙伴关系得以长期保持,并分享该价值链合作网络长期稳定发展的相应成果。从宏观层面来看,试图说明因大量代工企业倒闭和迁移而导致大量失业与经济衰退也不是不可避免。中国可能会失去一部分使用低端技能劳动力的代工企业,但仍有可能吸引或内生另一部分使用高端技能劳动力的代工企业或其他企业,从而使中国经济在更加有利的"技能结构""职能结构"和"价值链环节结构"条件下获得较快发展。至于究竟何种前景出现,影响因素很多。其中最为关键的因素,从微观角度来看,主要取决于代工企业资源与能力的获取和积累速度以及与之相关的学习速度；从宏观角度来看，主要取决于中国劳动力要素能否在新的条件下继续保持由素质和价格共同决定的高"性价比"，取决于政府能否创造更加公平有效的竞争环境。

最后，本章讨论了争取中国企业参与国际代工有利前景应采取的措施。从微观主体方面看，应培育高素质员工队伍与卓越的企业家、开发掌握关键技术、塑造良好的企业文化、提高企业信息化水平、努力创建学习型企业组织；从宏观角度看，应加强政府的战略导向和政策支持、改善人才成长环境、加大科技研发投入、培育有利于企业创新的社会环境、完善知识产权保护体系、积极促进配套性服务的发展和加快体制变革及制度创新。

五、研究方法

（一）宏观视角与微观视角相结合的研究方法

如何恰当看待代工模式和中国企业参与国际代工以及探讨代工企业如何寻求持续成长的问题既是一个理论问题，也是一个实践性问题；既是一个微观组织的商业模式选择和战略导向问题，也是一个涉及国家发展战略的宏观经济问题。人们之所以对中国企业的国际代工问题给予非常高的关注，是因为国际代工已经成为中国经济的重要组成部分和中国国际分工角色的重要表现形式之一。但是，如果不深入解析代工模式的实质与特点，有关国际代工优劣利弊的讨论就总是难以把问题说透。因此，本书采用宏观视角与微观视角相结合的研究方法。

首先，本书从中国企业大规模参与国际代工的社会生产组织和国际分工方式的变迁背景这个相对宏观的视角入手，由大到小、由外到内地逐步分析网络组织、全球代工体系、代工企业及其与委托商的网络合作与竞争，以便对代工模式和国际代工的产生根源、存在合理性及其相关特点有一个比较全面深入的了解。在此基础上，本书进入微观视角，讨论了代工企业持续成长的概念及其提出用意、代工企业成长的可能路径和代工企业与委托商合作关系的价值及其估算框架，讨论了代工企业持续成长的策略空间与能力基础。接着,本书再次进入相对宏观的视角,对中国企业参与国际代工的积极意义做出应有的肯定,对在看待中国企业参与国际代工利弊得失和政策呼吁方面存在的某些认识误区或偏颇加以必要的辨析,对中国企业参与国际代工的可能前景和关键性影响因素分别从微观与宏观的角度进行分析,并在此基础上对如何争取有利前景提出了相关的对策建议。

(二)规范研究方法

本书所研究的问题基本上可以被归结为"是什么、为什么、可能怎样和应该怎样",研究过程较多地借助了逻辑推断演绎等思辨手段,基本属于理论阐述、推理、判断、归纳等性质的研究,因而可归类于规范研究方法。

(三)经验研究方法

本书的研究出发点在于对现实中出现的某些事物加以合理解释、说明和评价,因此不仅需要从管理学、经济学等相关学科的研究成果中寻求理论支撑,有些结论还需要由部分的实际例证来加以说明,因而具有较为明显的经验研究的属性。

第二章　中国企业参与国际代工的相关背景

　　大量中国企业参与国际代工并不是一种偶然现象,而是在一系列特定背景条件下形成的一种特有的"趋势性"或"顺应性"现象。具体说来,大量中国企业参与国际代工是在中国实行开放经济政策,中国经济的总体发展水平、要素禀赋状况与发达国家存在着较大的差距,在优势资源和核心能力等方面与发达国家的相关要素之间有着很大的互补性,又恰逢国际主流企业战略导向的"归核化"、社会生产组织过程中产业链对接的"网络化"和国际分工在一定程度上依托企业间分工的"职能化"等因素相互交织影响下的产物,是中国在不断降低关税和非关税壁垒、不断提高外商直接投资准入程度,不断寻求本国产能较大幅度地进入世界市场,而相关本土厂商在一定时期内又缺乏必要的能力和经验,在国际市场上与中国境外厂商开展直接正面竞争的条件下的一种"顺势而为"。

一、企业战略的"归核化"

　　从企业战略的角度来看,大量中国企业参与国际代工首先是企业(尤其是那些国际主流企业)实施"归核化"战略的产物。

　　20世纪90年代以来,美国学者普拉哈拉德和英国学者哈默的核心能力理论、美国战略管理学家马凯兹的"归核化"战略新概念的相继提出,使越来越多的企业采取了将其业务集中到其资源和能力具有竞争优势的领域的战略导向。而在此过程中,战略外包(outsourcing)则成为企业实现这种"归核化"战略的重要手段和途径。

（一）"归核化"是企业多元化战略发展到一定阶段的产物①

美国大企业自 20 世纪 50 年代起施行多元化战略,在 20 世纪 70 年代达到了高峰,20 世纪 80 年代进入战略转换期,90 年代多数大企业开始实施"归核化"战略。欧洲大企业的这一战略转换大约比美国晚 5~8 年,到 20 世纪 90 年代中期才陆续实施"归核化"战略。在亚洲,韩国大企业在 1998 年才开始实施"归核化"战略。日本的一些大企业也大致在这一时期以突出企业经营重点为主,实施"归核化"战略。为什么各国企业,尤其是一些大企业纷纷采取"归核化"战略呢? 说到底,企业实行"归核化"战略是竞争的需要。

1."归核化"是技术发展高度化和生产加工深度化的必然要求

社会生产过程的深化使知识与技术成为企业发展的重要因素,在这种条件下,产业的技术特性决定了企业的经营结构。在现代技术结构中,数字电子技术、基因工程、新材料生产技术、多媒体技术等高新技术,都具有创新难度系数大、系统发展要求高的特点。在这些技术领域中,知识更新非常频繁。同时,由于这些技术领域蕴藏着巨大的未来发展商机,因此,这些技术领域的竞争也十分激烈。在这种情况下,一些进入高技术领域发展的企业,如果采取跨产业、多元化经营的发展战略,往往难以深入所有的业务领域,或者掌握各项技术的关键环节,也很难在所有的业务领域都达到顶尖水平。在高新技术领域,没有技术领先优势,就没有市场优势。企业能否及时推出新产品,是否具有技术领先地位,对企业的市场占有率及市场扩展潜力有着决定性的影响。此外,如果企业所拥有的主导技术能被有效应用的领域有限,企业拓展经营范围的空间也有限;如果企业准备进入的产业对技术积累有较高的要求,那么,企业偏离核心业务进入非技术相关领域,就会丧失经验优势。而且,由于在新的业务领域开始经营,必须购买新技术,若企业把技术投资分散在多个方面,势必降低主营产品的创新投入,危及企业在主要

---

① 这部分内容部分参考、引用了来自 http://baike. baidu. com/link? url = fjTlmQo8bWx_RyDCV0CzIPKeNvX6FXC6yGJradP9wIf8w107WnI-joAIbv8O3wBA3Jw-RQbIsCwbNy6OUA6hRq 的网络资料。

市场上的竞争能力。因此,获取市场竞争优势要求知识密集型企业尽可能地集中智力资源和资金,沿着企业主要技术所导向的路线,进行持续的和系统性的研究与开发,从而不断推出最新技术成果,保持企业在主要业务领域的技术领先地位。

在此过程中,美国的英特尔公司、微软公司,瑞典的爱立信公司,芬兰的诺基亚公司等企业在从事专业化经营方面的成功经验,对掀起"归核化"战略发挥了显著的示范作用。美国苹果公司发展起来后,一度把经营摊子铺得很大,影响了其在个人电脑方面的创新投入,结果削弱了自己核心产品的市场竞争能力,导致连年亏损。1996 年,苹果公司把部分产品的生产基地转让给 SCI 公司,自己则集中资源进行专门性的新产品研究开发业务,收到较好的效果。1997 年第四季度,苹果公司的账面上再度出现了盈利。

2."归核化"使企业因集中于同类业务而提高新技术应用水平

1995 年,美国电话电报公司(AT&T)宣布退出电脑生产领域,并将公司一分为三。三个独立的公司分别为通信服务公司、通信设备公司、计算机信息服务公司。AT&T 公司自从 1984 年被政府反垄断机构分解后,一直通过多元化经营,避免在单一的业务领域形成过高集中度。多年来,AT&T 下属公司的业务跨越十多个产业,包罗万象。由于各部门都只关注和强调自身的发展,相互之间时有冲突,致使 AT&T 的核心业务——通信服务无法重点发展,限制了新技术的应用效益。1994 年,美国国会通过放松电信业管制的新立法,允许长途电话公司经营地区电话业务,允许其进入移动通信、有线电视和其他传播服务领域。为了发挥在通信服务技术方面的优势、扩大通信服务新技术的应用规模、竞争网络信息服务等新市场,AT&T 决心摆脱技术非相关业务的掣肘,扩大核心业务规模。为此,AT&T 把竞争力较弱的个人电脑生产和通信设备生产分离出去,企业只保留通信服务作为核心业务。一分为三以后,独立经营的通信设备公司也完全按专业化的方向确定经营范围,不惜把业务金额高达 30 亿~40 亿美元的电脑系统运作和系统管理承包给 IBM 公司,以便集中精力研制通信设备。AT&T 公司在分立之后的 1998 年,与英国电信公司合资建立了国际通信服务公司,扩展通信服务的国际市场。1998 年 7 月,AT&T 公司宣布收购 TCI 公司。TCI 公司原来的经营业务包括闭路电视、计算机网络服务和移动通信,AT&T借购并TCI公司之机进入了地区电话通信服务、网络服务和闭路电视服务等领域,并实现了一网三用,最大限度地提高了信息传输新技术的应用范围。在AT&T的企业重组中,扩大通信服务和信息传输业务是一系列分立、合资及购并行为的最终目标。通过调整,AT&T公司形成了外向国际通信、内向地区通信、网络服务的专业经营体系,并且通过一网三用,提高了技术应用的规模经济水平。

(二)战略外包是企业实现"归核化"的重要途径

战略外包是指企业从战略的角度出发,将一些非核心的或者成本处于劣势的业务或职能环节借助企业间长期合约的形式转移到企业之外,使企业将有限的资源使用在那些期望取得长期成功,能够创造出独特价值,或者能使企业成为行业领先者的核心业务领域的战略行为。战略外包被认为是一种企业有效降低产品成本,引进和利用外部资源,帮助企业提高核心竞争力的有效手段。战略外包不仅是企业业务流程和管理范围的重新调整,也是企业价值链中关键环节的重新组合,是社会生产进一步细化和市场竞争加剧的产物。外包的实质是实现智力资源、服务资源、市场资源和信息资源的共享与优化配置,其核心是提高企业整体生产效率,以达到增加盈利的目的。

根据美国Gartner Group的统计数据,2001年有近80%的全球化企业开始使用外包服务。据美国经济学人智库和安达信2002年所做的一份报告,在北美和欧洲,有85%的企业经理主管已经把一项业务职能的全部或部分外包出去,报告预计这个比例有望在之后的1~3年内增至93%。而据2003年美国《财富》杂志的报道,全世界年收入5000万美元以上的公司,都普遍开展了外包业务。

1. 企业实施战略外包的收益

相关研究表明,企业实施战略外包可以获得一系列的收益,主要包括以下内容。

(1)通过外包降低成本。实施战略外包将可能明显降低产品或服务的成本。这种成本降低主要来自以下几个方面。首先,专业企业可以享有更大的规模经济。例如:企业如果自行完成基本的人事活动,如完成工资和福利的管理,需要在信息技术基础架构方面进行重大的投资(如购置计算机和软件等),而这意味着大量的固定成本。但是如果将大量的有关人事方面的事务委托给某个专门的服务机构来完成,则这类机构的专业熟练性和由业务集中所获得的规模经济会使完成每一项人事事务的平均成本明显下降。而这种平均成本的明显下降可使这些专业性服务企业在自身获得丰厚回报的前提下将成本节约中的一部分以较低服务价格的形式传递给客户,从而使业务外包者在人事管理方面的成本得到相应地降低。其次,专业企业所处理的累积产量增加的速度越快,意味着它们越能够比仅仅完成自身所需产品或服务的企业更加迅速地实现与学习效应相联系的成本节约。最后,专业企业所在地的要素成本往往较低。例如,耐克公司把运动鞋的制造业务外包给中国的企业,而中国的工资水平较低。因为运动鞋制造是一项劳动密集型的活动,从而意味着专业企业的制造成本比耐克自己在美国完成同样活动的成本要低得多。

(2)通过外包实现差异化。首先,由于专业企业专门从事某种活动,因而往往能在完成某项活动时达到较低的差错率,从而在产品或服务质量的可靠性方面形成差异化的重要基础。以戴尔公司为例,其卓越的服务和维修是一种独特的因素。客户从戴尔公司买来的产品出了问题时,可以打电话给客户服务部门,在电话中即可得到极好的帮助。如果证明该计算机的元器件存在缺陷,戴尔公司就会派出维修人员在 24 小时之内更换该零部件。而戴尔公司这种卓越的服务是通过专业服务公司来实现的。同时,由专业企业专门从事某种活动,还有望提高其产品或服务的独特性。例如,一些汽车厂商通过将零部件的设计业务外包给那些享有卓越设计盛誉的专业组织而大大提升了其零部件设计的独特性。

(3)通过外包实现外包者资源与能力的集中。通过战略外包,企业的管理人员就能够集中他们的注意力和企业的资源去完成对于价值创造与竞争优势最为重要的活动。在其他条件相等的情况下,这种集中使企业得以加强在选定领域里的企业竞争力。

2.企业实施战略外包的风险

当然,如果处理不当,实行外包也可能面临一定的风险。

(1)外包者可能会受到供应商的挟制。外包者一旦将相关业务委托给供应商,就会使自己对供应商的依赖程度大大提高。在这种情况下,供应商有可能利用这一依赖性来抬高产品或服务价格,超出原先的协议费率等。

(2)使外包者的作业调度失控。例如,发包企业的需求信息有可能在供应链的信息下传过程中发生某种程度的扭曲,导致剩余库存的大量堆积或备货不足,从而影响发包企业作业调度的快速、灵活和有效性。

(3)重要信息反馈来源的受阻甚至丧失。从成本和差异化的角度来看,外包无疑是有意义的。但由于发包企业一旦将相关业务外包给了相关特约供应商,就有可能不再是由自己,而是由这些特约供应商去与相关客户发生接触。因此,这也可能意味着接触客户的机会和重要信息反馈来源的受阻或丧失。客户的投诉往往是非常有用的信息,是未来改进产品设计的宝贵财富。如果完成相关技术支持活动的专业企业不能把各种投诉信息清楚地传达到发包企业,发包企业就可能失去这些宝贵的资料。

3. 规避战略外包风险的措施

为了规避这些风险,同时也为了确保长期的外包合作关系得以更好地发挥作用,外包者通常会采取一些相应措施,主要包括以下内容。

(1)充分引入市场原则。已获得长期供货合约的企业可能会因不必在市场上与其他组织进行竞争而缺少提高效益的积极性。因此,占主导地位的发包企业往往会在管理和维系长期合作关系中充分引入市场原则,建立某种"市场纪律"。主要包括:坚持对长期合约进行周期性的重新谈判。例如,通常采用每4~5年一次的长期合约重新谈判使合作企业知道,如果它不能实践承诺,将可能失去续订合约的机会,或者运用双渠道甚至多渠道进货政策。作为一种防护措施,一些与供应商存在长期关系的企业可能与两家甚至更多供应商签订相同内容的长期合约,以便让每一家供应商都知道,如果它不能符合协议,该企业就可能把原来给它的部分业务甚至所有业务转移到其他供应商那里。

(2)提高信任度。由于供应商为了更好地履行长期供货合约往往需要进行一定程度的专用性资产投资,因此委托方一旦违约,将使自己处在十分不利的地位。为了降低供应商的这种担心,委托方通常会采取一定的措施来提高自己的信任度。例如,通用电气是 IBM 公司半导体芯片的主要供应商之一,许多芯片都是应 IBM 公司要求定制的。为了满足 IBM 公司的特殊需要,通用电气必须在专用资产方面进行重大投资。结果,通用电气对 IBM 公司形成了较大的依赖,面临 IBM 公司利用这种依赖性来要求降低价格的风险。为了降低这种潜在风险,通用电气与 IBM 公司之间达成以下两点协议:第一,延长两家企业之间的合约期限,将 IBM 公司对通用电气的购货合同期限延长至 10 年;第二,IBM 公司与通用电气共同分摊研发定制芯片的成本,从而减少通用电气公司对专用资产的投资。

(3)形成相互之间的"抵押关系"。为了尽可能避免或减少供应商对购买商单方面的依赖性,一些企业采取了合作双方互为对方供应商的合作关系。例如,诺斯洛普·格鲁门公司是波音公司商用航空部门的一家主要的转包商,为波音 747 和 767 飞机提供许多零部件,并为此而进行专用性资产投资。同时,波音公司也是诺斯洛普·格鲁门公司军需产品部门的主要供应商,提供鬼怪式轰炸机的许多零部件,所以波音公司也需要为诺斯洛普·格鲁门公司进行专用性资产投资。显然,通过这种合作双方互为对方的供应商,并双双进行专用性资产投资的方法,实际上形成了一种相互之间的"抵押关系",从而可有效避免单方面进行专用性资产投资所带来的风险,对合作双方违背原先定价协议的动机或倾向形成较为有力的制约。

(三)代工模式是企业"归核化"战略和业务外包的重要形式

通过以上分析不难看出,代工模式是企业"归核化"战略和业务外包的重要表现形式。从委托商角度来看,由于产品的加工制造环节已经不再拥有市场竞争优势,其核心能力已经越来越集中于产品研发设计、品牌维护或销售服务的领域,因此其需要通过将产品的生产制造环节从自身剥离出去而实现"归核化"战略。同时,委托商将产品的加工制造环节剥离出去以后,并不是通过单纯的外部市场去"购买"这种"生产制造服务",而是必须借助于以长期合约为基础的"外包"形式来获得这种"生产制造服务",从而使代工模式成为一种重要的外包形式。相比较一些常见的企业外包,如零部件外包、软件外包(一些发达国家的软件公司将他们的一些非核心的软件项目通过外包的形式交给人力资源成本相对较低的国家的公司开发,以达到降低软件开发成本的目的)、人事外包(企业将人力资源管理中非核心部分的工作全部或部分委托人才服务专业机构管理或办理,但托管人员仍隶属于委托企业的一种业务外包活动)、IT外包(一种在公司内部专职电脑维护工作人员不足或没有的情况下,将公司的全部电脑、网络及外设的维护工作转交给专业从事电脑维修维护的公司来进行全方位维护的业务外包方式),代工模式是各种业务外包中外部资源利用程度较高的模式。

二、产业价值链对接的"网络化"

除了从企业"归核化"战略及其重要实现形式"外包"的角度来分析中国企业国际代工现象的形成背景以外,我们还需要从产业价值链对接的"网络化"这个当今世界重要的生产组织形式的视角来考察中国企业国际代工现象的形成背景。

(一)价值链

在展开相关分析之前,首先需要对价值链的概念做一点必要的说明。价值链的概念最早由美国哈佛大学教授波特提出,按照波特的价值链理论,价值链是指一种商品或服务在形成过程中所经历的一系列价值创造活动所构成的一个集合。按照观测角度的不同,可以将价值链分为企业价值链与产业价值链。

1. 企业价值链

所谓企业价值链就是由企业范围内的各类增值活动所构成的集合,它通常被分为基本活动和支持活动。

所谓基本活动主要包括:①供应采购与入厂后勤。如购买燃料、原材料、零配件、商品以及消费品,接收、储存和分发从供应商那里购得的投入品,检验、存货管理等。②生产运作。主要包括生产、装配、包装、设备维修、质量保证、环境保护等。③分销和出厂后勤。这是一种将产品以物理的形式送到购买者手中的过程,主要包括:产成品仓储、订单处理、订单提取和打包、装运、发货设施的运作、建立和维护分销、特约经销网络等。④销售和市场营销。主要包括销售行动、广告与促销、市场研究和计划,以及特约经销商、分销商支持等。⑤服务。即为购买者提供帮助,如安装、维护和修理、技术支持、购买者调查,以及怨言(投诉)处理等。

所谓支持活动则包括:①研究与开发。主要包括产品研究与开发、流程研究与开发、业务方案的改善、设备的开发设计、计算机软件开发、通信系统开发等。②人力资源管理。主要包括招聘、聘用、培训、开发、薪酬制度的建立和实施、劳工关系处理、开发以知识为基础的技能和能力等。③一般管理。主要包括财务和会计、法律,涉及管理当局的事务、安全事务、管理信息系统、同战略伙伴建立战略联盟和合作,以及其他"杂项"职能。

2. 产业价值链

所谓产业价值链就是由承担产品或服务不同价值链环节的企业活动所构成的集合。由于社会分工的不断深化,几乎任何一家企业都不可能完成一个产品或一种服务的全部过程,而是只专注于产品或服务的某些环节,例如原材料环节、加工制造环节、销售和服务环节等。在某些情况下,构成产业价值链的企业之间的关系是以产成品的供需为纽带的关系,例如纺织企业的产成品布匹成为服装加工企业的原料,矿山企业的产成品矿砂成为冶炼企业的原料,冶炼企业的产成品作为机械设备企业的原料等。在某些情况下,构成产业价值链的企业之间的关系是以半成品与零部件的供需为纽带的关系。

不难看出,企业价值链和产业价值链是可以互相转化的。如果相关的价值增值活动在同一个企业内完成,则这一价值增值活动的不同环节就构成了一条企业价值链。如果相关的价值增值活动在不同企业间完成,则这一价值增值活动的不同环节就构成了一条产业价值链。

(二)企业纵向一体化及其有利性与局限性

将更多价值链环节集中于同一企业完成的过程通常被称为"企业纵向一体化"。

换句话说,所谓企业的纵向一体化是指企业的业务范围沿着产品或产业价值链的相关环节扩展延伸。企业的纵向一体化可以分为前向一体化和后向一体化。前向一体化是指企业对自己的产品做进一步的深加工,或企业建立自己的销售组织来销售自己的产品或服务,例如钢铁企业将自己生产的钢锭轧制成各种型材,自己建立销售组织出售这些型材。后向一体化则是企业自己供应生产现有产品或服务所需要的全部或部分原材料或半成品,如钢铁公司自己拥有矿山和炼焦设施,纺织厂自己纺纱、洗纱等。

1. 纵向一体化的有利性

在企业发展的历史上,纵向一体化曾经是相当多企业成长的重要战略。因为在一定条件下,纵向一体化的确能够为企业带来很多的好处,主要包括以下内容。

(1)建立防范竞争对手进入的壁垒。一般而言,企业通过后向一体化,可以获得对关键投入品来源的控制;通过前向一体化,则可获得对分销渠道的控制。通过这种控制,实际上是在其产业内建立起了防范新进入者的壁垒,从而使其能够通过一定手段阻止新进入者而获得较大的市场优势,进而有可能索要比原先更高的价格,赚取更大的利润。例如,在 20 世纪 30 年代,人们在牙买加的加勒比岛上发现了一处规模较大,并且含量较高的铝土矿。这在当时是世界上被发现的唯一的一处大规模、高含量铝矿。为了控制这一重要投入品来源,作为商用铝冶炼开创者的美国铝业公司(Alcoa)和加拿大铝业公司(Alcan)通过收购该矿藏的所有权而进行了后向一体化,并由此建立了防范新进入者的壁垒。这种情况一直持续到 20 世纪 50 年代澳大利亚和印度尼西亚发现了新的高等级铝矿藏。又如,20 世纪 70 年代到 20 世纪 80 年代,国际商业机器公司(IBM)等因其生产的微处理器和存储芯片等计算机主要元器件"含有专利的成分",所以采取了设计和组装计算机,研发计算机软件,并把最终产品直接销售给终端用户的前向一体化战略。这一战略从 20 世纪 70 年代到 20 世纪 80 年代初一直运行良好。

(2)促进专用资产投资。所谓专用资产是指为完成特定任务而设计的一种"资产",它可能是一件专门用途的设备,或者是个人和企业通过训练与经验获得的诀窍及技能。借助于某些专用资产,企业可以降低成本,因为使用专门承担某种功能的设备或技能具有更高的效率,例如就打字来说,专职打字员相对于其他人员往往工作效率更高,单位打字工作量所花费的工资成本更低;借助于某些专用资产,企业也往往能够更好地提供区别于竞争对手的产品。例如,福特公司曾借助于其专用设备开发出了一种高性能、高质量、设计独特的增加燃油效率的喷油系统。但是,由于专用资产被应用于其他领域时其价值将大打折扣,所以一般供应商往往缺乏投资这类专用性资产的积极性。一方面,福特公司所开发的喷油系统若由供应商提供,则该供应商就必须进行相应的专用性资产投资。然而由于所开发产品只能卖给通用公司,该供应商会担心通用公司会因此在价格上挟制自己,从而可能在专用性资产的投资上望而却步。另一方面,从福特的立场来看,如果通过某种合约把这种喷油系统外包给一家独立供应商,则它就可能在获得至关紧要的投入品方面过分依赖这家独立供应商。因为很明显,这种喷油系统需要专用设备来生产,福特不可能轻易向没有这些设备的其他供应商购买这种喷油系统。因此,福特会认为将这种喷油系统外包给一家独立供应商将增加该供应商讨价还价的资本,从而担心该供应商可能利用这一讨价还价的资本来索要高价。于是,最后的结果往往是像福特这样的厂商因决定自己生产这种重要投入品而来进行专用性资产的投资。

(3)保护产品品质。在有些情况下,产品品质在很大程度上取决于投入品的品质或前道工序过程的品质。因此,后向一体化有助于保护产品的品质。例如,在历史上,经营进口香蕉的食品企业面临的一个重要难题往往就是运来的香蕉不是成熟过度就是还未成熟。为了解决这个问题,像通用食品公司这样的美国大型食品企业采取后向一体化的战略,通过取得种植园的所有权而实现对供应源的控制。借此,它们始终能够在最佳消费时机销售其标准质量的香蕉。由于消费者们更加信赖这些香蕉的品质,就更愿意购买这些香蕉。而厂商也能够对自己的产品索要高价。

同样的情况也出现在前向一体化。例如,在20世纪20年代,柯达公司曾认为已有的零售商场很少能够具有销售它的摄影设备和提供服务所必要的技能。为此,柯达公司采用建立自有零售商场的方式来分销其摄影设备。这一情况直到20世纪30年代才得以改变。

(4)改善作业调度。在有些情况下,实施纵向一体化战略有助于改善作业调度。例如,20世纪20年代的福特公司从后向一体化所带来的紧密协调和灵活的作业调度中获益匪浅。当时,福特公司后向整合的触角进入了铸钢、铁矿石运输以及铁矿石开采等行业。福特公司的内部运输协调到如此程度：铁矿石在北美五大湖(the Great Lakes)福特的铸钢厂卸下后，在24小时之内就转交给发动机组。因此，福特可通过消除不必要的多余库存而大大降低成本结构。相反，有些企业因过分依赖于外部供应商而延误了商机，造成了很大的损失。例如，1991年，芯片技术公司成功地设计出英特尔(Intel)的386微处理器的克隆产品。芯片技术公司把克隆产品送到德州仪器公司去生产，但是，他们发现不得不等上14周，德州公司才能安排生产。而就在那14周的时间内，386微处理器的价格从112美元下降到50美元。等到德州公司为芯片技术公司生产出386微处理器克隆产品的时候，芯片技术公司已经丧失了最为有利的市场时机。显然，要是芯片技术公司垂直整合进入制造业，这种损失就可能不会发生。

2. 纵向一体化的局限性

尽管纵向一体化能够为企业带来诸如建立防范竞争对手进入的壁垒、促进专用资产投资、保护产品品质和改善作业调度等好处，但也存在着某些局限性，主要包括以下内容。

(1)企业内部供应者成本最小化积极性降低。由于缺乏外部竞争的压力，内部供应者(或供应部门)往往缺少成本最小化的积极性。例如，在20世纪90年代初，通用汽车公司成为世界主要汽车企业中成本最高的制造商，其很大部分的原因在于：通用汽车公司自己生产68%的车辆零部件，远高于其他主要汽车制造商(在克莱斯勒，这一比例为30%，而在丰田，这一比例仅为28%)；1992年，通用汽车公司支付给企业自有供应商雇员(属于美国联合汽车工会会员)的工资和福利为每小时34.6美元，而其竞争对手让独立的非工会会员供应商完成同样的工作仅需一半的费用。

(2)增大退出壁垒。专用性资产投资一方面能够提高质量、降低成本，提高供给可靠度等，但同时也增大了退出壁垒，以至于企业在技术过时或市场需求变化时难以及时退出。例如，20世纪50年代一家美国的无线电公司后向整合并收购了一家真空管制造厂。但是到了20世纪60年代，晶体管逐渐取代真空管的时候，该企业发现自己被行将废弃的技术严重束缚，因为向晶体管转换意味着要注销对真空管技术的巨额投资。由于该企业未能及时接受新技术变革,继续在收音机中使用真空管,从而和那些未进行后向整合并迅速转向晶体管新技术的竞争对手相比在市场竞争中处于明显的不利局面。

(3)导致管理效率低下或"官僚主义成本"增加。在过度纵向一体化的情况下,企业可能出现战线过长、涉及领域过多、下属部门过于层叠、内部协调成本过高、信息严重失真或扭曲、决策过程过于迟缓等问题。在有些情况下,这些由于战线过长、涉及领域过多、内部机构过于庞杂等原因导致的管理效率低下或"官僚主义成本"有可能完全吞噬由建立防范竞争对手进入的壁垒、促进专用资产投资、保护产品品质和改善作业调度等带来的效率的增加。

(二)纵向非一体化或无形一体化

与企业纵向一体化相反,将原本在同一企业完成的价值链环节分拆到不同企业来完成的过程通常被称作"企业纵向一体化模式的分解"。由于我们所讨论的产业价值链对接"网络化"的问题在很大程度上与一种被称为"企业纵向非一体化(或无形一体化)"的生产组织形式有关,因此以下的讨论将主要围绕着企业纵向一体化模式的分解和纵向非一体化的形成与发展而展开。

需要说明的是,虽然企业纵向一体化模式的分解在一定程度上也是属于企业战略的"归核化"范畴,而企业的纵向非一体化或无形一体化也在很大程度上与"外包"相关,或直接就是"外包"的一种形式。但是,通过讨论企业纵向一体化模式的分解和纵向非一体化模式的形成发展,并从而认识产业价值链对接的"网络化"形式,将有助于我们从产业或产品的价值链实现角度进一步把握代工模式在形形色色的企业"归核化"战略和业务外包中的地位和特点。甚至也可以这样说,外包或战略外包可以被看作是纵向一体化的"逆运算",是企业实现"归核化"、纵向非一体化或无形一体化的重要实现途径,是产业价值链环节对接的重要纽带、桥梁和支撑点。

按照新制度经济学重要组成部分的交易费用经济学(transaction cost economics)的观点,当在公开市场上购买物品的交易费用很大时,纵向一体化比在公开市场上购买物品和服务更有效率。当高度一体化的公司变为超大型官僚组织时,管理内部交易的费用可能比从外部购买所需相应费用要大得多。此时,放弃或降低纵向一体化程度更为合理。

但是,对于一个曾经达到一定程度纵向一体化的企业来讲,在管理内部交易的费用可能比从外部购买所需要大得多时,企业是否简单地重新回到垂直一体化之前的状态,即通过单纯的市场购买关系来获得其所需要的供给或分销服务呢?不一定。从发达国家相关企业的实践情况来看,企业往往通过所谓的"无形一体化"来克服垂直一体化的僵硬与刚性,同时又不失市场关系的灵活性与竞争性。

无形一体化(no integration),也称"企业纵向非一体化",是指企业通过与其他企业达成长期合约以获取关键性供应或分销服务的经营模式。借助于这种长期合约,产业价值链上下游企业之间就形成了一种介于单纯市场购买关系和企业内部不同部门之间的等级关系的新型关系——网络关系。

我们知道,市场是组织经济活动最为简单和有效的一种模式。在市场上,各个经济行为主体通过货币买卖商品和服务,其运行的核心机制是价格机制。所谓等级制(hierarchy)也就是企业内部的科层制或权力等级制度,在企业内部,不同经济活动之间的相互联系是通过企业内部的权力分布体系来加以部署、安排、协调和控制的。网络是介于市场与等级之间的一种"中间"形式,它既可以在一定程度上避免纯粹市场关系的不确定性,也可以在较大程度上避免等级关系的僵化与内部激励缺失。从广义的角度来看,网络关系既可以通过长期合同这种较为正式的契约关系来加以维系,也可以通过"声誉",包括社会同构性、空间临近性、家族和种族性等非正式的契约关系来加以维系。但通过长期合同这种较为正式的契约关系来加以维系的网络关系更为普遍,更为稳定。企业间通过签订长期合约所建立起来的某种相对稳定的合作关系在有些情况下也被称为战略联盟。

应该说,以长期合约的形式作为不同经济活动之间的相互联系与整合方式是人类经济活动组织联系方式的重要进步。为了说明这一点,我们需要对以单纯市场关系为基础的短期合约的优缺点做一个简单的考察。

在很长时间里,许多企业采用为期一年或一年以下的短期合约来购买它们的投入品或销售它们的产出。典型的例子是汽车企业应用竞标的方法就特定零部件的价格与生产零部件的供应商进行谈判。采用竞标方法的好处是,它迫使供应商压低价格。在很少需要企业与供应商之间建立紧密合作,以促进专用资产投资、改善作业调度和改进产品质量时,竞标可能是最理想的交易方式。但是,在某些专用资产可能是以改进零部件设计或提高其质量,或者改善企业与供应商之间作业调度为重要前提的情况下,短期合约或竞标战略就可能显示出其严重的缺点。因为供应商在没有长期合约的承诺,因而不能保证来年继续中标的情况下,完全有可能拒绝对专用资产进行投资。因此,利用长期合约建立的网络关系或战略联盟便逐渐显现出其一定的合理性或优越性。

在利用长期合约建立战略联盟方面,日本曾一度远远走在了美国的前面。许多日本汽车制造企业与其零部件供应商之间的合作关系是成功的长期合约的范例。主导企业和它的供应商一起合作,往往能够制订出增加附加价值的重要计划,例如实施准时制库存系统;通过合作进行零部件的设计来提高质量、降低组装成本等。在此过程中,供应商对专用资产的重大投资发挥了重要的作用。因此,日本汽车制造商始终能够既获得垂直整合的许多效益,而又不必承受相关的官僚主义成本。而零部件供应商也从这些关系中受益,因为它们与被供应的企业一起成长,共享它的成功。

美国的汽车企业在历史上更倾向于实行规范的垂直整合(即垂直一体化或纵向一体化)。由此,它不得不在相应时期内承受较高的官僚主义成本。即使不再进行垂直一体化时,美国汽车企业也往往并不一定与独立的零部件供应商进入长期合作的关系。相反,它们往往利用自己强有力的地位来追求咄咄逼人的竞标战略,让零部件供应商互相斗争。例如,克莱斯勒公司(即后来的戴姆勒—克莱斯勒公司)在其历史上的大部分时间里都通过竞标方式来管理其供应商,即根据以最低的价格向克莱斯勒公司供应零部件的能力来选择供应商,合约每两年重新谈判一次。结果,克莱斯勒公司与其供应商之间的关系特点是典型的互不信任、互相怀疑。供应商方面不愿意在与克莱斯勒公司的关系方面投资太多。

直到20世纪90年代初,这种思维定式才逐渐发生改变。从20世纪90年代初起,克莱斯勒系统地改变了它对供应商的态度,开始通过建立稳定的长期关系,试图让供应商在研发新产品与改进生产工序方面更多地帮助克莱斯勒。为了鼓励供应商合作并针对克莱斯勒的需要进行投资,克莱斯勒将与供应商的平均合约期从 2 年增加到 4.5 年以上,并对 90% 以上的供应商口头承诺业务至少将延伸至某个型号不再生产为止。同时,克莱斯勒承诺与供应商共享其提出的任何改进工序的建议所带来的效益。到了 1996 年,这种新的方法开始见效:通过让供应商较早地参与产品研发,并给予它们更多的设计和制造职责,克莱斯勒公司得以压缩其产品研发周期,研发新型车辆的时间从 20 世纪 80 年代中期的 234 周减少到 1996 年的 160 周,研发一辆新车的成本也下降了 20%~40%(其研发成本大约在 10 亿~20 亿美元)。为了促进克莱斯勒与供应商之间在设计过程中的协调,来自供应商、在跨企业设计团队中与克莱斯勒的工程师并肩工作的常驻工程师的人数从 1989 年的 30 人增加到 1996 年的 300 人以上。1990 年,克莱斯勒开始实行一项在内部称为"供应链成本降低计划"的项目,以寻找改进生产工艺的机会。在头两年的运作中,供应商提供了 875 条建议,这些建议的采用使其每年可节省约 1.78 亿美元;在 1994 年,供应商提交了 3768 条建议,每年可节约 5.04 亿美元;1995 年,克莱斯勒采用了 5300 条建议,所产生的年度节约费用在 17 亿美元以上。

(三)代工模式是产业价值链"网络化"对接的重要产物

以上从产品或产业价值链环节对接的视角考察了企业纵向一体化的结构与纵向非一体化或无形一体化的形成。通过以上考察可以看出,产品或产业价值链环节的对接既可以通过企业内部以科层、等级制的权力为基础的计划、安排、部署等形式来实现,也可以通过单纯市场体系的"竞价式"买卖形式来实现,还可以通过基于企业间签订长期买卖合约的形式,亦即合作网络的形式来实现。而代工模式显然也是一种产品或产业价值链环节对接的合作网络形式,或者还可以进一步说,代工模式是产业价值链"网络化"对接的重要产物。

当然,从产品或产业价值链环节对接的角度来看,以代工模式所进行的价值链环节对接的"接口"具有很大的独特性。从以上相关讨论中可以看出,一般的价值链环节的"对接者"("整合者"或"外包者")通常不是从其所在位置的"前向",即产品的分销、服务方向进行对接,就是从其所在位置的"后向",即关键投入品的供给方向对接,或者同时从"前向"和"后向"两个方向对接。而在代工模式中,价值链环节的"对接者",亦即代工生产的委托商,则是将产品价值链的中间环节,即产品的生产制造环节外包出去,将产品价值链的两端环节,即消费者需求的挖掘、产品的市场指向或定位、产品的研发设计环节"这一端"和产品的分销、服务及品牌维护环节"那一端"留给了自己。因此,也可以说代工模式是产业价值链"网络化"对接的独特产物。

三、国际分工的"职能化"

通过以上分析我们可以知道,代工模式既是企业"归核化"战略及其重要实现形式"外包"的产物,也是产业价值链对接"网络化"的产物。由于中国企业的国际代工是代工模式的一种重要体现,所以它也是企业"归核化"战略及其重要实现形式"外包"和产业价值链对接"网络化"的产物。但是,如果我们对这一问题的认识仅仅停留在此,显然是不充分的。应该说,中国企业的大规模国际代工行为除了是企业"归核化"战略及其重要实现形式"外包"和产业价值链对接"网络化"的产物以外,还应当是当今国际分工进一步深化的产物。具体说来,中国企业的大规模国际代工是当今世界国际分工"职能化"的产物。

(一)国际分工形式演变过程的简要回顾

国际分工是指世界各国之间的劳动分工,它是社会分工发展到一定历史阶段,国民经济内部分工超越国家界限而形成的国家之间的分工。纵观国际分工的发展,主要经历了以下几种不同形式的演变。

1. 工业国与农业国之间分工为主向工业国之间分工为主的演变

第二次世界大战前的国际分工以经济结构不同、技术水平不同的工业国与农业国间的分工为主导地位,其次才是经济结构相似、技术水平接近的工业国之间的分工。但是,战后科学技术的进步和经济迅速发展,改变了战前的国际分工格局,国际分工在工业国家之间得到迅速发展。传统的以自然资源为基础的分工逐步发展为以现代化技术、工业为基础的分工,形成了以工业国之间的分工占主导地位的国际分工格局。

2.产业间分工为主向产业内分工为主的演变

在早期的工业国之间的分工中,占主导地位的是各国不同工业部门之间的分工,例如,在钢铁、冶金、化学、机械制造、汽车、造船、造纸、纺织等工业部门间的分工。随着科学技术的进步和社会分工的发展,原来的生产部门逐步划分为更多更细的部门。在越来越多的生产领域中,以国内市场为界限的生产已经不符合规模经济的要求。因此,在一国国内产业部门之间的分工向部门内部分工发展的同时,这种分工也越来越多地跨越了国界,形成国家间工业部门内部的分工。这种产业内部的分工,主要可分为以下几种形式。

(1)不同型号、规格产品的专业化分工。一般说来,同一类产品往往具有不同的型号和规格,不同国家对同一类产品按不同型号或规格进行分工,从事专业化生产,以适应国际市场的需要。例如,在拖拉机的生产方面,大体上美国着重生产大功率的轮式和履带式拖拉机,英国生产中型拖拉机,德国生产小功率的轮式拖拉机。

(2)零配件和部件生产的专业化分工。由于各国科技和工艺水平的差异,一国对某一种零配件或部件的生产具有优势,别国对另一种零配件或部件的生产具有优势,因此就产生了零配件或部件的专业化生产。战后,这种形式的专业化生产,在许多产品的生产中得到了广泛的发展。例如,在喷气式飞机、原子能发电站设备、电子计算机、汽车、拖拉机、收音机、电视机等大批量生产时所需的各种零配件或部件往往在不同国家中进行专业化生产。例如,波音747飞机所需要的400多万个零部件分别是由65个国家的1500个大企业和1.5万家小企业提供的;福特汽车约2万个零部件中的绝大部分也分别是由不同国家的4万家中小企业所提供的;某些芯片的基础元件制造与封装测试等不同工序也往往分别由不同国家的企业来完成。

(3)工艺过程的专业化分工。这种分工是指不同国家对生产过程的不同阶段进行专业化生产。例如,在化学工业方面,某一些工厂专门生产半成品,然后出口这些半成品来供给设在其他国家的化工厂去生产各种化学制成品。举世闻名的德国拜耳公司以其所生产的中间产品提供给世界各地上万家的化工厂,制造各种化学成品,就属于工艺过程的专业化。另一个著名例子就是全球最大的半导体生产商英特尔(Intel)公司,它把研究和开发等价值增值高的经营活动安排在美国、爱尔兰和以色列,把劳动密集型产品的加工装配和测试车间设立在马来西亚、中国、菲律宾和哥斯达黎加。通过全球范围内安排产品生产活动,英特尔既保持了技术领先优势,又大大降低了生产成本,巩固了行业内的龙头地位。

(二)代工模式的大量运用使"职能分工"成为国际分工的重要形式

代工模式说到底是一种产品或服务价值形成过程中不同职能环节的企业间分工。具体说来,就是代工委托商把产品或服务价值形成过程中的消费者需求的挖掘、产品的市场指向或定位、产品的研发设计环节、产品的分销、服务及品牌维护职能环节留给了自己,将产品的生产制造职能环节通过外包的形式"分工"给了其他企业,即"分工"给了代工承接企业。而当这种企业间的分工跨越了国界,就形成了国际分工。当这种分工模式达到一定的规模时,国际分工就拥有了"职能化"的特征。

从国际分工的角度来看,"职能化"分工无疑将国际分工推向了一个新的层面或高度。应该说,以代工为代表的"职能化"分工也是一种产业内分工或产品内分工。同时,从价值链的角度来讲,它也可以被称为价值链分工或价值链环节分工。但是,"职能化"分工是产业内分工、产品内分工或价值链分工中的一种特殊的形式。例如,以上所述的产品不同零配件或零部件生产的专业化分工虽然也是一种产业内分工、产品内分工或价值链(环节)分工,但这种分工主要体现在不同零配件或零部件生产企业之间,或零部件生产企业与产品总装企业之间,在这种分工中,无论是零部件生产企业,还是产品总装企业,都没有脱离开生产制造职能环节。然而以代工为代表的"职能化"分工则不同,在这种分工中,代工委托商完全从生产制造职能中解脱出来,专门致力于产品或服务的消费者需求的挖掘、市场指向或定位、研发设计、分销、服务及品牌维护等职能环节。由此,国际分工展示出了一些全新的特征。

1."品牌"与"制造"相分离

随着代工模式的广泛应用,国际产业逐渐分化出品牌厂商和供应商,制造业进入品牌与制造分离的时代:一些发展中国家的企业专门"做工厂",接受委托加工,即所谓的"代工";而发达国家企业则侧重于"做品牌",把资源更多地配置于产品研发、品牌塑造和市场开拓。例如,耐克是全球最大的运动鞋厂商之一,其品牌价值极高,同时耐克公司拥有良好的流通渠道,这些都成为其利润的主要来源。从自身发展战略考虑,耐克公司并没有投资建厂,而是在全球范围内寻找低成本的制造厂商,进行代工生产。

2."大脑"与"肢体"相分离

产业在全球范围的转移使得各国竞争力的构筑不再依靠对某种要素密集型产品的整体占有,而是根据综合实力和比较优势,尽力参与并抢占产品价值链条的高附加值部分。发达国家的科研条件、大公司的技术力量和充裕的科研经费,使其有可能更多地专注于新产品的研究开发,而发展中国家相对低廉的生产成本特点,使其较宜于更多地承担生产制造的职能。因此,发达国家将愈来愈大比例地将制造和装配等低增值部分转移到低工资的发展中国家,而自己则抓住新产品、新工艺和新装备的开发设计以及产品的销售等高附加值环节,并通过知识保护,确保其新产品、新工艺和新装备在开发设计方面的领先地位。显然,在这种分工中,发达国家的相关企业越来越集中于非物质性价值的创造,从而更多地发挥"大脑"职能。发展中国家的相关企业则越来越集中于物质性价值的创造,从而更多地发挥"肢体"职能。

(三)国际分工"职能化"形成的技术条件与政策条件

为什么会出现以代工模式为基础的国际分工"职能化"呢?从根本上来说,国际分工"职能化"的基本条件是在国际竞争日趋激烈的条件下,各国比较优势的临界点发生了变化。随着一部分产品(不仅包括传统产品,而且包括一部分高技术产品)生产技术的日益成熟或标准化,发达国家在这些产品的生产制造环节,甚至包括这些产品的某些设计环节方面已经没有比较优势可言。因此,这些国家需要将这些价值链环节转移到成本要素更为低廉的国家或地区中去,以便自己将资源集中配置到更有优势的研发、设计和经销、服务等价值链环节中去。

当然,比较优势临界点的变化与发达国家资源配置的调整意愿只是国际分工"职能化"的必要条件,但还不是充要条件。事实上,国际分工"职能化"的真正形成还必须依托于相关的技术条件与政策条件。

1.国际分工"职能化"形成的技术条件

(1)国际分工"职能化"的形成与现代生产不同环节之间的可分性和价值链的可切割性有关。现代生产区别于传统生产的重要特点在于不仅生产过程复杂,精密的程度越来越高,而且生产分工也越来越细,生产过程划分为不同阶段或基本单元的可能性也越来越大。将具有不同职能的操作划为生产活动的基本单位的判别标准,是在既定的技术水平条件下,从生产技术角度不可再分的生产活动。所谓不可再分性有两方面含义:一是指某种生产操作在个人之间不可再分,如两人共抬一个重物;二是指某种生产操作不能再分割开来使得在不同的空间由不同的人完成,如某些金属冶炼过程。反过来说,则不同职能的基本生产操作之间就是可分的,它们在技术上是可以相互独立的,具体可以表现为独立的基本技术单位(由一个人或若干人组成)。因此,从生产的可分性角度来看,所谓的非专业化(一体化)就是个人或组织(部落或企业等)的生产活动在其生理及组织条件允许的范围内包括许多不同职能的操作。所谓专业化就是个人或组织减少其生产活动中的不同职能的操作的种类。或者说,将生产活动集中于较少的不同职能的操作上。所谓分工就是两个或两个以上的个人或组织中所包含的不同职能的操作分开进行。专业化和分工越是发展,一个人或组织的生产活动越集中于更少的不同的职能操作上。一般而言,产品的生产过程能够分成多少个生产阶段、零部件的生产需要经过多少个工艺环节、最后的总装需要什么质量的辅助性服务,不同产业、不同产品具有不同的特点。例如,钢铁产业的烧结、炼铁、轧钢等活动往往需集中在一起进行,属于需要连续生产的产业,其生产的可分程度比较低,因而往往由形成较大程度垂直一体化的企业来构成;在生产的标准化、模块化程度比较高,生产的可分性比较强的产业,如汽车、电子、服装等,企业垂直非一体化趋势就比较显著。

(2)在作为国际分工"职能化"形成条件的科技进步因素中,信息技术的影响日益突出。信息和通信技术的发展降低了跨国活动成本、消除了跨时空交易障碍,为形成国际分工"职能化"提供可能和机会。例如每分钟能处理 450 万个指令的计算机价格从 1980 年的 450 万美元降至 1990 年的 10 万美元,到 2000 年只需 1 万美元。这样的变化为信息技术、新型管理和研究开发活动的传播铺平了道路。计算机价格和通信费用的缩减还大大降低了跨国经营各环节的交易和管理成本,对跨国增值链的协调至关重要。横向网络大发展,生产在不同的主体间分工不断深化,其中包括分包商、供应商、实验室、管理顾问、教育和研究机构、营销机构及销售商等。由于现代信息和通信技术的发展,生产和其他活动的结构被重组,融入遍布全球的网络。譬如,用来提供及时准确的产品销售信息的条形码技术和销售点扫描技术(point-of-sale scanning)、被零售商用来对货物进行补充定购(replenishment order)的电子数据交换、对小额补货订单进行处理的自动分销中心等促使了生产与营销的分离。在半导体产业中,电子数据交换系统还使得芯片的设计和制造分离。可见,现代信息与通信技术为国际分工"职能化"形成提供了必要的技术条件。

2. 全球价值链分工形成的政策条件

要素的自由流动是国际分工"职能化"形成的重要原因,而要素的自由流动必须以各国的更高程度的开放政策为基础。自 20 世纪 80 年代中期以来,经济全球化的浪潮一浪高过一浪,几乎席卷了全球所有的国家和地区。一般来说,经济全球化包括三个方面的内容:消费的全球化、生产的全球化和经济体制的全球化。20 世纪 90 年代以来的经济全球化越来越多地表现为经济体制的全球化。例如,政府的干预逐渐向市场调节过渡;国家从保护走向开放,或者说从封闭走向开放;国有逐步走向私有。这些既是竞争的需要,也是竞争的结果。在全球开放竞争的背景下,体制的选择不是国家或者企业意志所能决定的,它是市场优胜劣汰、追逐同一竞争规则的结果。

与此同时,跨国公司及国际直接投资政策在全球化的影响下也经历了较为明显的自由化转变,生产一体化的制度性障碍逐步瓦解。在发达国家,这种自由化带来了金融、电信等高保护、严管制服务业的广泛开放和跨国交易。而在发展中国家,这种自由化已经引起了外资政策从严格控制转为激励的逆变。除了广泛开放保护性行业、订立多形式的投资保障与投资促进协定、私有化国有垄断性行业、大幅度甚至完全撤销 20 世纪 70 年代盛行的对外资的股权控制外,发展中国家还大举推出财税优惠措施。与跨国公司活动相关的其他各类宏观政策,如贸易、技术创新和竞争政策的自由化倾向同样构成了全球价值链分工形成的政策环境。20世纪90年代,投资体制的迅速开放更加明显地成为全球跨国经营的动力之一。1991—2001年,各国政府共对直接投资管理体制进行了约700次调整,其中95%是放松管制的措施。

由此,原来因跨国投资壁垒而局限在国内的生产分工得以向外拓展,投资和商业规则的国际趋同使国际政策协调成本大大降低,跨国公司与政府间出现了有利于前者的关系变化,这不仅使跨国公司获得在全球范围分布其生产网络的巨大空间,也增强了其谈判能力。这些条件为跨国公司在全球建立价值链分工网络提供了良好的政策环境。

需要说明的是,除了技术条件和政策条件以外,国际分工"职能化"的发展还需要依托于相应的组织条件,而企业纵向非一体化、业务外包方式的普遍运用,则是国际分工"职能化"的最直接的组织原因。

第三章　网络组织与全球代工体系

　　研究代工企业的持续成长,首先需要对代工模式有比较充分的了解。而了解代工模式,则必须对代工企业所嵌入的代工网络加以认识。由于代工网络说到底是企业间网络组织的一种特殊类型,所以对代工网络的分析又不得不从网络组织这个话题说起。因此,本章将按照从"网络一般"(网络组织)到"网络具体"(全球代工体系)的逻辑关系加以阐述。需要说明的是,第二章在讨论中国企业参与国际代工的相关背景时,对代工模式与网络组织的问题已经有所涉及,但由于讨论问题的视角不同,所以展开不够,因此本章需要对代工企业所依托的合作、交易和互动的关系环境作更加深入的讨论。

一、企业与网络组织

(一)企业与企业的边界

　　所谓企业一般是指以盈利为目的,运用各种生产要素(土地、劳动力、资本、技术和企业家才能等),向市场提供商品或服务,实行自主经营、自负盈亏、独立核算的法人或其他社会经济组织。

　　现代经济学理论认为,企业从本质上讲是"一种资源配置的机制",它通过对市场的某种程度的替代实现经济资源的优化配置,从而降低整个社会的"交易成本"。我们设想一种极端的情况:由单独的一个人来完成某一种产品,例如由一个人单独制造(装配)一辆汽车。在这种情况下,这个人将不得不和汽车制造(或装配)所需全部中间产品的供应商进行交易。同时,汽车制造出来以后还需要和产品的需求者进行交易。在这一假设条件下,相当于个人在汽车制造中的所有交易都是通过市场来完成的。现代汽车通常由约2万个零部件组成,这意味着单独由个人生产一辆汽车需要与至少上万个其他个人进行交易。显然,这种交易是缺乏效率的。而形成企业的结果,就是将相当一部分"市场交易"变为企业内部的"行政过程",因为在一定范围内,这种"行政过程"较之"市场交易"来得更为直接,因而成本更低。

当然,企业能够在一定程度上替代"市场交易",但并不能完全替代"市场交易"。仍以汽车制造为例,就算汽车制造的主要环节可在一家企业内部完成,但不可能使汽车制造的全部环节都在该企业内部完成。因为企业的内部交易在消除或降低一部分市场交易成本的同时也会带来企业所特有的另一种交易成本。例如,从信息的角度来看,信息的不完全性是导致企业特有交易成本产生的原因。具体地说,这些交易成本主要来自以下几个方面:第一,企业内部存在着各种契约关系,其中包括企业与劳动者的契约关系、企业与管理者的契约关系等。企业要对其所雇用的工人、产品推销员,甚至经理等各类人员的工作进行监督,同时还要激励他们为企业努力工作。所以,企业在签订契约和监督激励等方面存在着相应的"信息成本"。第二,企业在运行过程中需要不断地从上到下和从下到上进行信息传递,当企业规模过大、内部层级过多时,信息传递会阻滞、失真和扭曲,这也会导致企业效率的损失。第三,企业规模的下级往往出于利己的动机向上级隐瞒或传递错误的信息,以使上级做出有利于下级的决策,或者下级对上级的决策仅传递或执行对自己有利的部分,从而导致企业效率的损失。一般说来,企业的规模越大,这些效率损失也越大。所以,当企业因规模扩张而导致的"内部交易成本"增加超过因减少外部市场的交易所带来的成本节约时,规模扩张就会导致"负效率"。因此,企业规模的扩张是有限度的。

那么,企业规模的边界究竟应当由什么来确定呢?在这方面,不同的学者从不同的角度提出了各自的观点。钱德勒虽然没有明确提出企业边界的概念,但是他从大量实证材料的研究中发现最终决定企业规模的是效率。当企业规模边界的扩张不能产生效率时,企业应停止扩张活动。自马歇尔以来的新古典经济理论将企业构造成一个技术上的生产函数,认为企业是为"外部"进行生产(包括服务)的专业化生产单位。企业之所以存在是因为与自给自足相比,为"他人"生产是有效率的,这种效率来自于企业在规模经济、专业化活动等方面的优势。科斯在解释企业存在的问题时使用了交易费用的概念,他认为如果通过市场安排协调资源的费用(即交易费用)超过了企业内部管理资源的费用,企业内部管理的资源配置就是十分必要和合理的。因此,科斯认为"企业组织的边界"扩张到在企业内部组织一笔额外交易的成本等于通过公开市场完成同一笔交易的成本或在另一企业中组织同样交易的成本为止。美国经济学家契斯认为应该采用一种整体的视角来看待企业组织的边界问题,这一视角涵盖与企业能力建立相关的整个过程、整个企业的内部知识和产品的生产过程与外部的交易过程。契斯首先定义了"企业动态能力",认为"企业动态能力"是"企业整合、塑造和重组内部和外部竞争力以应对不断变化的环境的整体能力"。然后,契斯以企业动态能力为切入点对企业边界进行研究,认为"企业的边界在于能力的适用边界"。应该说,以上理论从不同方面揭示了企业边界的影响因素,但总体归结起来可以看出,决定企业边界变化的最终力量是效率。

(二)企业与企业之间的互动交换方式

以上,我们讨论了企业的本质与企业的边界。从讨论中可以看出,当企业通过内部机制进行某一项资源配置的效率低于通过与外部组织进行交易来完成该项资源配置的效率时,企业就会选择通过与外部组织进行交易来完成该项资源的配置。实际上,按照资源依赖理论(resource dependency theory)的观点,组织需要通过获取环境中的资源来维持生存,没有组织是能够完全自给的,任何组织都要与它所依赖的环境因素,包括其他组织进行互动与交换。企业作为一个以盈利为目的、运用各种生产要素向市场提供商品或服务、实行自主经营、自负盈亏、独立核算的经济组织当然也需要通过获取环境中的资源来维持生存,需要与其他企业进行互动与交换。

那么,企业与企业之间可以通过哪些方式实现相互之间的互动与交换呢?关于这个问题,我们在讨论企业纵向非一体化问题时已经有所涉及,这里再作进一步的展开。

如前所述,在人类的经济活动体系中,不同经济活动之间的相互联系与整合通常可以借助市场(market)、等级制(hierarchy)和网络(network)这样3种不同的形式来实现。因此,从企业与企业之间的互动与交换角度来看,其可采用的方式应当就是市场与网络。

1. 市场(market)

市场是企业间互动与交换的较为简单的方式。市场上各个经济行为主体通过货币买卖商品和服务,其运行的核心机制是价格机制。在企业间资源整合的市场模式中,短期合约与竞标可以说是最为典型的做法。尤其是在美国,很多企业在很长时间里都采用为期一年或一年以下的短期合约来购买它们的投入品或销售它们的产出。典型的例子是汽车企业应用竞标战略(competitive bidding strategy)就特定零部件的价格与生产零部件的供应商进行谈判。例如,通用汽车公司常常从许多生产某种零部件的供应商中间招标,给予提交最低报价的供应商为期一年的合约作为奖励。一年终了,将再一次提交竞标。赢得第一年合约的企业并不能保证第二年仍能拿到合约。

短期合约与竞标是一种"纯粹的"市场交易的关系。在这种短期合约与竞标关系中,购买者与供应商之间保持着一定的"距离"。通过短期合约与竞标许可这种纯粹的市场模式获得投入品的好处是它迫使供应商最大限度地压低价格。

在企业所需要的中间投入品属于"标准品"或"通用品",或虽然不是"标准品"或"通用品",但所需中间投入品很少需要借助购买商与供应商之间的紧密合作才能提供的情况下,购买商对供应商不作长期的承诺并不会产生什么特别的问题。在这种情况下,竞标可能是最为理想的购买方式。

但是,如果购买商所需要的中间投入品具有某种特殊要求(例如,产品的某种特殊的品质,或购买商需要满足某种特定的作业调度方式等),甚至需要"量身定做"时,短期合约与竞标这种"纯粹的"市场交易关系就会显示其明显的局限性,因为提供这类产品往往需要一定程度的专用性资产投资,包括某些专用的设备、专用的知识与信息、专门的技术人员等。而在购买商对供应商没有长期合约承诺的情况下,这些供应商显然不大可能在专用资产方面进行投资。

仍以通用公司为例,由于不能保证来年继续成为通用公司的供应商,相关供应商当然会拒绝对专用资产进行投资。不仅如此,有几家通用公司的供应商声称,他们将削减未来用于通用公司的零部件生产的研究费用。他们还指出,他们将首先把有关零部件生产的新的建议透露给克莱斯勒公司和福特公司。所有这些,都使通用公司一度在保持竞争优势方面遭受到一定的损失。

2. 网络(network)

以上分析表明,无论是单纯的市场交易关系,还是企业内部的等级制关系,都存在着一定程度的缺陷性。那么,是否可以找到一种既能够有效克服企业内部等级制的刚性和由此带来的"X-非效率",又能避免"纯粹"市场交易买供之间因"一锤子买卖"的关系而难以形成紧密合作弊端的其他互动与交换方式呢?其答案是肯定的,网络方式就是这样一种既可以在一定程度上避免纯粹市场关系的不确定性,也可以在较大程度上避免等级关系的僵化与内部激励缺失的"中间模式"。

网络一词原来主要运用于科技领域,较早是指由若干元件组成的、用来使电信号按一定要求传输的电路或这种电路的一部分。在计算机领域中,网络就是用物理链路将各个孤立的工作站或主机相连在一起,组成数据链路,从而达到资源共享和通信的目的。当然,还有一些更加抽象意义上的网络,比如城市网络、交通网络、交际网络等。

这里所说的网络是指一种在其成员间通过建立各种强弱不等的联系纽带而形成的组织集合。更具体一点说,这里所说的网络是指企业间借助于某种长期合约而形成的一种相对稳定的合作关系。也有学者认为,这种合作关系其实也是一种"组织",是处理系统创新事宜时所需要的一种新的制度安排。因此,网络也通常被称为网络组织、网络合作、企业间联盟、"准公司"等(见图 3-1)。从图中可以看出,其从"市场"出发,沿着"内在化"的方向发展,经过"网络"这种"中间体",最终止于"企业";从"公司"出发,沿着"外在化"的方向发展,经过"网络"这种"中间体",最终止于"市场"。

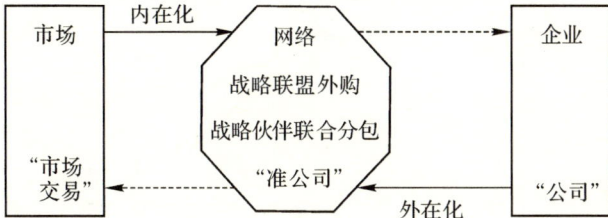

图 3-1 市场、网络和企业

实际上,社会成员之间经济活动的互动与交换存在着多种"渐进式"的组织方式。有人将这种组织方式形容为一条长长的按照一体化程度由低到高分布的"光谱",其中的一端是市场,另一端是层级组织,在它们之间是一系列可供行为者在进行特定交易时选择的不同的组织方式和制度安排(见图 3-2)。

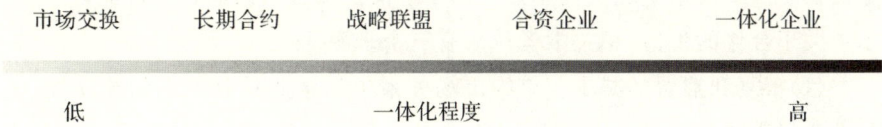

图 3-2 经济活动交换组织形式的"光谱图"

威廉姆森用直角坐标图来表示社会成员之间的经济活动的互动交换组织方式。威廉姆森的直角坐标图分别以"权威"和"价格"作为纵轴和横轴,在一条向右下方倾斜的直线上分别标注着"企业""合作形式"和"市场关系"(见图 3-3)。威廉姆森认为,尽管这种被称作"合作形式"的混合形式至今也没有得到很好的定义,但它们的共同点是都存在着长期合约关系,同时企业间又保持相对独立。威廉姆森还认为,混合形式是相当稳定的。

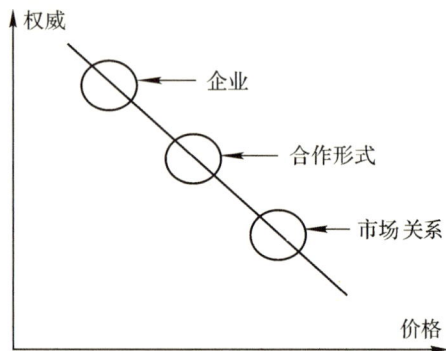

图 3-3　威廉姆森理论中的合作形式

（三）网络组织的存在基础与发展动因

1.寻求合作价值是网络组织存在的主要基础

为什么会存在各种形形色色的网络或网络组织？为什么借助网络组织实现企业间的互动交换在很多情况下明显优于单纯的市场模式？其根本的原因在于借助网络组织实现企业间的互动交换更容易获取合作价值。

关于合作的价值，相关学者认为有三个来源。

（1）重复和浪费的减少。单纯市场关系中的企业具有更强的独立性，但是企业间生产和供应关系中的信息不完全和不对称，使供应商无法根据正确的信息调整生产计划，导致生产要么过多，要么过少。产品从一方（供应商）送达另一方（购买商）的采购、运输、仓储及存货管理等辅助性后勤业务，往往是两企业间最易产生浪费的环节。通过相互间的合作可以减少信息不对称和不必要的生产重复，使供需同步，企业间的流程得以简化。

（2）借助彼此的核心能力。通过市场组织生产，虽然也存在着核心能力相互借助产生的价值，但合作利用互补性核心能力，可以使特定交易者有目的且固定化地选择交易对象，从而就可能长期地与在可选择集合内的最具互补性的核心能力相结合。

（3）创造新机会。伙伴关系的贡献中最振奋人心的，莫过于借助合作伙伴的能力来创造新契机——不论是新产品、新服务，还是突破性的新技术。独立运作，各自为战，总会由于企业自身能力的局限，在新机会的创造和把握上力不从心。合作可以超越自身的不足,以相互弥补的资源优势共同完成更高层次的创新活动。可以说,"创造新机会"是最具前景的贡献之源。

2. 网络组织的发展动因

社会经济活动组织形式的演化不是偶然的,而是有其内在必然性的。网络组织应运而生,是因为它具备了许多传统企业组织形式所没有的、对经济效率提升有积极作用的内在动因。

(1)有利于实现规模经济扩张。企业在通过规模扩大而获取规模经济的过程中,由于管理与指挥系统的复杂性增加、信息上传下达速度减缓、内部运行的协调难度越来越大,往往会背离规模扩大的初衷,产生规模不经济性,导致"大企业病"的出现。企业网络突破了这一限制,通过企业间合作,可最大限度地使用他人占有的经营资源而实现企业产品开发、生产、销售等功能的扩大,从而有效地避免"大企业病",实现了规模经济的效果。

(2)有利于共享网络增值利益。企业网络作为以共同目标为纽带而紧密联系在一起的企业群,成员企业不仅可以共享网络资源,而且可以利用其特有的价值整合功能,使网络向最终用户所提供的产品和服务实现的价值大于各个企业独立创造的价值之和,从而使网络组织成员有可能分享网络创造的超额增值利益。

(3)有利于降低交易成本。经济全球化进程的发展使企业交易活动的地理范围不断扩大,社会生产活动的日益复杂性使企业间的交易次数和频率大幅度提高,交易内容也日益丰富、复杂,这使得契约谈判的难度大为增加,企业面临的机会主义风险也相应增大,从而导致总体交易成本大为提高。而企业网络将经常性交易对象组织起来,建立长期的信任与合作关系,并在此基础上对网络成员之间的相互交换关系进行管理,从而有助于降低契约谈判费用,简化协调过程,增加关系性专用资产投资,最终达到降低总体交易成本的目的。

(4)有利于分散经营风险。当今企业维持竞争优势所需的快速研发能力,高质量、高响应速度的生产能力和完善发达的营销网络构建能力等均需要雄厚的资金为后盾,且企业往往需承担较高的市场风险,这使单个企业的发展显得力不从心。企业网络通过企业间优势资源的高效互补可有效解决这些问题,从而增加企业实现跨越式发展的可能性。通过合作,企业可形成综合扩张能力和规模经济效应,既降低了内部成本,提高了经营弹性,同时也分散了经营风险。

二、网络组织的类型与治理

(一)网络组织的类型

关于网络组织的分类,学术界有着多种不同的划分方法。在这里,我们分别从网络组织的稳定性维度、企业在网络合作中所贡献的资源属性维度、网络组织的功能维度、网络成员的地位对等性维度和网络组织的空间分布维度来加以划分。

1. 按照稳定性维度来划分

从稳定性维度来看,可以将合作网络分为稳定网络和动态网络。

(1)稳定网络(stable network)。稳定网络可以被看作是传统职能型企业组织的扩展,其常见的形式是以制成品企业为核心企业,以给定产品或服务的价值链为尺度,把沿着该价值链分布的上下游专业性企业组织联结起来,从而更好地实现某一特定目标。在稳定的网络中,每个企业组织都是独立的,通过合约与核心企业组织相连接。这种方式,可使制造商、供应商、分销商结成一种长期稳定的合作关系。例如,日本企业即使在中国境外开设工厂,仍然优先选择本产业体系内部的供应商,而体系外的企业很难进入合作网络。

(2)动态网络(dynamic network)。动态网络是一些企业为了实现某一特定目的而进行的合作,如某些合作研发活动等。动态网络的最大特点是它的灵活性,即根据实际需要不断地组合各相关企业组织,且可同时组织多个网络。动态网络往往是优势互补或资源互补性的合作。尽管动态网络合作是基于特定目的的运作模式,其边界具有一定的不确定性,但其仍然有一个基网。这个基网的范围巨大,边界模糊,基网的互动为动态网络的集结提供了保证。在这一过程中,动态网络的成员共担风险并分享利益,当目标任务完成时,这一网络也随之解体。

2.按企业在网络中所贡献的资源属性划分

按照企业在网络合作中所贡献的资源属性,可将网络组织分成两大类:相似资源联盟和互补资源联盟。

(1)相似资源联盟。这是指在价值创造活动中,各企业贡献的资源是类似的。通过相似资源的整合,各企业可以获得规模经济、风险分担等利益。例如,在生产领域内的某些生产能力集成网络,在研发领域内的技术合作研发网络等均属此类。

(2)互补资源联盟。这是指各企业用各自的核心能力完成产品或服务价值链中的不同活动,通过互补资源的共享,形成具有更大竞争优势的网络组织。例如,技术类企业和生产性企业的产研合作网络,生产性企业与营销、服务类企业的产销联盟等均属此类。

3.按网络组织的主要功能划分

每个网络组织都有其主要的功能,据此可以将网络组织大致划分为:(1)生产性企业网络,主要有"分包制"网络、特许经营类网络等;(2)营销性网络,主要有价格同盟、连锁经营等形式;(3)产销联盟,即生产性企业与专门的营销性企业组成的联盟;(4)技术联盟,即一种用以实现技术合作开发、降低研发成本与风险等功能的组织间联盟,包括企业间的技术联盟、企业与科研机构间的联盟等。

4.按照网络成员的地位对等度划分

在某些网络组织中,网络成员的地位比较对等。在某些网络组织中,网络成员地位的不对等性较强。因此,可以将网络组织划分为"领导型"和"对等型"两大类。

(1)"领导型"网络组织。这是一种以某个大企业或大公司为核心建立起来的网络组织,这个大企业或大公司掌握着核心技术或关键资源,因而在网络中占据着主导地位。可具体细分为以下几类。

①"分包制"企业网络。在这类网络中,大企业、大公司将其产品中的某些中间投入品交给其他相关企业来完成,其他相关企业则根据要求,或自己生产,或进一步分包给更下一层的企业来完成,最后由该大企业完成最终产

品的组装和检验。这种企业网络又可以称为"供应链"体系。以丰田公司为例,与其有直接协作关系的中小企业有450多家,其中有的企业还有自己的分包企业,从而共有1200多家企业为丰田公司提供零部件生产。

② 虚拟生产网络。在这种网络中,核心企业往往并不从事具体的生产活动,而是将实际生产交给一些专业企业来完成。核心企业通过它所掌握的独特生产技术或制作秘方来对其他专业企业进行控制和领导。例如,耐克公司总部只从事设计,或者某些关键性生产技术、工艺的开发和市场拓展,实际的产品生产均是由中国境外的专业性生产企业来完成的(这就是本书所研究的代工模式)。可口可乐公司则凭借其独特的饮料配方创造并维持了一个世界著名的饮料王国。在这个饮料王国中,饮料的生产、罐装及销售等任务都是由遍布世界各地的合作企业去完成的。

③ 连锁经营网络。连锁经营是指主导企业把自己开发的商品服务和营业系统以契约的形式授予加盟店,并允许其在规定区域内经销和营业的一种合作形式。在这种网络中,加盟店在所有权上是完全独立的,主导企业凭借特许权的转让实现对加盟店经营权的控制。

(2)"对等型"网络组织。在这类网络组织中,成员通常并无明显的强弱势之分,各自拥有不同的技术或资源,彼此之间的交易大多是平等互利的,不存在谁控制谁的问题。比较典型的形式有以下几类。

① 战略联盟。这是指两个或两个以上独立企业在产品、技术或市场等战略领域共同合作。常见的战略联盟有产销联盟、技术联盟、价格联盟等。

② 联合经营网络。这是指合作企业互相利用各自的顾客源进行联合销售、服务的企业网络形式。例如,银行业可以与证券业、保险业进行联合经营。又如,世界最大的软件制造商微软公司与世界著名的硬件生产商英特尔公司联合经营,互相将对方的产品作为推荐或默认的匹配产品。

5. 按照空间维度划分

从空间维度来看,合作网络可以分为空间邻近性网络或空间非邻近性网络。

(1)空间邻近性网络。这类网络主要是指区域性企业网络或产业集群(industrial clusters)。这类网络的显著特征是空间邻近性,以意大利、德国、挪威及中国的台湾、香港等地区的一些产业区最为典型。它们通常由小规模、分散化,但却由社会纽带联系起来的生产单位组成,区内基本上以本地中小企业为主,企业间地位平等,联系紧密。生产同类或类似产品的企业在空间上聚集成群,很像马歇尔在其《经济学原理》中所描述的产业区,因此又被称为"马歇尔式的产业区"。长期的合作培养了企业之间的相互信任关系,因而企业间有很强的凝聚力。这些产业区或企业网络往往可以凭借整体的竞争力克服单个企业规模小、生产不稳定等缺陷。

(2)空间非邻近性网络。在这类网络的构成因素中,空间邻近性的特征并不突出,区位成本优势的作用更为明显。例如,20世纪90年代有一份关于芭比娃娃生产方式的调查报告,记录了多个国家和地区企业参与其生产过程的情况。其中,中国台湾地区企业利用进口石油提炼出生产芭比娃娃身体的原料,日本企业制造芭比娃娃的尼龙头发,中国企业把玩具缝制成型,中国香港企业负责组织生产和出口到美国,美国企业则要协调美国的物流、销售、新产品的研发和广告推广。在芭比娃娃的生产流程中,不同国家或地区的厂商依据其比较优势或区位优势被定格于不同的环节和工序,每个阶段的中间产品分别作为下一阶段的投入品,呈现出同一产品由不同国家的厂商共同完成的特征。

(二)网络组织的治理与合约履行

1.治理与治理结构

治理(governance)一词最早源于拉丁文和希腊语,原意为控制、引导和操纵,主要用于与国家公共事务相关的政治活动和管理活动中。20世纪90年代以来,随着一些西方学者跨领域的运用,治理逐渐突破了其传统的经典意义。Jones将治理界定为一系列活动领域里虽未得到正式授权,却能有效发挥作用的管理机制。全球治理委员会在其1995年发表的相关报告中也指出,治理是各种公共的或私人的机构管理其共同事务诸多方式的总和,它是使相互冲突的或不同的利益得以调和并采取联合行动的持续过程。一般认为,治理与管理具有一定的对应关系,但是治理与管理有着很大的不同。管理针对的往往是层级组织,事关对权力的控制性运用。而治理则既包括有权迫使人们服从的正式制度和规则,也包括各种人们自觉遵守的非正式的制度和契约。因此,治理不仅仅是一套规则、活动,更是一个持续的互动过程。

由于网络组织及其运作具有明显的灵活性与非正式性,网络组织成员间的关系是一种介于市场关系和企业内部科层关系之间的"中间型""混合型"关系,管理一词显然无法揭示其中的丰富内涵,而治理一词则因其更多地体现自组织式的"自然法则",所以往往更多地与网络组织这种新型柔性组织联系在一起。

简单地说,所谓治理结构是指组织内部有关谁在什么状态下实施控制、如何控制及风险和收益如何在不同组织成员之间分配的一系列正式和非正式的关系安排。

"治理结构"(governance structure)是威廉姆森首先提出的。威廉姆森曾认为中间治理结构是一种不稳定的组织形式,但后来他承认这些不规则的交易是一种"非常普遍的交易形式",而且引起了学者的关注。

威廉姆森提出的基本命题是交易者将选择那种使交易成本最小的交易协调结构,但何种交易协调结构会使交易成本最小并无一定规则,要视交易过程的特征而定。具体而言,资产专用性程度、不确定性以及交易频率这些变量对采用何种交易协调结构使交易成本最小具有决定性的影响。一般说来,当资产专用程度很低时,应该采用古典合约形式。当资产专用程度较高或很高、不确定性很强、对未来可能发生的各种变故很难预料时,就需要引进比较复杂的治理结构。此外,交易频率也是一个影响何种交易协调结构能使交易成本最小的重要因素。

根据不同的交易协调影响因素或交易特性,可以有不同的治理结构匹配。当资产专用性程度、不确定性和交易频率均较高时,采用各种"关系式合约"比较合适,而统一治理方式即企业一体化适用于高度资产专用性的交易。

2. 网络组织的治理基础

由于网络组织成员间的关系是一种介于市场关系和企业内部科层关系之间的"中间型""混合型"关系,因而其治理结构也具有"准市场""准企业"

的属性,属于一种中间型治理结构。

　　网络组织是企业间合作的产物,相互依存是它的基本特性。这一特性集中体现在契约、信誉与信任等方面,形成了网络组织治理或运行机制的核心。与传统的科层制企业组织不同,企业网络组织是依靠契约,包括规则、协议、法律合同等,而非传统行政权力来指挥运作的。网络组织的成员企业既相互依赖,又独立运作。由于他们都有自己的独立利益存在,客观上难以避免会出现网络成员为了追求对自身最有利的交易而采取机会主义行为的可能性。因此,需要合法的契约来阻止机会主义行为,使各网络成员清楚彼此的行为预期,从而减少可能引致网络危机的投机心理。

　　契约作用不仅在于明示,而且在于促使网络成员自我履约。由于企业网络组织中各成员的自利行为,每个成员都可能将潜在的违背契约条款所带来的收益与违约而受惩罚的损失进行对比。如果契约设计使得违约的潜在收益比受惩罚招致的损失小,那么,进行相互交易的网络成员将不会试图违约,各成员将按组织的规则或契约确定的目标一致行动。反之,违约就会出现。

　　事实上,即便是存在最完备的契约设计也不能解决网络组织运作机制的所有问题。网络组织的行为机制除了依靠契约以外,还要靠声誉与信用来保证执行。只有在相互信任的基础上,依靠契约及共同遵守的行为规范才能使网络组织正常运作。

　　信任是网络组织存在与发展的保障,然而信任的建立并不容易。由于网络成员背景复杂,各自的企业文化、管理模式、技术背景等存在较大差异,相互的融合及建立信任需要时间,往往需要经过多次博弈才能成为相互信任的伙伴。因此,寻求建立网络组织信任危机防范的机制与信任生成机制十分必要。

　　3.网络组织的合约自我履行机制

　　由于网络组织之间交易、互动的频繁性、不确定性,因而网络组织成员间的相关契约往往是不完备的。在这种情况下,网络成员间的契约能否有效履行,网络组织关系是否具有稳定性的问题便自然会被提出来。而关于"合约的自我履行机制"的探讨有助于我们对这一问题的认识。

一般说来,在合约的惩罚性条款不能强制执行的情况下,就必须要有一个像法院那样的"第三者"组织来进行评判和裁决。但是,在网络组织中,借助这样的"第三者"来保证合约的履行是极为困难的。首先,要对合约的违反行为做出准确无误的判断极不容易,比如制造商可能会提出供应商的产品质量不符合要求的问题,而质量标准是极难把握的。同时,"第三者"的判决也往往是耗时费力的,如果这类合约纠纷都由法院判决,不仅效率上难以保证,而且所造成的损失也将十分巨大。

在现实生活中,人们对合约的履行一般情况下不是依赖于法院对合约条款的强制执行,而是依赖于所谓"个人合约履行机制"来解决企业间的非合作的行为。大多数合约行为争端往往是依赖平常的习惯、诚信、信誉等方式来解决,即使是在发生严重争执的情况下,当事人各方也是尽可能依靠他们自己的力量来解决争端。

对于不完全合约的自我履行机制,克莱因等提出了"由于交易终止而失去的准租金"的观点,就是利用交易当事人的现时性和专用性资产投资把个人惩罚条款强加在能够观察到的意图违约的交易对手身上。这些惩罚条款包括两方面内容。

一是合约关系终止(或不可重新谈判)所造成的将来损失,这种威胁意味着从这些投资中所获的准租金的贴现值的潜在资本损失。在制造商和供应商的关系中,如果制造商提出要么停止交易,要么大幅度降低价格的要求,供应商将不得不做出相应的反应。如果终止交易所损失的收益很大的话,对供应商来说,即使被大幅度地压低价格,它也将不得不"忍气吞声"地继续维持这桩交易。这种准租金越大,被对方胁迫、控制的可能性也越大。因此,为了实现双方的长期稳定的交易关系,如何减小这种被控制的可能性就成了至关重要的问题。双方的信任度越大,就越可能进行充分的专用性资产投资。反之,交易的不确定性将促使对方选择通用技术并减少专用性资产投资。

二是交易者违反合约的行为在市场(商品市场和人力资本市场)上使其信誉贬值造成的损失,使潜在的交易商变得更不愿意信任违约者的交易承诺,即使与其交易的话,也会要求更多补偿性条款,从而增加违约者在将来的交易过程中的交易成本并减少其增加交易量的机会。这就是所谓的"声誉机制"（见图 3-4）。从图中可以看出，"声誉机制"的实质性问题是这种交易的持久性，如果交易仅限于一次，各交易人就会着眼于个人的一次性利益从而追求个人利益最大化。由于没有下一次交易，交易人将不会考虑被实施惩罚的可能。如果交易关系将持续下去，交易人将不得不权衡合作和欺骗的得失并采取相应的行为。继续交易下去的利益越大（即当前合作所得的收益为 A），而未来（t_i）采取违约行为得到的利益越小（即将来违约的收益贴现值为 B），双方的合作就会越牢固（因为 $A > B$）。

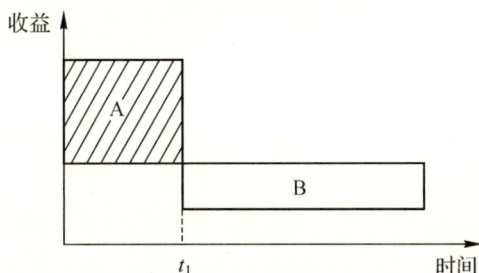

图 3-4　当前利益与未来利益的权衡（声誉机制）

个人惩罚条款之所以能起到自我履约的作用，是因为个人惩罚条款是一种履约的资本成本或未来资本的现值，是交易者违约时必须付出的代价，也是确保企业间有效合作的一种制度安排。每一个交易商通常都会将潜在的因违约所获的收益与相应的损失的贴现值做比较，如果收益低于由此造成的损失，那么交易者就不会进行"敲竹杠"行为。反之，交易者就有可能采取违约行为。如果交易者有无限的个人履约资本，"敲竹杠"就绝不会出现。也正因为个人履约的资本是有限的，这也就存在着不同条件下最优的自我履约的范围的选择。

三、全球代工体系

本书在这里所采用的"全球代工体系"是指由全球范围内的代工委托商和代工承接商所构成的网络合作体系。作为一种在全球范围内由委托商和供应商所构成的产品价值链不同环节承担者所构成的合作网络，目前理论界通常使用"全球价值链"或"全球价值链体系"的概念来加以研究。而我们这里所说的全球代工体系,实际上就是"全球价值链"或"全球价值链体系"中的一个组成部分。之所以要采用"全球代工体系"这样一个"叫法",主要是为了使我们的相关讨论更集中、更聚焦。当然,由于全球代工体系实际上就是"全球价值链"或"全球价值链体系"中的一个部分,所以在以下关于全球代工体系的讨论中,我们将在很大程度上借助于全球价值链理论的相关概念和结论加以论述。

(一)全球代工体系是全球价值链体系的组成部分

1.全球价值链的概念

全球价值链体系是基于产品或服务的价值形成过程的视角来观察的,是指为实现商品或服务价值而连接生产、销售、回收处理等过程的全球性跨企业网络组织,涉及从原料采购和运输,半成品和成品的生产和分销,直至最终消费和回收处理的整个过程。因此,全球价值链体系或全球价值链网络(或很多作者就将其称作"全球价值链")是形形色色的网络组织的一种。

斯特恩从组织规模(organizational scale)、地理分布(geographic scale)和生产性主体(productive actor)三个维度来界定全球价值链。从组织规模看,全球价值链包括参与了某种产品或服务的生产性活动的全部主体;从地理分布来看,全球价值链必须具有全球性;从参与的主体看,有一体化企业(如 Phillips、原 IBM 等)、零售商(如 Sears、Gap 等)、领导厂商(如戴尔、耐克等)、交钥匙供应商(如 Celestica、Solectron)和零部件供应商(如英特尔、微软等)。

全球价值链的形成是分工进一步深化的产物,其形成程度取决于价值环节片断化和空间重组过程中边际成本和边际收益之间的对比。技术进步和制度变迁对其边际成本曲线的移动产生了重要影响;比较优势、规模经济和专业化经济则是影响其边际收益曲线移动的源泉。边际成本曲线和边际收益曲线的移动共同决定了价值环节片断化和空间重组的程度,即决定着全球价值链的形成程度。

2.全球价值链的类型

关于全球价值链的类型,不同学者进行了不同的划分。

(1)按垂直性/水平性、开放性/封闭性的维度划分。John Zysman 等分别从垂直性/水平性、开放性/封闭性的维度研究了全球价值链的类型。

①以日本、韩国为代表的垂直封闭式网络。日本公司的中国境外机构一般受总部的高度控制以维护总部的权威和核心技术能力,因此其治理结构是层级型的垂直一体化模式。以日企为主导的跨国生产网络一般由领导企业率先将低附加值的生产环节转移到发展中国家,然后日本供应商跟进投资。对东道国当地的采购仅限于附加值较低的原材料和简单零部件,技术要求较高的零部件一般由跟进的日本供应商提供或从母国采购。

②以美国为代表的垂直开放式网络。这类网络的供应商有较大的自主权、较高的市场灵活性和生产的附加价值。在这类网络中,领导厂商将生产外包,自己则转向附加值更高的产品研发、系统集成和软件等环节。同时,领导厂商愿意向东道国供应商提供较多的指导和技术支持以提高供应商的能力。

③以中国台湾厂商为代表的水平开放式网络。这类网络的成员主体之间的关系比较灵活和复杂,经常变更合作伙伴。厂商的专业化程度较高,力量对比不是很悬殊。

④以海外华人为代表的水平封闭式网络。在这类网络组织中,共同的种族、文化、语言和人际关系为企业间的合作与协调带来了便利,同时也构成了海外企业的进入壁垒。而在网络内部,成员企业之间的关系是比较平等的。

(2)按驱动者类型的不同,全球价值链可以被分为生产者驱动与采购者驱动两种。20 世纪 90 年代以来,以格里芬等人为代表的相关学者则从"驱动力"的视角对全球价值链进行了另一种类别划分。"驱动力",是格里芬提出的全球商品链理论中的概念。格里芬认为,全球购买商(主要是零售商和品牌商——格里芬称之为"没有工厂的制造商")是全球分离的生产和分销体系中的关键驱动者。目前,全球价值链理论中关于动力机制的研究,基本上延续了格里芬在全球商品链研究中给出的全球商品链运行的生产者驱动和采购者驱动两种模式。

①生产者驱动。生产者驱动主要是指由生产者投资来推动市场需求,形成全球生产供应链的垂直分工体系。投资者可以是拥有技术优势、谋求

市场扩张的跨国公司,也可以是力图推动地方经济发展、建立自主工业体系的本国政府。生产者驱动型的价值链驱动者主要存在于生产领域,常见于那些大型的跨国生产厂商中。它们在对生产框架进行前向或后向整合方面起到了重要的作用,多集中在资本或技术密集型行业,例如汽车、飞机、计算机、半导体和重型机械等产业。

②采购者驱动。采购者驱动主要是指拥有强大品牌优势和国内销售渠道的经济体通过全球采购和 OEM 等生产方式组织跨国商品流通网络,形成强大的市场需求,拉动那些奉行出口导向战略的发展中国家或地区的工业化。采购者驱动型的价值链驱动者主要存在于流通领域,常见于大型零售商、经销商和品牌厂商中。他们在不同国家或地区建立分散化的生产网络,主要集中在劳动力密集行业和消费品行业,例如服装、鞋类、玩具、五金、消费电子以及一些手工艺品等,其产品的生产一般外包给发展中国家的制造商。

采购者驱动模型的一个主要的特征就是全球价值链上游的公司主要专注于设计或经销品牌产品,而不是生产,例如像 Wal-Mart、Sears Roebuck 和 Penny 这样的零售商,像 Nike 和 Reebok 这样的运动鞋生产公司,以及像 Liz Claiborne 和 The Limited 这样的服装公司等。采购者驱动模型的提出,孕育了一种新的生产方式——"没有工厂的制造商",他们将产品的生产与设计、营销等环节区分开。采购者驱动链条战略环节主要分布在设计、营销和售后服务等方面。

格里芬对采购者驱动与生产者驱动的两种类型的全球价值链从动力根源、核心能力、进入障碍、产业分类、典型产业部门、制造企业的业主、主要产业联系、主导产业结构和辅助支撑体系等 9 个方面进行了比较研究,并得出了如表 3-1 的相关结论。

表 3-1　生产者和采购者驱动的全球价值链比较

项　目	生产者驱动的价值链	采购者驱动的价值链
动力根源	产业资本	商业资本
核心能力	研究与发展、生产能力	设计、市场营销
进入障碍	规模经济	范围经济
产业分类	耐用消费品、中间商品、资本商品等	非耐用消费品等

续表

项　目	生产者驱动的价值链	采购者驱动的价值链
典型产业部门	汽车、计算机、航空器等	服装、鞋、玩具等
制造企业的业主	跨国企业，主要位于发达国家	地方企业，主要位于发展中国家
主要产业联系	以投资为主线	以贸易为主线
主导产业结构	垂直一体化	水平一体化
辅助支撑体系	重硬环境，轻软环境	重软环境，轻硬环境
典型案例	英特尔、波音、丰田、海尔、格兰仕等	沃尔玛、国美、耐克、戴尔、锐步等

3. 全球代工体系与采购者驱动型全球价值链体系具有很大对应性

从以上分析可以看出，全球价值链体系的涵盖面更宽，它不仅包括最终产品的生产制造外包，也包括零部件、半成品的生产制造外包。而我们这里的全球代工体系则主要是指最终产品的生产制造外包。同时，虽然不能说全球代工体系完全等同于采购者驱动型全球价值链体系或全球商品链体系，但是它们之间显然具有很大的对应性。

（1）从价值链的角度来看，代工委托商与代工承接商分别承担着产品价值链的不同职能环节，代工委托商通常专注于产品的设计、经销、服务与品牌维护环节，代工承接商则主要专注于生产制造（OEM）或生产制造与部分设计（ODM）环节。

（2）从空间分布角度来看，代工委托商通常位于发达国家，而代工承接商通常位于发展中国家等劳动力低成本地区。

（3）从代工委托商的职能属性来看，无论是像 Wal-Mart、Sears Roebuck 和 Penny 这样的大型零售商，还是像 Nike、Reebok 这样的运动鞋生产公司或 Liz Claiborne 和 The Limited 这样的服装公司，它们都基本或完全从生产制造职能中分离了出来，而仅仅专注于产品或服务的消费者需求发现与挖掘、产品的市场指向或定位、研发设计、分销、服务及品牌维护等非生产制造性职能。

（二）全球代工体系的治理与治理者

由于全球代工体系是全球价值链体系的组成部分，或者说全球代工体系是全球价值链体系的一种特例，所以在讨论全球代工体系的治理与治理者之前,我们先讨论全球价值链体系的治理与治理者。

1. 全球价值链体系的治理与治理者

按照全球价值链理论,一个价值链条中有众多的"价值环节",但并不是每一个环节都能创造等量价值。只有某些特定的价值环节才能创造更高的附加值,某些辅助或支撑性环节只能创造较少的附加值。而这些高附加值的价值环节一般就是全球价值链上的战略环节。谁抓住了这些战略环节,谁就抓住了整个价值链,即由谁来治理这条价值链。

在生产者驱动的全球价值链中,这种战略环节一般存在于生产制造领域,而在采购者驱动的全球价值链中该环节一般会位于流通领域。一般来说,发达国家掌控着全球价值链中的高附加值环节,而将低附加值环节转移到发展中国家;在发达国家中,又是大型生产商在生产环节控制生产者驱动的全球价值链,零售商和经销商在价值链末端的分销和零售环节对采购者驱动行业产生影响。

格里芬等在普维尔与斯特恩等人的网络理论基础上,结合价值链理论、交易成本经济学、技术能力与企业学习等理论对全球价值链的治理方式进行了研究,将全球价值链网络中不同成员间的治理模式做了较为细致的划分。格里芬等按照价值链中不同主体之间的协调和力量不对称程度将治理模式从低到高依次排列为:模块型、关系型和领导型。

(1)模块型。这类治理模式所适用的对象是产品较复杂、供应商的能力较强、其资产专用程度较高、买卖双方的数量虽然有限但仍有一定的市场灵活性、更换合作伙伴较容易的价值链。在这类价值链中,合作双方交流的信息量较市场型大、复杂,但能够通过标准化契约来较好地降低交易成本,因此需要的协调成本也不高。

(2)关系型。这类治理模式所适用的对象是合作双方需要交换的信息量大且复杂,供应商的能力较强,领导厂商和供应商之间有很强的互相依赖,但双方可以通过信誉、空间的临近性、家族或种族关系降低交易成本的价值链。在这类价值链中,合作双方常常可以通过面对面的交流进行协商和交换复杂的信息,需要较多的协调,因此改变交易伙伴比较困难。

(3)领导型。这类治理模式所适用的对象是产品复杂、供应商的能力较低、需要购买商大量投入和技术支持的价值链。在这类价值链中,供应商为了防止其他供应商竞争,往往采取资产专用化措施。供应商对领导厂商的依赖性非常强,很难改变交易对象,从而往往成为"俘虏型供应商"。领导厂商通过对供应商高度控制来实现治理,同时通过提供各种支持使供应商愿意保持合作关系。

需要说明的是,在实际的全球价值链运营过程中如何鉴别价值链治理者是一个非常复杂的问题。为了解决这一问题,有学者提出了一个指标体系(参见表 3-2)。从表 3-2 中可以看出,全球价值链分工强调的是增值份额、利润份额、购买份额、核心技术或独特竞争能力和市场品牌等五个方面内容,且这五个指标还各有其适用范围。而对市场销售份额、利润率等指标的弱化,反映了全球价值链分工强调产业的动态改善过程和发展的治理精神。此外,从表 3-2 数据来源一栏可以看出,在现实世界中发现全球价值链的治理者更多地需要实地调研,这也表明了实证研究是全球价值链研究中的一个重要方面。

表 3-2　如何识别全球价值链中的治理者

指　标	优点和弱点	数据来源
价值链中的销售份额	不是一个有利的指标,因为该指标中无法规避原料部分的重复买卖活动,因此,缺乏有效影响力	资产负债表
价值链中的增值份额	因为其反映了价值链的具体环节部分,所以是一个比较好的指标	企业调研
价值链中的利润份额	虽然是一个反映价值链中能力水平的好指标,不过高利润份额可能来自对稀缺资源的垄断,并且对下流环节也没有什么影响力	资产负债表,通常只能收集到上市公司等对外发布信息的股份制企业的数据
利润率	不是一个很好的指标,因为价值链条中一些小型利己型参与者可能会有很高的利润率,但是他们对整个价值链并没有多大影响力	资产负债表,通常只能收集到上市公司等对外发布信息的股份制企业的数据
价值链中的购买份额	一个很好的指标,特别当购买渠道多元化而非依赖领导企业的时候该指标更加有效	企业调研

续表

指　标	优点和弱点	数据来源
掌握价值链中的核心技术或具备独特能力	在生产者驱动的价值链中是一个很好的指标,例如,汽车产业	企业调研
拥有价值链中的"市场标识"(品牌)	在品牌标识显得重要的市场中,该指标就会突显其优势	企业调研;品牌在最终市场中的份额研究

2.领导型模式是全球代工体系的主要治理模式

由于在全球代工体系中,委托商与代工商之间的"空间临近性"特征并不突出,家族和种族关系在交易中的作用几乎可以忽略,因此上述全球价值链治理模式中的"关系型模式"在全球代工体系中基本上可以不考虑。由于大部分代工委托商在代工体系中扮演着主导性、整合性的角色,而大部分代工承接商则需要较多地从委托商那里获得技术、诀窍和管理等方面的帮助和指导,所以领导型模式是全球代工体系的主要治理模式,大部分代工委托商也实际上扮演着治理者的角色。当然,对于一些规模较大、代工历史较长的企业来讲,其与委托商之间代工合作的"能力对等性"程度已经相对较高,其治理模式已经具备了一定程度的"模块"性。因此,可以将这一类代工关系的治理模式归结为"准模块型"属性。实际上,尽管大部分代工委托商相对于代工承接商而言属于"大公司",但也确有少数情况正好与此相反。关于这个问题,本书后面会有所提到。

耐克公司作为一家代工委托商可以说是较为典型的"品牌产品整合商"或"品牌商"。而这种由"品牌产品整合商"或"品牌商"与其代工承接商构成的代工体系则是全球代工体系中的主流形式,也是本书讨论的主要对象。在这里,我们给出一份耐克公司的资料,作为我们进一步了解全球代工体系治理模式的案例性阅读材料,对我们更加具体而形象地了解全球代工体系治理模式应该有所帮助。

【案　例】

耐克公司的网络结构

耐克公司是全球最大的运动鞋制造商,总部设在位于美国俄勒冈州的比弗顿。耐克公司成功的关键是其创始人菲利普·耐克创立的生产和销售运动鞋的网络结构。耐克公司总部的主要职能是产品设计,那里聚集了大批追求运动鞋设计创新的天才设计师,他们曾经成功地推出了风靡全球的空气气垫鞋和"飞人乔丹"鞋。设计师们使用计算机辅助设计系统(CAD)设计鞋样和书写制造说明,然后再通过电子邮件传输给耐克公司在东南亚的战略合作制造商。各供应商仅负责生产其中的一部分如鞋底、皮革,最后某国的制造商负责装配(如中国)。目前,耐克公司每年一亿双鞋子中有 99% 是在东南亚制造的。从设计者的创意到成品鞋摆到货架上,这个开发过程一般需要 18 个月的时间。耐克公司的新产品有适合四个不同季度穿着的数百个品种,因此开发人员会从事各种不同进度的工作。1995 年,耐克公司开始对其运动鞋开发过程进行重新设计,并改变决策和产品开发工作,这项活动被命名为"未来景象(future vision)"。其中重要的一项内容就是建立内部互联网,确保运动鞋开发过程的全部信息能够在全球范围内无障碍地传送。

立足于这一全球产品信息网络的内部互联网系统,耐克公司为每一种产品都建立了单独的网页,依据鞋的类别对网页内容进行分类。全球信息网提供了非常丰富的在线产品信息,例如营销经理会将他们最初的市场预测资料输入系统,这样的话公司在开展预测时就可以调用这些资料。设计人员会将产品设计草图及图纸扫入系统中,所有的人员通过在线系统都能随时了解产品设计情况。推销人员可以依据颜色、价格、目标市场等分类查阅各有关产品线的信息,公司高层管理人员可以在网上查看到每个季度产品的销售情况。该系统提供的许多产品信息在开发初期是保密的,随后逐步向全部公司管理人员开放,例如在2001年推出的最热销鞋的设计草图,在年初时仅有少数的高层管理者可以看到,但随着产品开发的推进,越来越多的员工进入到该信息网络中。当产品开发成功时,所有的信息都向公司销售人员、销售代理商及零售商等公开。全球产品信息网为管理人员提供了更有效的信息,使他们能够及时地做出决策。产品开发人员甚至可以用很快的速度向他在欧洲和亚洲的合作伙伴展示新产品的创意和设计,并给对方提供直接从网上发送建议的渠道。面对面的会晤减少了,生产效率却提高了。由于中国境外员工可以在网上在线浏览设计方案而不需要看到实际鞋样,这就大大节省了产品开发的时间和成本。耐克公司相信,全球产品信息网络的使用将使全球范围内的信息传递速度得到加快,从而推进企业间合作的改进和战略目标的实现。《虚拟企业》(*The Virtual Corporation*)的作者威廉·戴维多和麦克尔·马龙使用"虚拟产品"来描述信息系统提高组织对客户响应的方式。他们认为,信息系统和技术正在使公司把产品客户化,同时无须增加任何额外成本。

这种灵活的网络结构不仅给耐克带来了成本优势,而且它可以利用全球化的网络系统对运动鞋的时尚变化迅速做出反应。耐克公司的组织结构正变得扁平化,它也似乎正在变成一个无疆界的组织(boundary organization),在全球化层次上,公司间战略联盟的网络化结构可能是对复杂的全球矩阵结构的一个替代选择。

资料来源:杨农.战略合作经济学:网络时代的企业生存法则.北京:中国财政经济出版社,2004.

(三)全球代工体系中不同职能环节的价值分布

全球代工体系的形成说到底是发达国家相关企业实施"归核化"战略和外包战略的产物,这些企业往往仅将价值比重较低的生产环节或职能环节交给其他网络成员去完成,而将最重要、最有价值的生产环节或职能环节留给自己直接掌握。因此,全球代工体系中不同生产环节或职能环节的价值分布是不均匀的。一般说来,现代制造业的高价值环节往往分布在价值链的上游(产品的研制与开发等环节)和下游(销售和售后服务等环节)。而处于价值链中间环节的组装、加工环节往往只占整个产品或服务的较低价值。正因为如此,宏碁集团董事长用一条著名的"微笑曲线"来形容、描述全球代工体系中不同生产环节或职能环节的价值分布状况,以及与此相联系的国际分工条件下发达国家或地区与发展中国家或地区相关企业的收益水平(见图 3-5)。

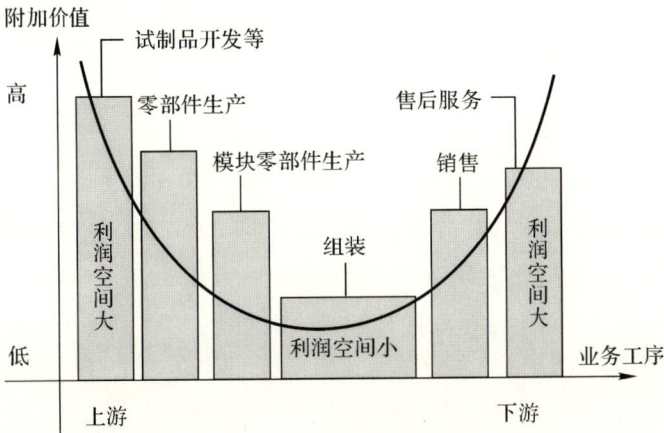

图 3-5 "微笑曲线"示意图

第四章　代工企业及其网络合作与竞争

　　研究代工企业的持续成长在很大程度上就是研究企业在采用代工模式的条件下如何保持和提升竞争力的问题。而探讨代工企业的竞争力问题，又不得不首先对代工企业所在的环境，即代工合作网络的内外部环境，以及这个环境中所面临的各种合作与竞争关系加以必要的分析。因此，在从总体上认识了全球代工体系的相关特征，认识了全球代工体系在网络组织和全球价值链体系中的"角色"之后，我们需要将关注视角转入代工合作关系的内部，研究代工企业与其委托商之间的合作、竞争关系，研究代工企业与其他相关主体之间直接与间接的竞争关系。

一、代工与代工企业

(一)代工与两种类型的委托商

　　关于什么是代工，本书在前面已经多次提到并加以一定说明。但为了进一步了解代工企业的本质与相关特征，这里还需要展开讨论。

　　如前所述，所谓"代工"实际上就是"代为加工""代为制造"的意思。本书在前面提到并加以一定说明的代工(也是目前人们主要关注的代工)是一种英文表达为 OEM(original equipment manufacture) 与 ODM(original design manufacture)的代工。OEM 通常译为"原始设备制造"或"原厂产品委托生产"，其基本意思是因原生产该产品的厂商所需生产成本较高，故委托其他厂商代为生产,生产后交由原厂商用自己的品牌加以出售。ODM 通常译为"原始设计制造"或"委托设计制造",也是一种应原生产该产品的厂商(客户)要求对产品作较大改进、改型,或者根据客户需要重新设计订制产品,产品生产出来后交由客户用自己的品牌在市场上出售的生产加工方式。因此,代工生产方式也叫"贴牌生产""贴牌加工"。显然,这一类代工的委托商原来多是自己生产其所经营产品的,只是随着成本结构的变化和"归核化"战略的实施,这些委托商将整个产品的生产制造环节都外包出去了。像耐克、阿迪达斯这样的企业所做的代工委托就属于这种类型。

但是,代工的起源并不是这类制造类企业的外包行为,而是零售类企业的"依规格采购"。据有关资料介绍,早在 20 世纪 20 年代,英国马狮公司就开始采用这种方式。

马狮百货集团(Marks&Spencer)是英国最大的跨国零售集团,在世界各地有 200 多家连锁店,其"圣米高"牌子的各类货品则在 30 多个国家出售。当时,马狮公司在直接接触终端消费者的过程中发现,一些顾客真正需要的是质量高而价格不贵的日用生活品,原有的生产商并不能很好地提供这样的产品。于是,马狮公司建立起了自己的设计队伍,重新设计(或与供应商一起设计)这类产品。为了保证向顾客提供高品质、受欢迎的商品,马狮公司采取了"依规格采购"的方法,即马狮公司先把商品要求的标准确定下来,然后交由制造商依循制造。这些依循制造的产品生产出来以后,由马狮公司依约收购,并贴上自己的牌子"圣米高"出售,从而形成今天人们所说"贴牌生产""贴牌加工"的最初形式。

马狮公司与其供应商的合作非常稳定。那些最早与马狮公司建立合作关系的供应商,其合作关系的持续时间已近 100 年;合作关系超过 50 年的供应商有 60 家以上,超过 30 年的则不少于 100 家。

像马狮公司这样的产销模式也被称作"自主品牌(简称 PB)模式"或"商店品牌模式"。在这种模式中,零售企业指定专门的供应商生产,产品贴有零售企业品牌,在自己的卖场进行销售。从本质上来讲,这是一种由零售商主导的"代工模式",其特点是自产自销商品,省去许多中间环节。例如,使用自主品牌的商品可以少支付广告费,进行大批量生产、销售,可以取得规模效益,降低商品的销售成本等。

PB 模式目前仍然受到一些企业尤其是大型零售企业的高度重视,欧美的大型超级市场、连锁商店、百货商店几乎都出售标有自主品牌的商品。其中,美国最大的零售集团公司沃尔玛拥有 20000 多个供货商,其中较大的制造商就有 500 多个,这些制造商根据沃尔玛公司设计的造型、装潢、质量要求进行产品生产,产品印上沃尔玛的自主品牌出售。例如,沃尔玛用"Great Value(惠宜)"品牌出售其食品系列产品,用"Equate(宜洁)"品牌出售其洗涤系列产品,用"Simply Basic"出售其服饰系列产品等。

显然,PB 模式与 OEM(original equipment manufacture)、ODM(original design manufacture)模式有一定的不同。PB 模式是零售商直接委托供应商按设计要求生产,然后在自己的零售网点直接出售。OEM(原始设备制造或原厂产品委托生产)和 ODM(原始设计制造或委托设计制造)则更多地是指由原来的生产厂家所委托的生产制造。从企业职能构成的角度来看,前者(PB 模式)是零售商将其触角伸向制造领域,是一种职能环节的"加法"。而后者(OEM 或 ODM)则是将生产职能从企业职能范围中"外包"出去,是一种职能环节的"减法"。

因此,如果我们将 PB 模式称作"零售商委托代工"的话,则 OEM 和 ODM 可以被称作"制造商委托代工"。或者换句话说,前者可以被称作"马狮、沃尔玛式委托代工",后者可以被称作"耐克式委托代工"。实际上,从代工的"代为加工""代为制造"这一最基本含义的角度来看,代工的委托商类型应该不止这两种,只是这两种代工委托商类型比较典型。其中,"制造商委托代工"或"耐克式委托代工"更是占据着国际代工体系的主导性地位。本书所讨论的代工,在多数情况下属于这种"制造商委托代工"或"耐克式委托代工"。

但需要说明的是,很多人在讨论代工问题时,往往并不做这样明确的划分。无论是"马狮、沃尔玛式委托代工",还是"耐克式委托代工",只要涉及"委托生产制造",就往往以 OEM 相称,涉及"委托设计制造",则往往以 ODM 相称。

(二)代工企业与独立产销企业

在本书中,所谓代工企业,就是指那些承接代工业务的企业。所谓独立产销企业是指没有代工业务,完全以自主品牌生产和销售产品(或提供服务)的企业。与独立产销企业相比,代工企业往往在以下几个方面有着一定的差异性。

1.服务对象的个别性

代工业务通常服务于特定客户,其产品或服务通常按照特定客户的特定要求"定制"。由于这些产品或服务具有较大程度的"专属性",除了委托商以外,通常不可能有其他的买主愿意以代工企业与委托商约定的购买条件来购买这些产品,因此与独立产销企业通常服务于较多的客户相比,代工企业的服务通常都只是针对有限数量的客户。在极端情况下,代工企业的服务对象可能只有唯一的客户。

2.企业资产的专用性

代工委托商之所以采取定向"外包"的方式获取相关产品或服务,而不是通过一般的市场采购获得相关产品或服务,是因为通过后者无法满足其在产品或服务品质方面和作业调度方面的特定要求。一般说来,提供这些产品或服务需要具备某些专用性资产(包括相关的厂房、设备、人员的知识和技能等),或是提供这些产品或服务的供应商的资产具有某种程度的专用性。所以,代工企业作为这些在品质方面和作业调度方面具有某些特定要求的产品或服务的提供者,往往需要投入一定的专用性资产(或是其部分资产具有某种程度的专用性)。由于这些专用性资产在做他用性处置时往往会形成相应的价值折损,所以代工企业一旦承接了代工业务并因此而形成一定程度的资产专用性,便在客户转换方面受到较独立产销企业更大的制约。

3.生产服务过程的互动性

独立产销企业的产品或服务虽然也需要不断听取消费者的意见而加以改进完善,但是这种改进完善往往是在若干"轮"的"销售和购买过程"中实现的,购买者通常很难在产品或服务的提供过程中有一定程度的参与或介入,提供者也通常无法在产品或服务的提供过程中与购买者进行互动。但是代工企业则不同,由于代工委托商所需产品或服务在品质和作业调度方面具有很大的特殊性,从而使这种产品或服务具有一定程度的"非标准性",

其相关要求往往无法全部"事先约定"。所以,在这种产品或服务的提供过程中,买供双方往往需要进行一定程度的互动。尤其是在很多情况下,这种互动具有一定的非对称性。例如,在委托商力量较强,而承接商力量较弱的情况下,这种互动过程往往表现为技术、信息、技巧、规则要求等互动要素从委托商方面的单向性净流出,从而形成一种一方对另一方的指导和控制的格局。对于那些新进入代工业务领域,或相对于委托商而言规模较小的代工企业而言,其更可能成为被指导和被控制的一方。

(三)代工企业的类型划分

实际中存在的代工企业形形色色,划分也多种多样。在这里,本书按照分析问题的需要,将代工企业(主要是基于"耐克式委托代工"的代工企业)按以下不同类型进行划分。

1.按照代工业务在企业全部业务中的构成状况划分

按照代工业务在企业全部业务中的构成状况划分,可以将代工企业划分为单一客户纯代工企业、多客户纯代工企业和混合业务代工企业。

(1)单一客户纯代工企业。这类企业不仅完全专注于代工业务(即完全放弃或不从事自营业务、自主品牌业务、自销业务等),而且仅服务于单一的代工委托商。从委托商角度来看,这类企业也可被称为专属纯代工承接商。

(2)多客户纯代工企业。这类企业虽然完全专注于代工业务,但同时为不止一家代工委托商服务。在这类企业中,较常见的情况是为同行业甚至同类型产品的不同委托商提供代工服务,但也有少量企业同时为不同行业、不同产品类型的多家委托商提供代工服务。从委托商角度来看,这类企业也可被称为非专属纯代工承接商。

(3)混合业务代工企业。这类企业不仅从事代工业务,而且保留着自营业务或自主品牌业务。其中,有极少量的企业还扮演着代工承接商和代工委托商的双重角色,即不仅承接品牌商的委托代工,而且自己也作为委托商,委托别的代工承接商为自己提供代工服务。从委托商角度来看,这类企业也可被称为非专属混合业务代工承接商。从独立性角度来看,这类企业可以被称为准自营企业或准代工企业。

2.从代工业务承接比重与代工业务委托比重的对等性角度划分

从代工业务承接比重与代工业务委托比重的对等性角度划分,可以将代工企业划分为依他型代工企业、他依型代工企业和对等型代工企业。

为了进行这种划分,这里需要提出几个相应的概念:依他型代工关系、他依型代工关系和对等型代工关系。设单个委托商的业务占某代工企业总业务量的比重为 A,该委托商给该代工企业的代工业务占该委托商全部业务的比重为 B,如果 A>B,则该项代工关系即为依他型代工关系;如果 A<B,则该项代工关系即为他依型代工关系;如果 A=B 或 A≈B,则该项代工关系即为对等型代工关系。

借助于依他型代工关系、他依型代工关系和对等型代工关系的概念,我们可以对代工企业做如下划分:对于单一客户代工企业而言,如果 A>B,我们就称其为依他型代工企业;如果 A=B 或 A≈B,我们就称其为对等型代工企业。对于多客户代工企业而言,如果某个代工企业的依他型代工关系业务总量大于他依型代工关系业务总量,我们就称该代工企业为依他型代工企业;如果某个代工企业的依他型代工关系业务总量小于他依型代工关系业务总量,我们就称该代工企业为他依型代工企业;如果某个代工企业的依他型代工关系业务总量等于或大致等于他依型代工关系业务总量,我们就称该代工企业为对等型代工企业。

为了更加具体地讨论这个问题,下面我们先看一个代工企业的案例,然后结合该案例作进一步的讨论。

【案　例】

丹吉娅公司的代工业务[①]

丹吉娅集团是一家国内大型袜子生产企业,持有国家驰名品牌"丹吉娅",位于"中国袜都"——浙江省诸暨市大唐镇。丹吉娅公司 2008 年总资产达到 10 亿元,销售收入 10 亿元,利税 8129 万

---

① 摘引、改写自俞荣建的《基于全球价值链治理的长三角本土代工企业升级机理研究》(杭州:浙江大学出版社,2010 年)。

元,出口创汇 2831 万美元,企业名列全国 500 强私营企业第 134
位。该公司下属的浙江袜业有限公司拥有各类进口袜机及辅助设
备 1550 余台,年销售袜子系列产品 18950 万双。主导产品有男袜、
女袜、童袜三大类,包括十多个系列、三百多个品种。

黄金脚趾投资公司(Goldtoemoretz)是美国最大的袜子生产企
业,是在全球领域内处于前沿地位的袜子设计、生产、销售和零售
企业,旗下包括 Gold Toe Premier、Silver Toe、ST、Gold Toe Gear、
Auro、AllPro 和 Gt 等十多个国际知名品牌。Goldtoemoretz 是
Goldtoe 和 Moretz 两家公司在 2007 年合并之后形成的企业,在美
国乃至世界袜业领域处于领军地位。该公司技术先进,设计理念
超前,在零售环节上具有垄断优势,是世界前十大跨国零售商袜类
产品的主要供应商之一,2008 年市场占有率达 17%。

丹吉娅与 Goldtoemoretz 的合作从开始商谈到正式签订长期
合作协议,经历了将近两年的漫长过程。在此期间,Goldtoemoretz
对丹吉娅的工艺技术水平、产品质量、原材料质量、成本控制、生产
能力、管理能力以及社会责任标准(SA8000)等方面进行了极为严
格的评估,并提出了相应的改进要求。

丹吉娅从 Goldtoemoretz 公司获得的订单比较稳定,每年约
0.5 亿双的订单量。从第一笔订单开始,丹吉娅始终以价格和质量
的双重优势和交货及时性,抵御了来自国内乃至其他发展中国家
袜子制造企业的激烈竞争。

丹吉娅在与 Goldtoemoretz 的合作中,对工艺技术与流程等方
面作了持续的改进。尤其是在新产品开发方面,几乎每笔订单在
产品款式设计等方面都有一定的差异。通过与 Goldtoemoretz 的
合作,丹吉娅在新产品开发所需要的知识、经验和能力等方面逐渐
得到提高,并日趋成熟。

Goldtoe 与 Moretz 合并之后在品牌环节形成垄断地位,而丹
吉娅在产品制造环节却面临着浪莎、梦娜、七匹狼等品牌企业的激
烈竞争。其中,浪莎与丹吉娅同是 Goldtoemoretz 的供应商,存在
直接的竞争关系。丹吉娅与 Goldtoemoretz 之间虽然在产品市场

上并不具有直接竞争性,但存在潜在的竞争性。例如,丹吉娅曾经有过去美国自建销售渠道的想法,并准备去美国调研和访问,但受到来自 Goldtoemoretz 的明确阻拦。Goldtoemoretz 从来不对丹吉娅的经营者做出访问美国的邀请,丹吉娅浙江袜业有限公司总经理至少在合作 6 年之内没有去过美国。

双方签订了长期合作的框架性协议,第一次签订这样的协议是在 2000 年,此后经过三次变更,分别是在 2001 年、2005 年、2008年,签订时间分别为 4 年、3 年和 5 年。除了框架性合作协议之外,针对每一笔订单也签订协议,具体规定交货日期、生产工艺、产品规格等内容。当然,这类协议的模板基本上是一致的,签订这类协议更多的是一种程序上的完整性和规范性。可见,丹吉娅与 Goldtoemoretz 建立起了双向的信任关系,Goldtoemoretz 对丹吉娅的生产供应能力具有一定的信心。

Goldtoemoretz 的订单约占丹吉娅外销产品 54% 的销售额(另一处说占 60% ～ 70%——摘引者注),丹吉娅的产品约占 Goldtoemoretz 采购总量的 10%。由于丹吉娅的固定资产投资面向制袜行业,因而更换客户的难度相当大。而 Goldtoemoretz 更换供应商的难度相对较小,主要更换成本是新的供应商所需的学习性协调和合作经验的积累,中国和越南等国的企业具有充分的供应能力基础,因此合作终止对 Goldtoemoretz 的影响远不如对丹吉娅的影响大。对丹吉娅而言,一旦合作终止,将直接导致产能绝对过剩,进而影响到整个企业资金链的生命线。因此,在关键事件的协调方面,Goldtoemoretz 占据绝对主导地位。

丹吉娅与 Goldtoemoretz 签订的合同是比较详细的,很厚的一本,有 200 多页。以前丹吉娅也没有仔细研究过,只是把握几个关键环节,如定价、送货、质量标准、付款方式、违约责任等。后来公司的法律意识提高了,特别是几次违约事件发生后,公司的赔偿数额较大,也算是付出代价之后的一种进步。为了寻求合同条款的改善,公司特别配备了具有国际市场经验的律师来研究合同。但是,改变的空间不大,基本上都是外商说了算。整体框架是他们拟定好的,要谈的余地也就是价格和违约赔偿方面。外商针对中国的供应商的相关条款差不多,可谓精确,也挺苛刻,所以行业内基本上也都认同了。

外商的维权意识特别强,有很多条款都是涉及知识产权保护的,譬如说他们派技术和工艺方面的专家来丹吉娅指导,一些纸质的培训材料在合同上都明确注明严防扩散。特别是对于丹吉娅认为的一些有价值的东西,他们基本上不会给丹吉娅,顶多用幻灯片做介绍,然后丹吉娅的技术人员会摘录。讲完之后外商的专家会待上一段时间,但是对于纸质的东西他们都很谨慎,幻灯片也不会给,对于一些普通的技术资料,可能会给纸质材料。即便给了丹吉娅一些纸质材料,合同上也非常明确地注明,需要对文本的外泄负相应的法律责任。

这家美国企业对丹吉娅有一些技术指导,但是不多。一方面是丹吉娅的技术水平基本上能够达到他们的要求,一些小的问题丹吉娅自己也可以解决。这个行业的技术要求并不高,关键是主要的设备质量要好。以前我们都是用欧美或者日本进口的设备,但是最近这些年国内的装备制造发展也挺快的,对于同样的机器欧美的可能要 4 万美元,但是国内的只要 6 万元人民币,功能上也差不多。虽然精度上要差一些,但是不影响最后的质量。外商也比较赞同丹吉娅使用国内的机器设备,他们也考虑到丹吉娅的成本压力,帮助丹吉娅降低成本,会在工艺设计方面给丹吉娅指导,质量控制方面的培训也有。另外一个主要原因是,丹吉娅使用国内的机器设备,国内的设备供应商会给予技术指导和帮助,这可以节省外商的运营成本。总的来说,丹吉娅的技术设备和一些专利技术,主要是通过自身努力和兄弟单位的帮助来提升的。丹吉娅的技术能力目前应该排在国内袜子生产行业的前三位,部分技术是独家的,这也是丹吉娅能够比较稳定地和美国人打交道的主要原因之一,他们看重丹吉娅的技术水平。

值得一提的是,丹吉娅曾经想过去扩展美国市场,尝试与美国终端市场合作,如与一些二级的零售商直接合作,尝试去美国做一些市场调研,但是后来放弃了。一方面丹吉娅发觉国内的制造企业到美国这样的市场建渠道是不大现实的,一来成本特别高、风险很大,二来国内的制造企业的能力基本上还不足以到美国市场上和美国这些大的跨国公司进行竞争。另一方面,美国也会有意识地保护他们自己的终端渠道,对丹吉娅提出的去参观和访问终端,他们不同意,很明确地拒绝丹吉娅的要求。尝试几次,后来就算了,还是做代工。在中国制造成本攀升的背景下,丹吉娅有过提价动议,但是提价微乎其微。

Goldtoemoretz 在工艺流程改进、产品设计理念以及供应链管理等方面对丹吉娅进行培训和指导,主要目的在于提升丹吉娅对于小批量订单的反应速度和质量水平,以及节约成本;对于提供的纸质技术文本具有明确的使用限定,对部分纸质技术文本和设计图纸严格控制;2005 年丹吉娅有过到美国建渠道的想法,但是被阻拦;对于丹吉娅作为其竞争对手 Amano 的供应商,Goldtoemoretz 没有做相关技术限定。

与美国 Goldtoemoretz 这样的大公司合作是难得的,一来订单量大,相对比较稳定;二来和他们合作也意味着一种业界身份,表明丹吉娅在国际袜业的地位,这样其他订单的获取也容易多了。但是这种订单的利润是很微薄的,属于薄利多销,而且价格十分透明。竞争对手也知道丹吉娅的价格,因为他们也十分了解这些美国大公司的定价方式,就是按照业内的平均水平来定价,对此大家都是认可的。他们也会考虑到丹吉娅的成本和利润因素,但是价格不会高,利润率一般在 5% 左右。

在合作中获得的质量控制、成本控制、工艺流程改进、供应商管理等方面的知识与技能对丹吉娅有很大的价值。即便合作终止,仍有助于丹吉娅在制袜行业中获取竞争优势,能够在价格方面具有一定的讨价还价能力。

丹吉娅的另一代工委托商是美国知名鞋袜零售商 Amano,该公司在美国以及欧洲拥有数千家专卖店以及遍布全球的网络营销渠道。来自 Amano 的袜类订单占丹吉娅业务量的 20% 左右,而这些订单占 Amano 袜类采购量的 60％左右。Amano 在中国也还有其他供应商。丹吉娅在与 Amano 的代工合作中，较之与 Goldtoemoretz 合作，讨价还价的范围相对均衡，利润率相对较高。

【相关分析】

从以上案例中可以看出，在与 Goldtoemoretz 公司建立代工合作关系之前，丹吉娅公司是一家拥有"丹吉娅"品牌的独立产销企业。在与 Goldtoemoretz 公司建立代工合作关系之后，丹吉娅公司既做 ODM（与 Goldtoemoretz 合作），又做 OEM（与 Amano 合作），是既做"耐克式代工"，又做"沃尔玛式代工"的企业。从代工业务在企业全部业务中的构成状况来看，丹吉娅公司既有代工业务，也有自营业务（一部分"丹吉娅"品牌的自营业务），既为 Goldtoemoretz 代工，也为 Amano 代工，所以是一家多客户混合业务代工企业。

从代工业务承接比重与代工业务委托比重的对等性角度来看，其与 Goldtoemoretz 的代工关系属于依他型关系，因为 Goldtoemoretz 的代工委托业务占丹吉娅总业务量的比重高达 50％以上（根据材料估算数），而 Goldtoemoretz 委托丹吉娅的代工业务占其全部业务的比重不超过 10％。Goldtoemoretz 对丹吉娅在生产设备的技术性能上是否提出专门的特别要求无法从材料中看出，但是至少从产能规模上具有一定的 Goldtoemoretz "专属性"，因为如果没有 Goldtoemoretz 的订单，丹吉娅也许不需要维持这么大的产能规模。至于从工艺流程改进、产品设计理念、相互间磨合过程的时间花费以及由此形成的合作经验等方面，也可看出其既有一定程度的"专用性"，也有一定程度的"通用性"。从生产服务过程的互动性角度来看，由于 Goldtoemoretz 的力量较强，因而表现为技术、信息、技巧、规则要求等互动要素从委托商方面的单向性净流出，从而形成一种 Goldtoemoretz 对丹吉娅的指导和控制的格局。

从材料中可以看出，Amano 与丹吉娅的代工关系则具有一定程度的他依性：来自 Amano 的订单占丹吉娅业务量的 20％左右，而这些订单占 Amano 袜类采购量的 60％左右。从生产服务过程的互动性角度来看，技术、信息、技巧、规则要求等互动要素流动的单向性也并不明显。

二、代工企业的合作收益与成本

（一）代工企业与委托商的共有租金及其来源

代工企业与委托商一旦建立代工合作关系，就形成了组织之间的网络关系。寻求 1＋1＞2 的协同效应是企业建立网络关系的初衷，相关理论和实证研究也确已证明网络组织能够创造超额经济价值，产生超出单个企业收益之和的超额租金。网络租金指网络组织所产生的总的"超额利润"或"净利润"，是所有网络成员在网络制度形态下所创造的总利润超出他们单干利润（或一体化利润）的正的剩余，它可能产生于网络组织的共有资源，也可能产生于网络参与者的私有资源。

共有租金是网络参与者通过特定的合作形式与共享性资源相结合而产生的收益，是单个参与者无法自行实现的。一般说来，网络参与者的关系专用性资产投资、知识共享路径、互补性资源以及良好的合作关系，是共有租金创造的基础。

1. 关系专用性资产投资

基于合作关系的专用性资产是租金产生的基本条件，网络参与者通过关系专用性资产投资，与伙伴企业联合培育专用性资产，可以提高竞争优势。关系专用性资产投资的积极作用可具体从以下几个方面来看。

（1）物质资产专用性资产投资。为客户生产特定投入品或特定零部件的专用设备和机器是典型的物质专用性资产。物质资产的专用性，可以强化资产与产品间的匹配性，从而提高产品差异化程度和产品质量。例如，用来专门冲压某种轿车车身的大型模具是汽车制造商的专用性资产，使用这种专用性资产来冲压某种型号规格的车身能够明显提高效率，保证质量；又如，燃煤电厂如果按最优设计燃烧某种专用的煤炭，锅炉的热效率就会大为提高。对于这种特定煤炭来讲，这种专门的锅炉就是专用性资产。通过这种锅炉的运用，燃煤电厂可以将这种特定煤炭的燃烧价值发挥到极致。

（2）地点（临近）专用性资产投资。这是一种基于相互配合的不同生产装置（或企业）在空间上的相互临近所导致的彼此之间的专用性。通过这种地点专用性或空间邻近性,相关企业往往可以节省运输成本、加工成本和库存成本等。例如,在钢铁工业中,紧挨在一起的熔铁炉、炼钢炉、铸造车间和轧钢车间将使生铁、钢水和钢锭在进行工艺转移的过程中不必再重新加热,从而可以形成显著的燃料成本节约。

(3)人力资产专用性资产投资。人力资产专用性指的是在特定的交易关系中形成的知识和专业技能的积累。例如,某种新车型的开发和设计不仅极为复杂而且耗资巨大,需要制造商和零部件供应商的紧密合作。对供应商来说,要想提供合格的产品,必须获得专用零部件的相关知识,并对员工进行严格的技能培训。这些相关知识的获得和人员的培训就是供应商的人力资产专用性资产投资。这种人力资产专用性资产投资,将大为提高生产效率,保证产品质量,并可能在工艺改善,甚至产品设计改善方面形成委托方与承担方之间的有效互动。

2.知识共享路径

组织间知识共享对竞争优势非常重要,一个拥有良好知识共享路径的网络所产生的创新能力远远高于知识共享效率不高的网络,因为许多创造性思维来自于客户或供应商。企业间如果无法构建知识共享路径,就难以及时获知相关信息。知识共享包括显性知识共享和隐性知识共享,隐性知识不易模仿、不易传递,一旦共享后有利于保持竞争优势。参与者在构建组织间知识共享路径方面的相互投入越多,所产生的关系租金越大。

3.资源禀赋的互补性

每个企业在经营过程中都会形成自己的核心能力或特质性资源,随着竞争优势逐步从个体资源转向组织间资源,企业之间通过特质性资源的联合可以聚集各方力量,创造出单个企业难以模仿、复制的竞争力。比如福特汽车与日本马自达汽车的战略联盟,福特公司为马自达提供零配件和产品供应,马自达公司向福特提供内部库存和质量管理经验,产生了显著的合作优势;雀巢公司和可口可乐公司在日本经销热罐饮料时,将雀巢在咖啡和茶方面的品牌影响和可口可乐的经销网络相结合,所产生的优势超过了任何一家日本竞争者。参与者向网络贡献资源的互补性越强,就越能够更好地弥补单个企业在资源禀赋上的相对劣势,相互联合所带来的合作租金就可能越多。

4.良好的合作关系

共有租金的创造与参与者之间合作关系的程度相关。简单的资源联合未必带来协同优势，只有建立起良好的信任关系和治理机制，参与者才愿意为长期收益放弃短期的讨价还价，愿意为共同利益而放弃个体的机会主义收益，这有助于降低交易成本，产生交易增值效应；良好的合作关系还能使参与者有加大投资的意愿，从而不断强化共有资源储备。如果在此基础上培育和发展网络独有的专门性技能，就会带来更显著的生产增值效应。

(二)代工企业的超额收益

代工企业参与网络合作的基本动因是寻求合作收益，即寻求比不参与网络合作所能获取收益更高的超额收益。这种超额收益归根结底来自于网络合作所创造的 $1+1>2$ 的超额价值，来自对这种超额价值的分享。

一般说来，代工企业通过网络合作可能获取的超额收益或关系收益既包括财务性收益，也包括非财务性收益。

1.财务性超额收益

代工企业的财务性超额收益主要体现在以下几个方面：(1)代工企业由原来的一般独立产销商转为代工委托商的长期特约供应商之后，往往由于能够共同创造具有更高市场价值的产品或满足委托商的某些特殊需要等原因而在利润水平方面有所提升，从而增加其财务收入。尤其是在长期合约建立初期，这种利润水平提升往往更为明显。(2)与代工委托商签订长期合约之后，代工企业的生产能力往往能够得到更加充分的发挥，生产稳定性也往往更好，从而有可能在减少资产闲置和减少固定成本支出方面获得一定的财务增量。(3)与代工委托商建立长期稳定的买供关系之后，代工企业可相应降低原来作为独立产销商时所须支出的营销费用，从而在一定程度上获取降低产品或服务的销售成本所带来的财务收益。

2.非财务性超额收益

代工企业的非财务性超额收益主要可能体现在以下几个方面：(1)直接市场风险的规避效应。在代工企业与委托商之间的买供合约有效期内，代工企业的代工产品并不直接面向外部市场的购买者,而是仅仅面对代工委托商。在这种情况下,外部市场的不确定性或风险将主要由代工委托商承担。换句话说,代工企业只需按照委托合同保质保量完成生产任务即可获得相应的收益。因此,与独立产销商(或独立产销业务)相比,代工企业在合约有效期内往往享有直接市场风险的部分规避之利。(2)溢出效应。代工企业在与委托商的合作过程中,将能够不同程度地从后者那里学到各种技术、经验和管理理念等。同时,有些委托商为了使代工企业较快地适应相关业务,也往往会主动地向后者传授某些技术、提供某些培训,或在相关技术和管理方面加以严格的监督等。而所有这些,都将迅速提高后者的技术水平和管理能力。(3)声誉提升效应。在代工企业与网络委托商合作的过程中,后者在市场上所具有的声誉和品牌影响力可以为前者带来正面的影响。例如,代工企业通过与声誉良好的知名公司建立合作关系,往往会获得一种"品质有保证"的印象,从而使自己的企业形象得以提升,一些代工企业往往会以"××公司的合作伙伴"对外宣传,就是出于这个原因。代工企业的这种因与市场声誉良好的企业建立合作关系而使自身声誉获得增益的现象也被相关学者称为"背书效应"。

(三)代工企业的关系成本

代工企业通过参与代工网络合作能够创造 $1+1>2$ 的超额价值,并通过分享这种超额价值或共有租金而获得合作收益或超额收益。但是,任何一种事物都具有利弊双重性,网络合作关系当然也不例外。

网络组织是通过一系列的合约在网络成员间建立起联结关系与运作机制的。这些合约能够有效地整合竞争的力量,并降低生产成本和交易成本。在网络关系中,一个成员依赖于另一个成员所控制的资源,将资源汇集在一起就产生了整体效益。网络式资源配置的行为人不是仅仅考虑自我生存,而是靠与其他单位相互联结而生存。在网络合作中,网络成员一方面有可能分享合作带来的超额价值,从而获取相应的超额收益。但从另一方面来讲,网络成员之间在功能上高度互补的同时也意味着相互之间的高度依赖性。

按照资源依赖理论(resource dependency theory)的观点,组织需要通过

获取环境中的资源来维持生存,没有组织是能够完全自给的,任何组织都要
与它所依赖的环境因素,包括其他组织进行互动与交换。从这个意义上来
讲,任何组织都对环境或其他组织有一定的依赖性,组织的生存在很大程度
上就建立在控制它与其他组织的关系的能力基础之上。但是,一个组织一
旦对另一个组织形成依赖性,就意味着有可能在某种程度上受制于该组织。
因此,资源依赖理论又告诉我们,一般的组织都不希望受到其他组织的控
制,因为这可能会对组织的绩效带来某种负面影响。不仅如此,它们往往会
试图使其他组织尽量依赖自己。由此可以认为,如果说创造和分享超额收
益是网络成员间关系的"增益性因素"的话,则与一般的以市场为纽带的组
织间关系相比,网络成员间的较大的相互依赖性实际上就是一种"减损性因
素"。

在这里,我们将代工企业因承接代工业务,从而与代工委托商形成代工
合作网络所产生的这种"减损性因素"称作"关系成本"。

就代工企业而言,在由原来的一般独立产销商转为代工委托商的特约
供应商过程中,往往需要添置、更新某些服务于购买商的专业设备,提升某
些服务于购买商的专业化能力,或者弱化、放弃某些原有的作为独立产销商
的业务职能(如品牌经营、市场销售职能)等。所有这些实际上都是代工企
业所进行的专用性资产投资。在导致代工企业与代工委托商之间相互高度
依赖的原因中,专用性资产的投资是最根本性的因素。

如上所述,专用性资产的投资可因提高相关资产与生产运作条件之间
的"匹配度"而获得更高的效率,从而成为共有租金产生的基本条件。网络
参与者通过专用性资产的投资而提高竞争优势。例如,资产的位置专用性
可以降低库存、运输成本和合作成本;物质资产专用性可以通过强化产品间
的匹配性来提高产品差异化程度和产品质量;人力资本专用性可以提高沟
通效率和效果,降低沟通错误并增强反应速度等。但是,专用性资产在用于
他用性处置时会产生一定程度的价值折损(或者说为了将专用性资产转作
他用需要追加一定的额外投资)。之前所讨论的那些能够带来共有租金的
关系专用性资产投资,在原有的匹配条件发生变化甚至不复存在的情况下,
其效率会大打折扣,甚至完全成为无用之物。例如,用于冲压某种型号轿车
车身的模具对冲压其他型号轿车的车身可能毫无用处;能使某种煤炭充分

燃烧的锅炉可能并不适合于其他种类的煤炭;将按照空间邻近性部署搭配的炼钢设施做新的空间或功能配置时可能会附加一大笔额外的费用;对已熟悉了某种客户产品的员工,更换客户或产品往往需要进行新的学习与培训。特别值得一提的是,有些关系专用性资产投资完全是一种被称作"贡献资产(dedicated asset)"的投资,即一种完全是为适应购买商的需要而专门进行的投资,如果没有购买商的商业承诺,这种投资就不会盈利。例如,20 世纪 80 年代后期,NutraSweet 公司是全球最大的人工甜味剂 aspartame 生产商,市场份额达到 95%。但是 aspartame 的主要客户是两家最大的软饮料生产商可口可乐公司和百事可乐公司。因此,NutraSweet 公司进行 aspartame 生产的投资是为适应购买商可口可乐公司和百事可乐公司的需要而专门进行的投资。显然,如果没有可口可乐公司和百事可乐公司的商业承诺,NutraSweet 公司的这种投资转用于他用的可能性就很低。

因此,企业形成一定的专用性资产实际上就意味着同时也形成了一定的潜在埋入成本。资产专用性程度越高,用于他用性处置时产生的价值折损越大,这种潜在埋入成本也就越大。由于这种潜在的埋入成本的存在,网络成员会倾向于尽量维持与合作伙伴的业务关系,以免一旦业务关系中断,使这种潜在的埋入成本成为显的、实际的资产损失。因此,专用性资产投资可以被看作关系依赖性形成的最根本的原因,也是代工企业关系成本的最主要的构成要素。

三、代工企业的竞争关系

在前面的分析中,我们对代工企业的网络合作,即代工企业与代工委托商之间的合作问题给予了较多的关注。虽然在此过程中也涉及了一些与合作的"增益性"相反的因素,即类似"关系成本"这样的"减损性因素",但是就总体而言,我们还基本上未展开关于"竞争"的话题。然而,如果不涉及竞争问题,我们实际上是难以对代工企业的合作网络关系有一个完整的认识的。因此,本节将对代工企业的竞争关系展开一定的讨论。

为了便于对代工企业的竞争关系有一个较为清晰的梳理框架,我们将在较大程度上采用美国哈佛大学管理学教授迈克尔·波特的"五种竞争力模型"。在迈克尔·波特的"五种竞争力模型"中，涉及的五种力量分别是买主的讨价还价能力、供应商的讨价还价能力、替代品的威胁、新进入者的威胁和现有竞争者之间的竞争。参照这一分析模型，我们在下面将分别分析：代工企业与委托商之间的竞争，服务于同一委托商的代工企业之间的竞争，代工企业与潜在进入者之间的竞争，代工企业与供应商之间的竞争，代工企业所嵌入合作网络与外部竞争者的竞争。

（一）代工企业与委托商之间的竞争

代工企业与委托商之间的关系首先当然是合作关系，他们通过提供各自的独特优势或核心能力而实现互补，从而共同创造一种合作双方的任何单方面都无法实现的独特价值，并以这种价值作为它们共同与网络外部的竞争力量实施竞争的基础。但是，由于代工企业与委托商都是在法律和财产上独立的企业，它们都有着各自的利益，因此彼此之间仍然难以避免地存在着竞争。

代工企业与委托商的这种既合作又竞争的关系被理论界称作"竞合关系"。近十多年来，竞合理论（competition theory）作为一种诠释企业间关系的新型理论开始在战略管理、企业网络、营销渠道等研究领域得到广泛的应用。按照 Dagnino 和 Padula 的定义，竞合关系是"由合作与竞争同时发生而形成的一种新型战略依赖关系"。竞合理论的提出打破了将企业间竞争与合作看作同一维度两端的传统思路，揭示了一个基本的二元性：创造价值是一个固有的合作过程，获取价值则是一个固有的竞争过程。企业之间一方面通过合作创造更大的交易总额；另一方面，通过竞争将成果分割给各参与方。因此，竞争与合作往往是同时发生和存在的。

基于关系方向的不同，Dowling 等将企业间竞合关系划分为横向竞合与纵向竞合两类，前者发生于相同价值链环节的企业之间，如 IBM 和 Apple，后者发生于不同价值链环节的企业之间，如 IBM 和 Intel。在纵向竞合关系中，参与方之间的竞争是在相互之间经济交换过程中对共同创造出的价值的争夺。这类竞争的表现形式主要有两类：其一，事前各方在建立协议合同及合作过程中依据其在合作关系中的权力地位或合作方对己方的依赖程度进行讨价还价，以使己方得益最大化；其二，各方在投入资源、履行契约条款时的隐瞒信息或隐瞒行动的机会主义表现。

参照相关理论，并结合代工企业与委托商之间竞合关系的相关特征，下面对代工企业与委托商之间的竞争关系展开进一步的分析。

1. 代工企业与委托商的竞争表现

从委托商的角度来看，主要表现在以下几个方面。

(1)尽量压低代工价格。代工委托商一方面希望通过与代工商的合作共同创造超额价值，从而使自己的产品成本更低或价格更高，以便获得更高的市场收益。但是在分割这种超额价值或市场收益时，委托商会依据其在合作关系中的价值贡献和谈判地位尽可能使己方的收益最大化，其具体表现就是在代工合约签订时尽量压低代工企业的代工价格，抑或降低自己的订货成本。

(2)尽量避免核心资源过度溢出。委托商为了获得代工商的优质代工服务，一方面往往会通过种种手段帮助代工商提高生产制造能力。但另一方面，委托商又时刻防备自己的核心资源过度溢出。为此，在代工过程中委托商往往会采取有限度地向代工企业提供工艺、技术资料，或对这些资料的使用加以严格的限制等保护性手段。

(3)要求代工商加大专用性投入。为了确保代工产品的质量和作业调度方面的快速响应，委托商会尽量要求代工企业在专用性设备或人力资源的专用性水平方面增加投入。这种专用性投入在提升服务质量和可靠性的同时，增加了代工商的物质和"关系成本"，增加了委托商对代工商的"关系锁定性"。

(4)增加供应商选择机会。委托商在加大对代工商"关系锁定性"的同时，会尽量避免受到代工商的挟制。为此，委托商会通过挑选和培养供应商的方式增加自己的供应商选择机会，以尽量减少自己对单一代工商的业务倚重程度。

(5)控制合约谈判周期。一方面，委托商需要借助长期合约稳定供应商关系，以便获得稳定、合宜而又高品质的代工服务。另一方面，委托商又会充分运用引入市场原则的办法，坚持对长期合约进行周期性谈判，并对谈判周期做出尽量有利于己方的安排。

从代工企业的角度来看,其竞争性行为往往与委托商的竞争性行为有着很大的对应性,主要表现在以下几个方面。

(1)在代工合约签订或重新签订时尽量争取较高的代工价格。

(2)以更快的速度掌握来自代工委托商方面的技术和管理指导,从而将这种来自委托方的技术、管理资源最大限度地变成自己的核心能力。

(3)以更快的速度降低代工服务的成本或提高代工服务的质量。前者能够在合约周期内迅速增加自己的实际盈利水平,后者可以使自己的代工服务具有更强的竞争力,从而增强自己在委托商的供应商选择中获得更加有利的优先地位。

(4)更加有效地提升后向整合能力,建立代工企业自己的高效供应链体系,从而有效延展自己所获得的生产制造与资源整合能力,既可使潜在进入者面对更高的进入壁垒,也可能使委托商更换供应商的潜在成本趋于上升。

(5)寻求新的代工客户,建立新的业务内容(包括发展自己的品牌业务等),以改善自己的业务依赖结构。当然,这可能会受到委托商的抵制和干预,需要代工企业具有足够的抗抵制干预能力(关于这一点将在本书的后续内容中作进一步分析)。

(6)利用代工过程中的相关事件,例如新的专用性资产的投资、原材料或人工费用的提升等,适时提出新的代工价格谈判要求。

2.代工企业与委托商的竞争特点

尽管代工企业与委托商之间存在着竞争,但是与纯粹市场关系中同类企业之间的横向或水平竞争相比,这种竞争在性质和形式方面都存在着很大的不同。市场上同类企业之间的竞争是市场份额、客户资源、供货来源等生存资源的"你多我少"或"你有我无"争夺,竞争各方相互之间并不存在互补性。换句话说,在这种竞争中,竞争对手的所得并不存在着使自己获得相应"增益性"的可能。代工企业与委托商之间的竞争则更多地表现在如何使网络合作关系的匹配格局更加有利于己方,或者在超额收益(或共同租金)的分配中获得更大的份额等方面。在这种竞争中,竞争对手的所得与自己获得相应"增益性"之间存在着一定程度的相关性。比如,代工企业希望自己所服务的委托商能够在外部市场上获得丰厚的利润,在市场利润丰厚的情况下,委托商在制定自己的代工价格时就有可能较为"宽松"。反之,就可能较为"窄紧"。同样,委托商也希望自己的代工服务商能够有足够的财力进行设备更新、人员培训和技术研发,因为这样能够使自己在获得高品质的代工服务方面更有保障。

代工企业与委托商之间的竞争除了在性质和形式方面与市场上同类企业之间的竞争存在差别以外,竞争双方的地位也有很大的不同。一般说来,在由代工企业与委托商形成的合作网络中,委托商处于合作发起者和网络整合者的地位,而代工企业往往处于合作响应者和网络嵌入者的地位。因此,前者可能更具有主导性的地位,后者则可能更具有从属性的地位。

当然,在不同的合作网络中,代工企业与委托商的主从性程度各不相同。关于这一点,可在前述关于格里芬等人对价值链合作网络中不同主体之间的协调和力量的不对称程度所进行的划分中看出。在格里芬等人所划分的模块型、关系型和领导型这三种合作类型中,模块型合作网络中各方成员的力量不对称程度最低,关系型合作网络成员间的力量不对称程度居中,领导型合作网络成员间的力量不对称程度最大。当然,即使代工合作网络更多地表现为这种领导型合作网络的属性,代工企业与委托商之间的力量不对称性也会因专用性资产投资程度的不同和业务比重对等性程度的不同而存在较大的差异。

3. 代工企业的竞争行为与机会主义行为

尽管按照相关学者的观点,各方在投入资源、履行契约条款时的隐瞒信息或隐瞒行动的机会主义表现也被看作是一种纵向合作网络成员的竞争表现形式,但是本书还是觉得应当将这种机会主义行为与竞争加以区别。

机会主义行为是指在信息不对称的情况下人们不完全如实地披露所有的信息及从事其他损人利己的行为,是用虚假的或空洞的、非真实的威胁或承诺谋取个人利益的行为,主要包括违约现象、偷懒行为等。威廉姆森认为,机会主义"是具有犯罪性质的追逐自身利益的行为,它包括说谎、偷窃和欺骗行为等赤裸裸的形式"。一般说来,"机会主义与信息的不完全、信息的扭曲有关,尤其是与误导、曲解、使人模糊或混乱等故意的行为相关"。

在企业间的合作关系中,一种常见的机会主义行为是"背叛"。例如,当交易人 A 做出与交易人 B 建立交易关系的选择后,需要进行关系专用投资。但是 A 是否能够从这种交易关系中获得利益及获利多少却要取决于交易人 B 的行为:假如 B 采取合作行为,则收益为 X_c;假如 B 采取背叛的机会主义行为(即未按预先承诺采取行为),则收益为 X_d;如果 A 不和 B 进行交易,其在现有情况下的收益为 X_n。一般说来,三种情况下 A 的收益大小会呈现为 $X_d < X_n < X_c$ 的局面,所以不难看出交易人 B 的背叛型机会主义行为会使交易人 A 的利益受到损失(见图 4-1)。

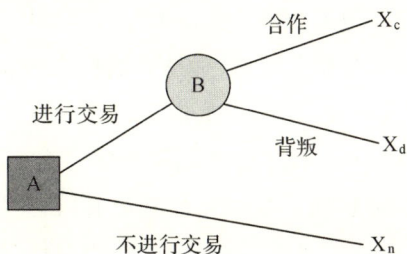

图 4-1 面临机会主义行为的决策问题

在企业间合作中,"敲竹杠"也是一种较为常见的机会主义行为。"敲竹杠"是指当交易一方当事人一旦做出专用性资产投资后,因事后再谈判而被迫接受不利于己的条款或由于交易对方的行为使其投资贬值的行为。例如在上例中,如果交易人 B 在交易人 A 做出专用性资产投资后,利用自己如果不采取合作行为会使 A 受损这一既成事实,对 A 提出更加苛刻的交易条件,而 A 迫于别无选择而不得不接受这一交易条件,则 A 就被 B 敲了"竹杠"。当然,相反的"敲竹杠"也会存在,例如 A 虽然承诺了某种水准的专用性资产投资,但是在实际操作的时候有意识地打了折扣,从而使合作双方的合作行为未能达到预期的效果,但 A 通过这种"打折扣"行为得到了额外的好处。

显然,机会主义行为通常是那种"摆不上桌面"的行为,而我们这里讨论的竞争行为则是通过自身的努力、实力、价值贡献、资源积累与能力提升等来寻求合作关系向有利于自己一方变化的行为。因此,这里所讨论的竞争实际上具有"合理竞争"的含义。

(二)代工企业与其他相关行为者的竞争

1.服务于同一委托商的代工企业之间的竞争

一般说来,代工委托商为了避免过分依赖某个单一代工企业,会将自己的代工订单分别外包给不同的代工企业,从而最大限度地避免受到某个单一代工企业的挟制。于是,多家代工企业服务于同一委托商的格局就会成为一种最为常见的状态。显然,服务于同一委托商的代工企业之间是一种直接的竞争关系。例如,为了获得更大份额的订单,代工企业之间可能会出现竞相压低代工价格、提升服务质量、提供更加优惠的供货条件等竞争性行为。虽然从充分理性的角度来看,代工企业间这种竞争行为的最大获益者可能是委托商,但是由于不同代工企业都是独立的市场主体,有着各自独立的利益追求,因而在实际行动中往往只能做出有限理性的选择。尽管也可能出现服务于同一委托商的代工企业之间的"联合性"行为,但是这种联合行为的成功性通常有限,而竞争则更为普遍化和常态化。

当然,与纯粹的外部市场行为主体之间的竞争性行为相比,在某些情况下同一委托商代工企业之间竞争的"你死我活"程度相对较低,因为当竞争达到一定程度时可能会导致委托商的直接或间接介入。例如,委托商会从总体上把握不同代工企业的业务比重。因为在一般情况下,委托商通常不会愿意出现某家代工企业"一家独大"的格局。在这种情况下,某些竞争行为(诸如压低价格的竞争行为)与订单规模扩大之间的对应性就会降低,从而使采取这种竞争行为的代工企业继续采取这种行为的积极性降低。另一方面,代工委托商有时候会采取一定措施避免出现某一家代工企业"出局"的结果,因为搜寻、考察、培养代工企业需要相应的成本,除非某家代工企业的业绩情况已经下降到低于继续留在局内的最低标准。当然,与此相反的情况也会出现。如果同一委托商的不同代工企业之间过于"相安无事",委托商也可能采取增加这些代工企业之间竞争性的措施。

2.代工企业与潜在进入者之间的竞争

代工企业除了与服务于同一委托商的其他代工企业存在着直接竞争关系以外,还与潜在进入者,即那些愿意加入代工队伍的潜在候选企业存在着间接的竞争。当然,潜在进入者的竞争影响仍然要通过代工委托商来形成。一般说来,潜在进入者的数量越多,能力越强,委托商增加或更换代工企业就越容易,在位代工企业受到的挑战与威胁就越大,从而竞争压力也就越大。反之,竞争压力越小。

潜在进入者进入的威胁或风险是进入壁垒的函数,潜在进入者进入某个代工体系的成本或代价越高,进入壁垒就越高,在位者的竞争压力就越小。反之,竞争压力就越大。就一般产业或行业而言,新进入者的进入壁垒与以下因素有关。

(1)规模经济。若行业的技术特征等条件要求进入该行业的企业必须达到一定的规模,新进入者若以较小的规模进入该行业就会因达不到规模经济的要求而处于成本上的劣势地位,而若以较大规模进入该行业,则风险较大。

(2)经营特色与用户忠诚度。若行业内现有企业已经树立了较好的企业形象,用户忠诚度较高,那么新进入者要想树立起良好的企业形象并取得用户的信任就要付出相当大的代价。

(3)投资要求。如果本行业对一次性进入投资要求很高的话,对很多难以获取足够大规模投资的新进者也就意味着进入壁垒较高。

(4)资源供应。若行业内现有企业已与原材料及技术供应渠道建立了良好的稳定的供应关系,则新进入者的进入壁垒就相对较高。

(5)销售渠道。若新进入者想打入现有企业已经建立起来的良好的销售渠道,则往往要求新进入者提供更优惠的价格或加强广告宣传,这也会构成新进入者的进入壁垒。

(6)经验曲线。若行业具有较强的经验曲线效应,现有企业是否掌握技术诀窍,是否积累丰富的生产经验,工人是否操作熟练等因素对是否降低成本有很明显的作用,则对新进入者而言会因缺少这种经验积累的机会而面临较高的进入壁垒。此外,政府的政策限制、行业内原有企业的反应等也会形成一定的进入壁垒。

对于在位代工企业来讲,潜在进入者的进入壁垒与以上因素或多或少有一定的关系。除此之外,与其他因素也有着密切的关系。例如,代工服务过程的互动性强弱和复杂程度。一般说来,在代工服务过程中,委托商与代工企业的信息交流与互动越频繁,相互磨合适应的累积性效应越高,掌握代工服务所需要的专用性知识越复杂,其进入壁垒就越高,反之就越低。又如,在位代工企业的代工声誉。一般说来,在位代工企业的代工声誉越好,委托商从这种声誉中获得的产品质量美誉度越高,潜在进入者的进入壁垒就越高,反之越低。尤其重要的是,代工委托商对将代工业务分散委托给不同代工企业的愿望的强烈程度,也会影响新进入者的进入状态。如果委托商希望将代工业务分别委托给更多的承接商,则就会有更多的新进入者。

3.代工企业与供应商之间的竞争

供应商是向企业(或产业)提供物料、服务和劳动力等投入的组织。如果说代工企业与委托商之间存在着既合作又竞争的"竞合关系"的话,那么这种关系显然也或多或少地存在于代工企业与其形形色色的供应商之间。

无论从单纯市场关系的角度来看,还是从网络合作的角度来看,供应商的讨价还价能力是一种重要的竞争性因素。强大的供应商通过抬高其产品或服务的价格使以其产品或服务为投入的产业或企业的成本上升,从而使相关产业或企业利润空间遭受挤压。因此,强大的供应商在一定程度上可以被看作是产业或企业的威胁性竞争力量。反之,如果供应商力量较弱,产业内的公司将有机会压低投入的价格而获取较高的收益。

同购买者一样,供应商对于企业的影响取决于两者间的相对力量对比。按照波特的观点,以下几种情况表明供应商是最强大的:(1)供应商销售的产品替代品很少,对于产业内的企业至关重要。(2)供应商盈利能力不受某一特定产业内企业购买能力的显著影响,换句话说,该产业不是供应商的重要顾客。(3)由于某一供应商的产品的独特性或差异性,产业内的企业转移成本很高。在这种情况下,该公司依赖于某一特定供应商而无法利用供应商之间的竞争来压价。(4)供应商可以威胁进入其客户的产业,即通过前向一体化生产与其客户直接竞争产品。(5)产业内的公司无法威胁进入供应商的产业,即无法通过后向一体化自行制造投入品,并以此作为迫使供应商降价的战术。

个人计算机产业是产业内公司依赖强大供应商的例子。它们特别依赖英特尔这家世界上最大的 PC 微处理芯片制造商。个人计算机的产业标准主要基于英特尔的微处理芯片(较早是 X86 系列,最近是酷睿系列)。英特尔的对手,比如 AMD,必须生产与英特尔相同的标准兼容的芯片。尽管 AMD 的芯片相当有竞争力,但英特尔仍然占有很大的 PC 市场份额,因为只有英特尔具备满足极大市场份额所必需的制造能力。由于英特尔具备强大的讨价还价能力,因此它可以为自己所生产的微处理器收取较高的价格。

对于代工企业来讲,如何与供应商打交道,如何构建自己既具有高品质服务的能力,又能够在代工服务的成本控制方面表现卓越的供应链体系,是代工企业必须面对的重要环境性因素。与自己的供应商究竟是保持纯粹的市场关系,还是像自己与代工委托商之间建立合作网络关系一样,与自己的供应商形成一定的长期合约关系,也是影响代工企业成长发展的重要因素。

(三)代工企业的合作网络与外部市场

以上我们分析了代工企业与委托商之间的竞争关系,代工企业与其他服务于同一委托商的代工企业之间的竞争关系,分析了代工企业与潜在进入者、供应商的竞争关系,从而对代工企业所在合作网络的成员之间的相互关系有了一个比较总体性的了解。

在此基础上,我们还可以进一步扩大关注的视野,将委托商与购买者、委托商与其他同类产品(服务)提供者之间的关系也纳入分析范围,从而获得一个更加全面反映代工合作网络与外部市场关系的"全景图"(见图 4-2)。

首先需要说明,图中的代工企业是以"单一客户纯代工企业"为假设前提的,做这样的简化性假设前提,完全是为了分析问题的方便。

这张"全景图",反映了以下一些关系。

①代工企业与委托商之间的网络内纵向竞合关系。

②代工企业与供应商之间的网络外纵向一般互补竞争或竞合关系。

③服务于同一委托商代工企业之间的网络内横向竞争关系。

④潜在进入者与服务于同一委托商代工企业之间的潜在网络外横向竞争关系。

⑤代工委托商与购买者之间的网络外纵向一般互补竞争或竞合关系。

⑥其他同类产品或服务提供商与代工委托商之间的网络外横向竞争关系。

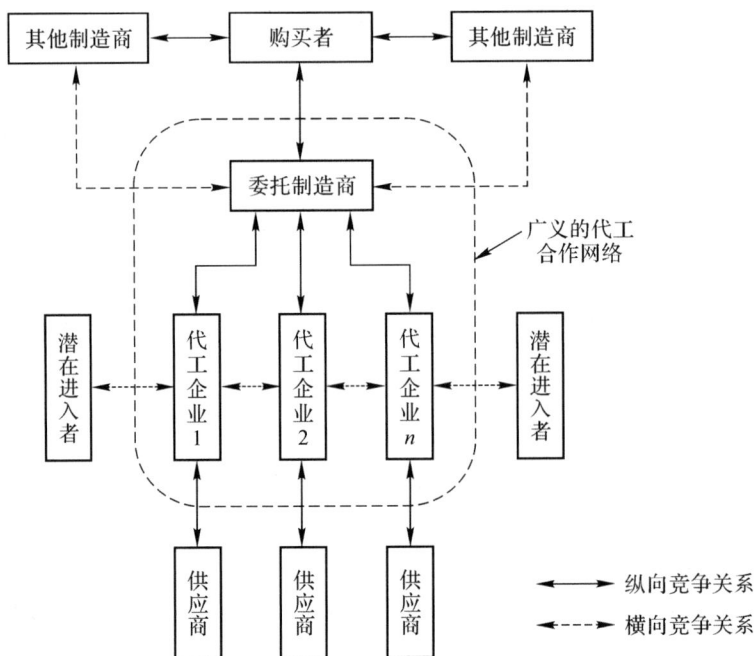

图 4-2　代工合作网络与外部市场关系"全景图"

⑦其他同类产品或服务提供商与购买者之间的网络外纵向一般互补竞争或竞合关系。

另外,我们将图中用虚线围起来的部分称作"广义的代工合作网络",而与此相对应,将由单个代工企业与委托商构成的合作网络称作"狭义的代工合作网络"。

通过这张"全景图",可对代工企业在代工合作网络内外的位置与各种直接或间接的关系有较为全面和清晰的把握。

第五章 代工企业的持续成长：
概念、路径与关系价值

通过以上几章的讨论,我们对代工企业所在的网络合作关系作了不同层面的分析,由此对代工模式与独立产销模式的区别有了较为深入的了解。在本章,我们将转入代工企业成长问题的讨论。应该说,企业的成长问题是一个已经经过很多次讨论的问题。代工企业的成长问题当然也属于企业成长问题,因而有着许多与一般企业成长问题相同的关注内容。但是,由于代工企业的网络嵌入性特征,其成长问题必然有着一些与一般企业(或独立产销企业)相比需要特别关注的方面。因此,本章和之后两章都将围绕着这些需要特别关注的问题而展开。

一、企业成长理论与代工企业的持续成长

(一)企业成长及其一般表现

"成长"的概念最初来源于生物学的研究。生物学上的成长表现在两个方面:一是体积或重量由小到大的过程;二是能力由弱到强,生命力由羸弱到旺盛的过程。在经济学或管理学中,成长也是一种与规模和功能、结构变化趋势有关的概念。在经济学中,成长首先表现为数量的增加。当然除了数量增加或规模扩大以外,经济学的成长也包括结构的变化或改善,如产业结构的升级、演进等。关于企业的成长,尽管学术界的说法并不一致,但一

般认为,企业的成长如同人的成长一样,是一个从量变到质变的过程,是一种内部的组织与功能不断地分化,从而促进企业系统机体不断扩张,不断适应环境,并与环境形成良性互动的过程。具体说来,主要表现为规模的扩大,内部结构的不断完善、成熟和功能的优化等特点。相关学者从四个维度对企业成长概念进行梳理,可以认为,这四个维度也相当于企业成长的四种基本的表现形式。

1.规模维度的企业成长

从规模维度来看,企业的成长过程就是规模不断扩张和企业边界调整的过程。企业通过扩大其横向、纵向边界以形成规模经济,通过多样化经营形成范围经济。因此,企业成长表现为通过企业自身扩张或者企业联合、兼并的方式,使销售量、产品种类、就业人数增加等。

2.能力维度的企业成长

从能力维度来看,知识和能力是企业最基本的构成要素,企业的成长说到底是知识和能力的积累过程。企业自身作为一种组织安排所具有的学习、协调和组织能力决定着企业成长的速度、路径和极限。

3.制度维度的企业成长

从制度维度来看,企业是一种治理结构而不单是一个生产函数。产权制度、组织制度等决定或影响着企业的治理结构,进而决定着企业发展的边界。因此,企业成长过程表现为制度变迁过程,以管理层级制确立、两权分离为特征的现代企业制度的建立以及解决企业委托代理等问题的相关制度安排是企业成长发展的关键和标志。

4.生命持续性维度的企业成长

从生命持续性维度来看,企业成长的关键在于能否在激烈的市场竞争环境中生存下来。企业只要通过了"生存检验",即能够在激烈的市场竞争环境中生存下来,则无论其规模是否扩张、能力是否增强、制度是否变迁,都可以认为这个企业是在成长的。

(二)企业的生命周期

按照企业生命周期理论,企业通常也存在着一个孕育、诞生、成长、壮大,直至死亡的过程。当然,由于孕育期是指企业正式运营前的筹建阶段,一般持续时间较短,而且不具备正式运营条件,通常只有投入,没有产出。因此,多数有关企业生命周期理论的研究主要关注企业生命周期中的创立、扩张、成熟、整合和蜕变阶段。

1.创立阶段

企业登记注册开始运营,即进入创立阶段。在创立阶段,企业面临生存的挑战,这使企业具有以下特征。

(1)实力弱。企业创立阶段,资源匮乏,在市场上尚未站稳脚跟,需要各方面的扶持。

(2)失败率高。有关资料表明,美国平均每年倒闭的 20 万家小企业中,55％是开业不到 5 年的新企业。

(3)创新精神强。这一阶段的企业通常不仅能提供满足市场需求的创新产品和服务,而且拥有灵活多变的经营策略。

(4)管理不规范。在这一阶段,企业管理水平往往较低,经常是无章可循和有章不循的现象同时存在。

(5)盈利能力往往较低。在这一阶段,企业在财务方面往往表现为净现金流量为负值,投入大,收益少,现金入不敷出,对现金收支预测和控制的能力也往往较低。

2.扩张阶段

企业创立后如能生存下来,并获得相应发展,一般就会进入扩张阶段。扩张阶段是企业发展的关键时期。在这一阶段,企业往往具有以下特征。

(1)具有较强的活力或发展实力,主要表现在资金、人员数量、技术水平方面都较创立阶段有显著提高,所以通常发展速度快,波动小。

(2)形成了主导产品,主要表现在其主导产品的销售额往往占到总销售收入的 70％～90％。

(3)专业化水平提高,开始专注于自己最为专长的业务环节。为此,企业需要注重发展与其他企业的联合关系,使企业的协作能力有所加强。

(4)经营管理系统复杂程度提高,即随着规模的扩大和企业层级的增加,企业组织和管理体系开始由创立初期的"简单结构"向"复杂结构"过渡。

(5)财务流量扩大,即随着业务的扩张,企业往往会出现投入较大,收入也颇丰的局面。这时,企业的现金流往往可正可负。企业为扩大经营,往往选择举债发展。

3. 成熟阶段

经过扩张阶段的发展后,企业步入成熟阶段,这一阶段往往表现出如下特征。

(1)增长速度减缓。随着企业规模的扩大,其发展逐步由外延式转向内涵式,由粗放经营转为集约经营。这有可能使得企业的发展速度减慢,甚至出现增长停滞的现象。但在这一阶段,企业的收益(或现金流)未必下降,有的还可能有所上升。

(2)管理正规化程度提高。随着企业规模的扩大,企业内部结构和管理过程变得越来越复杂。因此,对企业管理正规化、科学化的呼声日益提高。

(3)多元化趋势开始显现。企业在多年经营中提高了产品知名度,形成了自己的特色产品,甚至名牌产品。为了进一步发展和规避经营风险,企业通常会选择向多元化方向发展,即产品由单一化转为多样化。由于采取一定的多元化经营策略,对企业筹资和投资能力的要求进一步提高。

4. 整合阶段

此阶段企业的主要特征表现为以下几个方面。

(1)业务盈利能力层次化。随着企业的业务领域逐步向多样化方向发展,企业可能会同时存在三个层面的业务。第一层面是企业的核心业务,这类业务是能够让客户直接将其与企业的名字相联系的业务。这些业务通常能为企业带来大部分利润和现金流。这类业务与企业近期业绩关系重大,虽然它们可能还有增长潜能,但终将耗尽余力,衰落下去。第二层面是正在崛起的业务。这些业务带有快速发展和创业性的特征,具有高成长性。企业往往对第二层业务的发展投入巨资,保持其快速增长,以使其在不久的将来发展为第一层面的业务。第三层面包含了某些"明天业务",即未来更长远的业务。这些业务可能在当前还只是研究课题、市场试点、少量投资的尝试和为加深对行业了解所做的种种努力。企业开展大量的第三层面业务的目的是确保将来有足够的优秀业务发展到第二层面,直至第一层面。这三个层面的业务互相补充、协调，共存于企业当中。

（2）形成集团化的组织结构。随着企业经营单位日益增多，企业组织结构逐渐向集团化方向发展。这时，原有的集权式管理方式越来越不适应集团公司的管理，因此如何提高分权化管理模式逐渐成为企业管理的焦点。

（3）提升企业价值的任务逐渐突出。随着企业股东和利益相关者越来越关注企业为他们带来的收益，而不是企业规模的再度扩大，因此最大限度地创造企业价值将成为他们对企业的要求。

5. 蜕变阶段

蜕变本指蝉的蜕壳变蝶，企业蜕变则是指企业在经历了成熟阶段以后克服某些可能导致衰退甚至衰亡的因素而重新焕发勃勃生机的现象或过程。在美国作者弗朗西斯·高哈特和詹姆斯·凯利所著的《企业蜕变》（*Business transformation*）一书中，企业被喻为有生命、有意志的存在体，和人一样，也是经由孕育而诞生，也会成长、生病、痊愈、成熟，然后衰老。但是作者认为，与人不一样的是，企业的覆亡并非必然。企业进入蜕变阶段，存在两种前途：第一种前途是衰亡，即由于企业机体老化而引起的破产、消亡。这里需要说明的是，企业在成长的各个阶段都会因为各种原因而破产或消亡。但是，在其他阶段的破产、消亡只能算"夭折"，只有进入蜕变阶段之后的破产消亡才是真正因机体老化所致，所以称为衰亡。第二种前途是复苏，即如同某些昆虫的蜕变一样，在改变了形体的情况下继续存活下去。按照弗朗西斯·高哈特和詹姆斯·凯利的说法，企业蜕变生物模型包含四大疗法，也称为"蜕变四要素"，其分别是重构（reframing）、重组（restructuring）、重振（revitalization）和重生（renewal）。

（三）代工企业的持续成长

本书的基本宗旨是讨论代工企业，尤其是参与国际代工的中国企业的成长问题。首先，代工企业作为一种市场经济组织和独立产权主体，其成长的属性、表现形式与基本过程与一般的独立产销企业并无本质的不同。因此，以上关于企业成长的概念、一般表现和企业生命周期的讨论对于代工企业来讲也完全适用。但同时，代工企业作为长期合约供应商又有着与一般独立产销商不同的商业模式和治理结构,因而其成长路径、成长策略、成长过程和能力基础也自有一定的独特性,充分揭示这种独特性应该是一个颇具挑战性的管理学话题。从这个意义上来讲,本书的讨论是在上述关于企业成长的概念、一般表现和企业生命周期讨论基础上的一种延伸或推进。

需要说明的是,本书认为代工企业的"成长"是"持续"的。之所以这样做,当然并不是想要为代工企业寻找如何成为"长寿公司"的"秘诀"。实际上,"持续"二字在这里并未超出其"延续""继续""连续不断"等基本的字面意义,因而充其量也就是起一个对"成长"的强调性作用而已。那么,为什么要作这样一个含义很一般性的强调呢?主要目的是想借此强调"代工企业的成长并非一定比独立产销企业缺少可持续性"这样一种基本的认识倾向。如前所述,在一段时间里,国内有不少学者对代工企业的"前景"表现出各种深深的忧虑。更直接地说,不少学者实际上持有着这样一种基本观点:代工企业在一定阶段内虽可成长,但这种成长终究不具有"可持续性"。这些学者往往非常强调委托商对代工企业的"俘获性""锁定性"和由此导致的"路径依赖性",认为在这种"俘获性""锁定性"和"路径依赖性"条件下,代工企业往往难逃每况愈下的结局。而本书则认为,这种"俘获性""锁定性"和"路径依赖性"并非绝对不能打破。代工企业有可能通过自身的种种努力寻求新的、不同于代工模式的生存方式或商业模式,从而获得新的成长空间。同时,这种"俘获性""锁定性"和"路径依赖性"往往是与代工企业在一定阶段内因参与代工而获得的更快的成长性联系在一起的。所以,我们不应该仅仅看到这种"俘获性""锁定性"和"路径依赖性",而忽视或忽略了代工企业可能因参与代工而获得的更快的成长性。当我们用这种效应"叠加"的眼光来看待代工模式时,似乎应该能够看到:由于参与代工的企业境况不同,不能笼统地认为代工模式一定是一种比独立产销模式"劣等"的商业模式。因此,本书采用代工企业"持续成长"的提法具有一定的特指性原因。

另一点需要说明的是,与国内多数研究相关问题的文章论著特别强调代工企业的"升级"不同,本书更加关注代工企业的"成长"。尽管"成长"一词较之"升级"一词似乎有点不那么"激动人心",但是"成长"的涵盖面显然要比"升级"宽广一些。"升级"无疑是一种最重要的"成长",但研究代工企业不能仅仅关注"升级",那些没有"升级"或"升级效应"不明显的"成长"也应得到必要的理论关注。尤其值得一提的是,多数国内学者的代工企业"升级"研究虽然也包含着较为丰富的内容,但是关注最多甚至最终关注的往往还是代工企业如何从 OEM 或 ODM 向 OBM 升级。换句话说,也就是关注如何使代工企业摆脱代工。毋庸置疑,代工企业摆脱代工,尤其是参与国际代工的中国企业不再从事这种国际代工,而是以独立产销商或自主品牌商的角色进入国际市场,当然是代工企业成长的"最高境界"。但是,毕竟还有很多代工企业不具备摆脱代工业务的条件,或者在一定时期内放弃代工未必是一种最佳选择,而这些在一定时间内还需要继续从事代工业务的企业也存在着如何成长或持续成长的问题。实际上,只要产品的"生产制造"职能与产品的"市场发现"和"市场销售"职能分别由不同企业承担这样一种社会生产组织方式仍然是有效率的,就有着代工企业的生存空间。因此,本书选择了以代工企业的"成长"或"持续成长"问题为关注对象,而没有选择仅仅以代工企业的"升级"为关注对象,在较大程度上也正是想对那些恪守代工模式的企业如何实现成长或持续成长的问题做出某些有意义的理论解答。或者换句话说,研究代工企业如何摆脱代工固然很有意义,但研究代工企业如何在恪守代工模式中生存和发展下去也很重要。

还有一点需要说明的是,上述"生命持续性维度"的成长或"蜕变"式成长对代工企业的成长具有格外突出的意义。通过以上关于代工企业合作收益与合作成本的讨论我们已经知道,由于专用性资产投资等原因,代工企业实际上存在着一种潜在的、非财务流量形式的"成本",即专用性资产用于他用性处置时可能产生的价值折损。而当代工企业由于种种原因需要终止原有代工合作关系,且不再建立新的类似代工业务合作关系时,这种潜在的成本就会变成现实的成本。在这种情况下,代工企业的规模有可能出现一定幅度甚至较大幅度的缩小。但是,只要代工企业能够借助"内部创业(internal corporate entrepreneurship 或 internal corporate venture)"等形式,利用从事代工服务赚取的现金流,甚至出售现有部分资产换取一定的现金流在企业内部开创新的业务领域,就可以看作是实现了"生命持续性维度"的成长或"蜕变"式成长。

总之,本书所说的代工企业的"持续成长"既包括摆脱嵌入代工模式的"俘获"或"锁定",成功实现成长路径转换,也包括长期恪守代工模式,在代工服务领域内做大做强,还包括为了寻找新的生存空间而借助企业内部创业等形式,经过某种程度的"瘦身"之后实现"蜕变"。

二、代工企业的成长路径

(一)相关学者的代工企业升级路径研究

在上一节,我们讨论了代工企业"升级"与"成长"的关系,认为前者是后者的一部分或重要表现形式。因此在这里,我们的代工企业成长路径讨论首先从升级路径开始。需要说明的是,在本书中我们曾对代工企业做过类型划分,即按照代工业务在企业全部业务中的构成状况,将代工企业划分为单一客户纯代工企业、多客户纯代工企业和混合业务代工企业。而在讨论代工企业的升级或成长路径时,出于讨论问题的方便,则纯代工企业甚至往往是以单一客户纯代工企业为讨论起点的。关于代工企业的升级路径,不同学者展开了多方位的研究,其中较为典型、流传较广的研究主要包括以下内容。

1. 基于产业视角的升级路径分析

Gereffi 较早认识到代工企业产业升级的层次问题,他认为产业升级可分为四个层次:(1)在产品层次上的升级,即从简单到复杂的同类型产品层面上的升级;(2)在经济活动层次上的升级,包括不断提升的设计、生产和营销能力;(3)在部门内部层次上的升级,如从最终制造环节到更高价值产品和服务环节的生产转换,包括沿着供应链方向的后向整合等;(4)在部门间层次上的升级,即从低价值、劳动密集型产业到资本和技术密集型产业的转换。

2. 基于工艺流程、产品、功能和链条视角的升级路径分析

在基于产业视角升级路径分析的基础上,Humphrey 和 Schmitz 进一步提出了一种以企业为中心,基于工艺流程、产品、功能和链条视角的由低级到高级的四层次升级分类方法。升级的四个层次分别是:(1)工艺流程升级,即通过提升产品价值链中某环节的生产加工工艺流程的效益,通过重组生产系统或引入高级技术将投入转化为产出,由此达到超越竞争对手的目的。例如,提高存货周转率和原料利用率,实施即时生产等。(2)产品升级,

即通过引进新产品或改进已有产品的质量来达到超越竞争对手的目的。(3)功能升级，即通过重新组合价值链中的环节来获取竞争优势，通过获得价值链上新的、更好的功能，如设计和营销功能，或放弃现有的低附加值功能而集中致力于附加值更高的功能环节。具体说来，从基本加工到"贴牌生产"(OEM)到自己设计制造(ODM)再到自主品牌制造(OBM)的转换可被视为功能升级路径。(4)链条升级，是指从某一产业链条转换到另外一条产业链条的升级方式(见图 5-1)。例如，中国台湾企业从晶体管收音机生产转到计算器，又到电视，再到电脑监视器甚至掌上电脑等的转换过程。

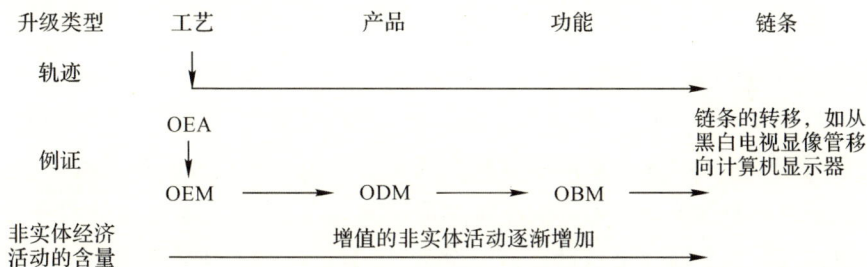

升级类型	工艺	产品	功能	链条
轨迹	↓	→→→→→→→→→→→→→→→→→		
例证	OEA ↓ OEM	→ ODM	→ OBM	链条的转移，如从黑白电视显像管移向计算机显示器
非实体经济活动的含量		增值的非实体活动逐渐增加 →→→→→→→→→→→		

图 5-1　基于工艺流程、产品、功能和链条视角的升级路径

3.基于 ODM—OBM 导向选择视角的升级路径分析

这种升级路径的分析是将关注的焦点集中于(纯)代工企业究竟是向继续坚持代工模式方向发展还是向品牌经营商方向发展或既做代工又做品牌经营的混合业务代工商的方向发展的分析方法。这种分析方法将代工企业升级的路径归结于如图 5-2 所示的两条路径。

路径 1 是以生产组装型代工服务模式为起点继续沿着代工服务模式方向发展的升级。通过研发和自主创新，增加企业生产技术的科技含量。在ODM 方式下，品牌公司将精力和资源集中到品牌和渠道建设及市场开拓上，ODM 代工企业负责根据品牌委托商的需求设计并生产产品。优秀的ODM 厂商不仅要有业界领先的规模，以便能够有效降低制造成本，同时还需要有强大的研发和设计能力，表现为可以不断为客户提供迎合市场需求的新产品，从而提升企业的综合竞争力。这样不仅避免了自己开拓品牌和销售渠道所带来的风险，而且在产品价值链中所能获得的利润也大大增加。

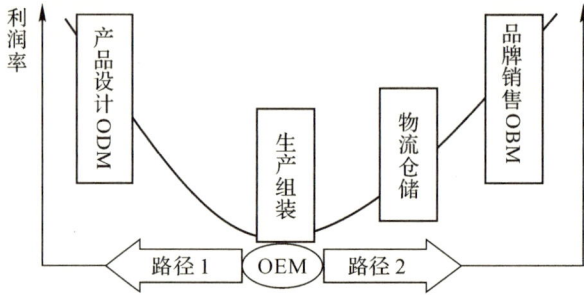

图 5-2　基于 ODM—OBM 导向选择视角的升级路径

路径 2 是沿着拓展自主品牌业务或自营业务方向发展的升级路径。沿着这一路径升级的 OBM 导向意味着逐步拓展自己的品牌或并购其他品牌，前向打造完整产业链，并独享企业通过提供产品或服务所获取的市场利润。这种模式实际上是在原有的制造核心竞争力上进一步拓展品牌销售能力，提高产品的附加价值。如果战略得到成功实施，企业可以由单纯的制造商提升为品牌销售商和渠道供应商。但是，由于新品牌要得到市场认同需要长期的培育过程，尤其是那些准备将产品推向国际市场的国内制造企业，往往本身不具备国际市场营销的经验，因此实施该战略的风险相对较高。此外，由于中低端品牌的主要竞争方式依然是价格竞争，相对于向左扩张而言，向右升级建立自主品牌在提升产品的议价能力方面受到制约。

表 5-1 是关于这两条基本升级路径的归纳性比较。

表 5-1　ODM 导向与 OBM 导向升级路径的比较

比较内容	ODM 导向的企业升级	OBM 导向的企业升级
目标市场	中高端品牌营销商	终端消费者
服务模式	B to B	B to C
服务内容	制造服务	制造服务＋品牌营销
核心竞争力	高水平的制造能力＋产品设计能力	制造能力＋品牌营销能力
议价能力	较强	品牌建立后，议价能力明显提高
风险程度	低	中
扩张周期	较短	较长

(二)基于关系战略视角的代工企业成长路径划分

以上关于代工企业升级路径的讨论为代工企业持续成长的路径分析提供了一些重要的概念基础。结合以上相关分析和本书对代工企业持续成长的认识,下面从代工企业与委托商的关系战略属性,即功能互补还是业务竞争的视角,对代工企业的成长路径做出以下几种基本类型的划分。

1.功能互补取向型成长路径

代工企业与委托商之间网络合作关系的实质说到底就是一种不同企业之间的功能互补。因此,从代工企业成长的路径角度来看,选择功能互补取向的成长路径实际上也就是选择其与代工委托商之间的代工合作关系继续稳定维持的成长路径。更确切地说,功能互补取向型成长路径是指那种代工企业与委托商之间仅有单纯地在同一(或同类)产品价值链上保持功能互补性关系的成长路径,是一种代工企业与委托商之间不存在任何直接竞争性业务的成长路径。选择这类成长路径的代工企业实际上也就是本书所说的纯代工企业。

当然,这种选择功能互补取向型成长路径或以纯代工业务形式存在的代工企业也可以分为两类。其一,业务功能仅限于产品价值链的某一环节,例如加工制造环节。其二,业务功能沿着同一产品价值链的不同环节由低到高作有限度纵向攀升,主要包括:(1)在做精做强原始设备制造(original equipment manufacture,OEM)的基础上向委托设计制造(original design manufacture,ODM)转换,即制造商除了加工制造以外,还接受品牌厂商的委托,按照其提出的技术要求承担部分设计任务的价值链环节。(2)在做精做强委托设计制造的基础上向设计、制造、售后服务(design manufacture service,DMS)发展。所谓设计、制造、售后服务(DMS)是指委托商把基本的系统要求交给承接商,由承接商承担产品的设计、制造和售后维护服务。在20世纪80~90年代,这种模式成为中国台湾一部分IT产业和集成电路产业代工厂商的主要经营模式。(3)逐渐向全面承担工程、制造、服务(engineering manufacture service,EMS)转换。即品牌厂商专注于核心技术的研发(主要是定义产品规格和界面标准)和市场营销,EMS厂商按照品牌厂商的要求,提供制造加服务的整体方案,包括进行产品制造和与之相关的技术开发、提供维修和物流服务等。在这种模式下,品牌厂商只要有一个"想法",EMS 厂商即可把这种"想法"变成产品,并提供相应的技术、工艺文件,以及相应的服务方案等。可以看出,在这个过程中,代工企业"基本业务功能"的边界发生了变化,其内容更加丰富了。但是,这种边界扩展和内容增加的程度并没有上升到改变代工企业与委托商之间关系的"功能互补"基本属性。或者从过程性视角来看,虽然在代工企业的这种沿着同一产品价值链不同环节由低到高纵向攀升的过程中,其基本业务功能的某些"进"是与代工委托商的某些"退"联系在一起的,但这种进退从总体上来说基本是属于合作双方出于共同利益最大化考虑的"理性退让"和"顺势接替"的结果。从委托商的角度来看,无论其相继从"设计""服务"或"制造服务整体方案总揽"等具体业务领域中退出是出于"意愿",还是迫于"无奈",但一定是"让予"。同时,就其缩小了边界的"基本业务功能"(例如定义产品规格和界面标准以及市场营销功能,即品牌经营)而言,与代工企业的"基本业务功能"(例如"制造""设计""服务"或"制造服务整体方案总揽"功能)仍然是互补性的。

2.互补竞争共存型成长路径

选择这类成长路径的代工企业一方面保持着与委托商的业务功能互补关系,但同时也经营或打算经营与代工业务相同或相近产品的自主品牌业务,从而形成(或可能形成)与代工委托商不同程度的直接竞争关系。这类企业通常属于本书所说的混合业务代工企业。其中,有些企业是在接受代工业务之前属于完全的独立产销企业,接受代工业务以后,其自有业务仍在继续,从而成为混合业务代工企业。有些则完全(或主要)从代工业务起家,完成资金和技术的积累之后步入自主品牌业务领域,即完全按照 OEM—ODM—OBM 的升级路径完成了其业务功能的跃迁。但由于这类企业在经营自主品牌业务的同时,并没有放弃代工业务,因而成为另一种类型的混合业务代工企业。

当然,不同类型的混合业务代工企业的自营业务与委托商业务之间的直接竞争程度各不相同,有的直接竞争程度较高,有的则较低。

3.完全竞争取向型成长路径

从理论上来讲,如果有些代工企业在经历了 OEM—ODM 发展阶段之后开始进入 OBM 生产阶段,然后马上或在很短的时间内完全放弃代工业务,则这类代工企业的成长路径可被归结为完全竞争取向型成长路径。从过程性的视角来看,这类企业进入 OBM 生产之后,与原代工委托商的功能互补关系马上或很快结束,从而完全转化为单纯的竞争关系。因此,也可以将代工企业的完全竞争取向型成长路径看作是代工企业在代工过程中完成了产品、技术、工艺、管理等方面能力的升华之后重返或转入独立产销模式的成长之路。如果进一步细分,这类成长路径还可以分为两种类型:其一,代工企业创建了自主品牌之后,并不放弃生产制造等价值链环节,则该企业实际上是完成了一个前向一体化的过程,在这里我们将其称作"价值链环节延伸性成长";其二,企业创建了自主品牌之后也采取了将生产制造等价值链环节外包给其他供应商的商业模式,这实际上是完成了一个价值链环节的置换,在这里我们将其称作"价值链环节递次性成长"。

4.跨业务能力延展型成长路径

这实际上是一种在与代工业务相关程度较小的其他业务领域进行多元化发展的代工企业成长路径。对于部分代工企业来讲,一方面由于种种原因在较长时间内还不想或不能放弃与代工委托商的代工合作,另一方面也不具备实施互补竞争共存型成长的条件,同时又不希望自己的生存发展完全或过分地依赖于代工业务。在这种情况下,另一种可供选择的路径就是在与代工业务相关程度较小的其他业务领域进行多元化发展。在这种多元化发展中,代工企业可以通过相关能力的延展,包括财务资源的输送、组织管理能力的平移和通过服务于知名品牌商所获得的声誉资源的映射而实现对新业务的培育。

(三)不同成长路径的"委托商相关性"差异

以上从代工企业与委托商的关系视角对代工企业持续成长的可能路径进行了梳理归纳,提出了功能互补取向型、互补竞争共存型、完全竞争取向型和跨业务能力延展型这四种基本的成长路径。应该说,这四种基本路径各有其不同的存在价值和适应性。但同时也需要说明,本书对四种成长路径的"关注度"并不相同,对功能互补取向型和互补竞争共存型成长路径的"关注度"会相对较高,而对完全竞争取向型和跨业务能力延展型成长路径的"关注度"会相对较低,其原因主要在于功能互补取向型和互补竞争共存型成长路径属于"委托商高相关性"路径,完全竞争取向型和跨业务能力延展型成长路径属于"委托商低相关性"路径。就完全竞争取向型成长路径而言,因为采取这种成长路径的代工企业在决定创建自主品牌业务的同时就马上或很快放弃代工业务,则其以后的成长就与一般独立产销企业的成长并无不同。因此,花费较多的篇幅去探讨这一过程,会脱离本书的研究主旨。至于跨业务能力延展型成长路径,虽然是代工企业持续成长不可忽视的重要路径之一,但是由于这种跨业务发展与代工委托商通常并无太大的业务和利益冲突,代工企业需要考虑的问题主要是在主营(代工)业务领域与跨业务延展领域之间如何恰当地分配资源,与一般独立产销企业的多元化发展过程有很大的相似性,因而也不在本书研究主旨的范围之内。

(四)两种"高相关性"成长路径的案例比较

为了对功能互补取向型成长路径和互补竞争共存型成长路径这两种"委托商高相关性"成长路径的特点和适应性有更为具体、直观的了解,这里通过部分引用和改写,展示一对由相关学者所做的两个选择不同成长路径的同行业企业案例。

在这一对案例企业中,成霖股份和海鸥卫浴都是经营卫浴五金用具的企业。其中,成霖股份在继续从事代工业务的同时,选择了积极拓展自主品牌业务或自营业务方向发展的成长路径,因而走的是我们前文所说的互补竞争共存型成长路径;海鸥卫浴采取的则是继续沿着专注于代工服务方向发展的成长路径,即我们前文所说的功能互补取向型成长路径。由于这两个企业的经营规模大致相当,且都是上市公司①,因而具有较强的可比性。

---

① 由于种种原因,2014 年 2 月 20 日,"成霖股份"(证券代码 002047)更名为"宝鹰股份",上市公司名称也由"深圳成霖洁具股份有限公司"变更为"深圳市宝鹰建设控股集团股份有限公司"。

1. 成霖股份拓展自主品牌业务的成长路径

深圳成霖洁具股份有限公司(简称成霖股份)是一家主要生产经营水龙头、卫浴洁具及配件等产品的企业。该公司成立于 2001 年 12 月,2005 年在深交所挂牌上市。在 2007 年前后,该公司被称为亚洲最大的水龙头专业生产厂商,年出口额超过 1 亿美元,连续三年占中国水龙头年出口额 25% 以上。该公司先后通过了国际 ISO9001、ISO9002 认证,美国 UPC 认证,加拿大 CSA 认证,美国 NSF 认证等。该公司也是国内水龙头行业第一家通过"国家节能产品认证中心"认证的企业。

成霖股份的发展起步于给中国境外主要卫浴水龙头品牌企业进行 OEM 代工。在借助于代工业务完成了自己的资本原始积累以后,成霖股份采取了沿着拓展自主品牌业务或自营业务方向发展的成长路径。2007 年 4 月,成霖股份以 3684 万英镑(约 3.1 亿元人民币)100% 收购了英国厨卫知名品牌渠道供应商 PJH。PJH 成立于 1972 年,主要经营卫浴及厨房设备通路生意,拥有 Apple、K. Prima 等自主品牌。同时成霖股份在北美市场也拥有自己的品牌 Danze 等,公司准备将这些品牌也打入欧洲市场,从而使其成为全球性品牌。此外,成霖股份还推出了自主品牌"GOBO",将其定位于中低端卫浴五金产品,并在国内进行了以品牌专营店和建材大卖场为主的渠道销售方面的尝试。收购了 PJH 以后,成霖股份的目标是构建从卫浴产品制造到品牌销售再到渠道供应的完整产业链,成为世界卫浴五金行业最具竞争力的 OBM 企业。

成霖股份经过多年的经营和拓展,已经拥有了广泛的国际销售网络和强大的国际销售队伍,一大批国际知名的大型高级家用五金连锁店成了公司牢固而忠实的客户。与此同时,成霖股份也在积极开拓国内市场,并全方位地打造自主品牌——GOBO(高宝),已在全国各重要城市建立了自己的行销网点,并拥有一批稳定的经销商和水龙头专卖店客户。公司未来的战略目标是:继续巩固和扩大水龙头等卫浴五金产品在国际市场的占有率,有计划、有步骤地扩大国内销售市场,加快向电子行业、模具行业的探索,在将公司建设成"国内领先、国际知名"的卫浴五金产品制造企业的基础上,最终实现成为"多元化、国际化经营的国际一流公司"的战略目标。

2.海鸥卫浴从 OEM 到 ODM 坚持代工服务的成长路径

广州海鸥卫浴用品股份有限公司(简称海鸥卫浴)是 2003 年 8 月由番禺海鸥卫浴用品有限公司整体变更设立,2006 年在深交所挂牌上市的国内最大的高档水龙头等卫浴五金制造服务企业之一。海鸥卫浴的产品大部分外销,海鸥卫浴是一家集研发、制造、服务为一体的卫浴产品代工制造商。产品类型有低压铸造件、重力铸造件、锻造件、液压成型件、机械加工件、管类加工件、焊接件、冲压件、喷排器、PVD 件、控制阀和安全阀等。公司拥有先进的品质保证设备,产品质量均达到世界水平,并已通过 ISO9001、ISO14001、OHASA18001、澳大利亚 QSA、欧洲 EN 等质量体系认证。主要客户为美国 Moen、Delta、Kohler、American Standard,西班牙 Roca,德国 Hansgrohe、Grohe 等世界卫浴行业顶级品牌商。产品在欧美市场上拥有一定的知名度。

海鸥卫浴认为,采取 OBM 导向的升级战略风险太大,因为品牌以及渠道的拓展需要包括资金在内的各种资源的大量投入,而自己在这些方面并不具备优势。同时,由于开发自己的品牌产品有可能与代工委托商形成潜在的竞争关系,从而很可能会丢失现有的客户。因此,海鸥卫浴致力于提高自身的制造服务能力与设计能力,完善制造服务系统,以此提高本身的议价能力以及产品的附加价值。具体地说,海鸥卫浴选择了 ODM 导向的功能互补取向型成长路径。通过 OEM 向 ODM 升级,海鸥卫浴更加深入了客户的全球产业价值链体系。通过为客户进行市场研究和产品设计开发,海鸥卫浴与客户形成了更广泛层面上的密切合作。

由于海鸥卫浴将自身的业务模式定位于专业制造服务,即专业代工服务,而不去谋求建立自主品牌直接向终端市场销售,因而非常重视将自己的竞争优势建立在"速度"和"服务"方面,以行业内"最短的供应链、最低的总成本"协助客户更快地响应市场需求,建立更紧密的客户关系,从而成为世界上最具竞争力的卫浴五金 ODM 供应商之一。

在提供代工服务的同时,海鸥卫浴还为客户提供装配、物流和售后服务。即在 OEM 和 ODM 的基础上,向前延伸为客户进行市场研究和产品设计开发,向后延伸为客户提供装配、物流和售后服务。通过这种模式,海鸥卫浴提升了自己的增值能力，从而在卫浴五金产品产业链上获取了更多的价值。

3. 海鸥卫浴与成霖股份不同成长路径的比较

按照案例分析原作者的看法，从总体结果上看，两家企业从 OEM 模式分别通过 ODM 导向和 OBM 导向进行业务升级都是较成功的，其主要表现如下所示。

(1)成长性与赢利能力明显优于同行业里的其他企业。从历史数据来看，海鸥卫浴 2003—2006 年销售收入的年复合增长率高达 66.60%，净利润也从 2003 年的 0.53 亿元增长到 2006 年的 1.16 亿元；成霖股份 2003—2006 年销售收入的年复合增长率也达到了 22.87%。两家企业稳居国内卫浴五金行业的前列，并成为世界卫浴行业中具有一定影响力的中国企业。

(2)研发能力均有显著提高。为了满足国内外企业和消费者的需求，海鸥卫浴与成霖股份都非常注重研发能力的培养。截至 2006 年 12 月 31 日，海鸥卫浴共有 330 名研发与质量控制人员，占员工总数的 11.63%。2003—2005 年，海鸥卫浴每年销售收入中至少有 15% 为新开发产品所带来的收入。而在这 3 年中，新产品贡献的毛利率比重分别高达 35.01%、31.25% 和 38.82%。两家企业每年投入量产的新产品数量均达到 500 种左右，远远高于行业平均水平。

当然，两家企业由于采用不同升级(成长)路径，其结果在某些方面也存在着一些差异。

(1)实施代工成长导向的海鸥卫浴的财务表现好于成霖股份。2004 年以来，海鸥卫浴的收入和净利润增速都高于成霖股份。两者在 2005 年都出现增速减缓的情况，但海鸥卫浴 2006 年中期回升势头明显超越了成霖股份。此外，历年来海鸥卫浴的毛利率水平均较成霖股份高。就单项产品而言，海鸥卫浴的水龙头零组件与成霖股份的水龙头产品具有可比性，前者 2006 年毛利率普遍较后者高 5 个百分点左右。

(2)执行自主品牌成长导向的成霖股份在知识产权保护方面势头更强劲。虽然两者都对知识产权保护高度重视，但是成霖股份显然更胜一筹。截至 2006 年 12 月，ODM 导向的海鸥卫浴仅申请了 5 项实用新型专利，3 项外观设计专利,而 OBM 导向的成霖股份则申请了 31 项实用新型专利,178项外观设计专利。从这点来看,尽管目前海鸥卫浴的财务表现优于成霖股份,但后者的知识产权战略似乎更为明确。

(3)两者对各自的成长路径各持自信的想法。海鸥卫浴与成霖股份选择了两条不同的升级路径,但各自都认为自己的选择值得坚持。海鸥卫浴认为如果企业采取自创品牌的战略,将意味着企业要进行品牌与生产的双重投入和双重管理,这不仅容易分散精力和资源,还将承担巨大的品牌风险和生产经营风险,而成霖股份则认为升级到 OBM,自创品牌将会带来更大的利润空间与成长机会,而且升级到 OBM 是 OEM 企业的最终目标。

三、代工企业持续成长中的关系价值及其估算

在代工企业的成长过程中,其与代工委托商的"关系"始终是一个极为关键的因素或"参数",保持这种关系的"合宜度"是代工企业持续成长的重要前提。为此,本节将从讨论代工企业与委托商合作关系的"价值"入手,通过分析"关系收益度""资产可转度"和"关系对等度"的概念,最后给出"关系合宜度"的概念。

(一)代工企业网络合作关系价值的概念

之前,我们分析了代工企业参与代工合作网络的收益,即通过分享网络合作创造的 1+1>2 的超额价值所获取的超额收益。我们将这种创造和分享超额收益看作是网络成员间关系的"增益性因素"。同时,我们也分析了代工企业参与代工合作网络的成本,即主要由专用性资产投资所导致的对委托商的依赖性。我们将这种依赖性看作是网络成员间关系的"减损性因素",并将这种"减损性因素"称作"关系成本"。而在这里,我们需要将代工企业的超额收益与关系成本结合起来考虑,并提出代工企业网络合作关系价值的概念。

关于"关系价值",理论界已经有了较多的研究。据有关资料称,Wilson和 Jantrania 最先对关系价值进行了研究,指出任何关系都会为关系双方创造某种价值。他们基于战略视角把关系价值定义为提高关系双方竞争能力

的合作关系的结果，而价值创造则是关系双方发展信任关系和发现互利结果的过程。理论界对关系价值的研究有着不同的视角。其中，有些研究属于关系营销领域，主要关注企业与顾客之间的关系价值。另有一些研究则关注企业间的关系与关系价值，认为作为企业资源基础（resource base）的组成部分，企业间关系对企业有着极高的价值，在企业竞争优势的产生与维持中扮演着关键性的角色。一些研究涉及了"关系价值机制"，指出关系价值机制反映了在特定的企业间关系安排中，成员企业经由何种途径获取关系这种价值，并将其移入企业运行之中。围绕着关系价值机制问题，国内有学者基于企业间相互依赖性的视角，研究了企业间关系强度对关系价值的影响。

本书在这里提出的代工企业网络合作的关系价值问题，当然也属于企业间的关系与关系价值问题，但是与上述研究的视角有所不同。在这里，我们将采用这样一个衡量视角，即直接将代工企业网络合作的关系价值看成是代工企业参与网络合作的关系收益或超额收益与关系成本的函数：代工企业网络合作的关系价值与代工企业参与网络合作的超额收益成正比，与代工企业参与网络合作的关系成本成反比。在代工企业参与网络合作的关系成本一定的情况下，其超额收益越大，表明其关系价值也越大，反之则越小；在代工企业参与网络合作的超额收益一定的情况下，其关系成本越小，其关系价值越大，反之则越小。

（二）关系收益与关系成本的可估算化转换

为了考量代工企业与委托商合作关系的价值，我们需要对关系收益与关系成本进行可估算化概念转换。为此，这里将分别讨论超额收益度和关系依赖度的概念，以及用来表征关系依赖度的资产可转度与业务对等度概念。

1. 代工企业的超额收益度

之前，我们已经讨论过代工企业通过分享网络合作所创造的超额价值而获得的超额收益，并且将这种超额收益分为财务性收益和非财务性收益。现在，为了考量代工企业与委托商合作关系的价值，首先需要对关系收益进行可估算化概念处理。具体说来,就是要给出一个超额收益度的概念。所谓代工企业的超额收益度是指其在合作网络中获取的超额收益与假定其未参与网络合作,采取独立产销经营模式情况下可能获得的经营收益(影子收益)之比。即:

超额收益度＝代工企业在合作网络中获取的超额收益/假定该代工企业采取独立产销经营模式可能获得的经营收益

代工企业在合作网络中获取的超额收益＝代工企业在合作网络中获取的总收益－假定该代工企业采取独立产销经营模式可能获得的经营收益

代工企业的超额收益既包括财务性收益,也包括非财务性收益。在测算代工企业的超额收益度时,需要将非财务性超额收益折算成财务性超额收益。

从理论上来讲,代工企业的超额收益可能大于 0(代工企业在网络合作中获取的收益大于不参与网络合作情况下的可能收益),等于 0(代工企业在网络合作中获取的收益等于不参与网络合作情况下的可能收益),或小于 0(代工企业在网络合作中获取的收益小于不参与网络合作情况下的可能收益)。

在假定代工企业采取独立产销经营模式情况下可能获得的经营收益(影子收益)大于 0 的前提下,其超额收益度也是一个可能大于、等于或小于 0 的数值。而如果代工企业采取独立产销经营模式情况下可能获得的经营收益(影子收益)小于或等于 0,则其参与网络合作的超额收益度将出现较为复杂的情况。这里的讨论暂时先限定在代工企业采取独立产销经营模式可能获得的经营收益(影子收益)大于 0 的范围之内。

借助于超额收益度概念,我们可以做出如下判断:在其他条件一定的前提下,代工企业的超额收益度越高,其与委托商之间的合作关系就越有价值;反之,其与委托商之间的合作关系就越缺少价值。

2.代工企业的关系依赖度

之前,我们讨论了代工企业对代工委托商的关系依赖问题,认为网络成员之间在功能上的高度互补性同时也意味着相互之间的高度依赖性,而一个组织一旦对另一个组织形成依赖性，就意味着有可能在某种程度上受制于该组织。为了强调关系依赖是相对于创造和分享超额收益这种"增益性因素"而言的一种"减损性因素"，我们将代工企业对委托商的依赖性称作"关系成本"。现在，为了实现关系收益与关系成本的可估算化，我们从"关系成本"退回到"关系依赖"，并提出"关系依赖度"的概念，以便与"关系收益度"相对应。

我们说过，在导致代工企业对代工委托商形成依赖性的原因中，专用性资产的投资是最根本性的因素。同时，在代工企业类型划分中，我们也注意到了代工企业与代工委托商之间的业务啮合状况，并根据代工企业的业务承接比重与委托商的业务委托比重的对等性将代工企业划分为依他型代工企业、他依型代工企业和对等型代工企业。实际上，除了专用性资产以外，代工企业与代工委托商之间的业务啮合状况也是衡量关系依赖性的重要因素之一。因此，下面将通过定义反映专用性资产投资的"资产可转度"和反映代工企业与代工委托商之间业务啮合状况的"业务对等度"概念来定义"关系依赖度"。

3.代工企业的资产可转度

就代工企业而言，在由原来的一般独立产销商转为委托商的特约供应商过程中，其往往需要添置、更新某些服务于购买商的专用性设备，提升某些服务于购买商的专业化能力，或者弱化、放弃某些原有的作为独立产销商的业务职能（如品牌经营、市场销售职能）等。

专用性资产在用于他用性处置时会产生一定程度的价值折损（或者说为了将专用性资产转作他用需要追加一定的投资）。因此，企业形成一定的专用性资产实际上就意味着同时也形成了一定的潜在埋入成本。一般说来，资产专用性程度越高，用于他用性处置时产生的价值折损越大，这种潜在埋入成本也就越大。由于这种潜在的埋入成本的存在，网络成员会倾向于尽量维持与合作伙伴的业务关系，以免一旦业务关系中断，这种潜在的埋入成本就成为显在的、实际的资产损失。

所谓资产可转度是指专用性资产在假定作他用性处置时的价值估算额与该资产的账面价值额之比。一般说来，资产可转度的取值范围在大于0、小于1之间。如果某个代工企业的资产可转度越接近于0,则表明其专用性资产的他用性价值越低;如果资产可转度越接近于1,则表明其专用性资产的他用性程度越高(即该资产在转作他用时价值折损越小)。

借助于资产可转度概念,我们可以做出如下判断:资产可转度与关系依赖度成反比关系。在其他条件一定的前提下,代工企业的资产可转度越接近于1,其关系依赖度越低;资产可转度越接近于0,其关系依赖度越高。

4.代工企业的业务对等度

代工企业在与委托商签订长期供应与购买合约之后,通常就会由多家购买商的供应商变为少数甚至单一购买商的供应商。这时,代工企业与委托商之间的业务量在代工企业全部业务量中的份额会大大增加,甚至成为其唯一的业务,从而使代工企业对委托商形成很大的业务倚重性,一旦失去委托商的业务,代工企业的经营状况就会受到很大的影响。显然,这种业务倚重状况的变化是影响代工企业关系依赖度的另一个重要因素。如果说资产可转度是影响代工企业关系依赖度的根本性因素的话,则业务倚重程度就是影响代工企业关系依赖度的直接性因素:前者决定代工企业失去原来的业务后拓展新的替代业务的可能性;后者决定代工企业失去原来业务后继续维持经营运转的可能性。因此,在其他条件一定的情况下,代工企业对委托商的业务倚重程度越高,其关系依赖度也越高;反之越低。

当然,这种业务倚重关系是双向的。关于这一点,我们之前已经有所讨论。我们设单个委托商的业务占某代工企业总业务量的比重为 A,该委托商给该代工企业的代工业务占该委托商全部业务的比重为 B,如果 A>B,则该项代工关系为依他型代工关系;如果 A<B,则该项代工关系为他依型代工关系;如果 A=B 或 A≈B,则该项代工关系为对等型代工关系。在这里,我们将 A 称为代工企业的"业务依他度",将 B 称为代工企业的"业务他依度"。

一般说来,代工企业业务依他度(A)的取值范围是大于 0、小于或等于 1。如果代工企业的业务依他度等于 1,则表明委托商是该代工企业的唯一客户;如果代工企业的业务依他度趋于 0,则表明该委托商的业务仅占该代工企业业务总量的很小部分。由于委托商通常不会将全部业务都委托给一家代工企业去做,所以代工企业的业务他依度(B)通常在大于 0、小于 1 的区间范围之内。

借助于"业务依他度"和"业务他依度"的概念,这里给出业务对等度的概念。我们将代工企业的业务对等度定义为代工企业的业务他依度/代工企业的业务依他度,即 B/A。不难看出,代工企业的业务对等度可能小于 1、等于 1、大于 1。

在多数情况下,代工企业的业务对等度小于 1。例如,某代工企业仅服务于单一委托商,则该代工企业的业务依他度 A 就等于 1。与此相对应,如果该代工企业的业务量仅占该委托商委托业务总量的 25%,则该代工企业的业务他依度 B 就是 0.25。在这种情况下,该代工企业关于该委托商的业务对等度 B/A=0.25。应该说,业务对等度小于 1 是代工模式关系状态的典型表现。因为现实中存在的大多数代工关系都是委托商处于网络关系的主导者和整合者的地位,因而委托商在业务结构设计中通常会设计得使自己的依赖度格局处于更为有利的状态。

从理论上来讲代工企业的业务对等度也可能等于 1。例如,X 代工企业同时服务于多家委托商,其中 Y 委托商的业务量占其总业务量的 25%。此时,X 代工企业对 Y 委托商的业务依他度就等于 0.25;与此同时,如果 Y 委托商也向多家代工企业委托业务,其中委托给 X 代工企业的业务量恰占 Y 委托商业务总量的 25%,即 X 代工企业关于 Y 委托商的业务他依度也等于 0.25。此时,X 代工企业关于 Y 委托商的业务对等度就等于 1。在这种情况下,A 代工企业与 B 委托商之间的关系已经变成一种对等性的关系。

在少数情况下,代工企业的业务对等度也可能大于 1(即 A<B)。此时,代工企业与委托商合作关系的主导、从属属性与 A>B 的情况正好相反。前文所述中,Amano 与丹吉娅的代工关系类似于这种情形:来自 Amano 的订单占丹吉娅业务量的 20%左右,而这些订单占 Amano 袜类采购量的 60%左右。

在定义了代工企业的业务对等度之后,我们可以给出如下的判断:代工企业的业务对等度与关系依赖度成反比关系,在其他条件一定的情况下,代工企业的业务对等度越高,其关系依赖度越低;反之越高。

5.代工企业关系依赖度与资产可转度、业务对等度的关系

在建立了资产可转度、业务对等度概念以后,我们就可以来进一步明确

关系依赖度与资产可转度、业务对等度之间的函数关系了。在这里,我们将关系依赖度定义为资产可转度倒数与业务对等度倒数的乘积,即:

$$关系依赖度=(1/资产可转度)\times(1/业务对等度)$$
$$=1/(资产可转度\times业务对等度)$$

从该关系式中可以看出:代工企业的关系依赖度与资产可转度、业务对等度的乘积成反比,在其他条件一定的情况下,代工企业的资产可转度、业务对等度越高,其关系依赖度越低,反之越高。

(三)代工企业关系价值的估算框架:关系合宜度

通过以上相关概念的构建或定义,现在我们可以给出一个衡量代工企业关系价值的估算性框架指标:关系合宜度。

1. 代工企业关系合宜度的数学表达

之前,我们已经将代工企业网络合作的关系价值看成是代工企业参与网络合作的超额收益与关系成本的函数:代工企业网络合作的关系价值与代工企业参与网络合作的超额收益成正比,与代工企业参与网络合作的关系成本成反比。现在,借助于超额收益度与关系依赖度的概念,我们可以给出一个衡量代工企业关系价值的估算性指标——关系合宜度,并将其定义为超额收益度与关系依赖度之比。

结合关系依赖度与资产可转度、业务对等度之间的关系,我们可以进一步给出代工企业关系合宜度与超额收益度、资产可转度、业务对等度之间的关系,即

$$关系合宜度=超额收益度/关系依赖度$$
$$=超额收益度\times资产可转度\times业务对等度$$

从该关系式中可以看出:代工企业的关系合宜度等于超额收益度、资产可转度和业务对等度的乘积。在其他条件一定的情况下,代工企业的超额收益度、资产可转度、业务对等度中任何一项数值的提高,都意味着关系合宜度的改善或关系价值的提高。

2. 代工企业关系合宜度概念提出的意义

(1)关系合宜度概念的提出及其估算框架体系的构建有助于网络成员,

尤其是像多数代工企业这样的网络非主导成员在参与、介入相关合作网络时对可能获得的"收益性因素"与可能导致的"成本性因素"进行估算，进而对合作本身的价值进行必要的估算。当然，即使没有关系合宜度概念的提出，具有充分理性的行为主体也会进行同样的考虑，但是关系合宜度概念的提出将使这种考虑更具自觉性、明确性和一定程度的可量化性。

（2）关系合宜度概念的提出有助于相关行为主体对不同时期的关系价值加以比较，使之对关系价值究竟处于何种变化状态有比较清楚地把握。如果关系合宜度数值增大，则表示代工企业与委托商的合作状态在改善，合作关系的价值在提高。如果关系合宜度数值在减小，则表示代工企业与委托商的合作状态在恶化，合作关系的价值在降低。如果关系合宜度数值稳定不变，则表示代工企业与委托商的合作状态或关系价值处于稳定状态。

（3）关系合宜度概念的提出有助于相关行为主体在采取进一步的商业措施时既考虑一般的商业收益性因素，又考虑关系价值的因素，以便在这两个方面找到恰当的均衡点。

值得强调的是，在代工企业的代工关系衡量中，超额收益度是一个最为关键性、核心性的变量。只有在超额收益度大于 0 的情况下，代工企业与委托商的合作关系才有存在下去的必要性。因此，超额收益度大于 0 是代工企业与委托商合作关系存在的基本前提或必要条件。当然，由于代工企业的超额收益既包括财务收益，也包括非财务收益，因此有时单凭财务性超额收益等于 0 甚至小于 0 还不足以构成该代工企业网络合作关系的"一票否决权"。

3.关于代工企业关系合宜度的进一步说明

首先需要说明的是，为了便于分析，在以上表达式中，我们是将代工企业的超额收益度与关系依赖度当作彼此独立的变量来看待的。但是，实际上它们之间并不是完全独立的变量关系。

一般说来，网络成员的超额收益水平既与合作网络的超额收益总额大小有关，也与其分享程度有关。网络成员的超额收益分享程度受两方面因素影响。第一，网络成员所创造价值在合作网络创造总价值中所占的比重。一般说来，该比重越大，超额收益分享度越高。第二，合作网络主导方的关系导向，即其在处理网络合作长远发展、成员整体利益与自身利益关系中的总体原则与倾向。网络主导方越看重网络合作关系的长期保持与发展，越倾向于对(总)超额收益按照网络成员所创造价值在合作网络创造的总价值中所占的比重合理公允分配。网络主导方越忽视网络合作关系的长期保持与发展，越重视其自身的短期利益，就越倾向于利用自己的主导地位挤压网络非主导成员的应得利益。而网络主导方利用自己的主导地位挤压网络非主导成员应得利益的基础就是网络非主导方对自己业务的依赖程度。在其他条件一定的前提下，网络非主导成员对网络主导成员的依赖程度越高，后者挤压前者应得利益的可能性或可行性程度越高，反之越低。

由此可以看出，通过代工委托商关系导向这个"中间变量"，关系依赖度与超额收益度之间实际上存在着某种"自变量"与"因变量"的关系。当然，即使如此，也不会影响关系合宜度作为代工企业与委托商之间的合作关系价值估算性框架指标的可用性，因为委托商无论采取何种关系导向，最终都会在代工企业的超额收益度中得到体现，进而引起关系合宜度的变化。从这个意义上来说，关系合宜度是一个能够将委托商关系导向因素包含在内的衡量代工企业关系价值的综合性尺度。

同时还需要说明的是，以上关于关系合宜度的研究还处于逻辑性、概念性或框架性阶段，其具体的测度估算如何进行还有许多问题有待进一步研究确定。同时，关系合宜度概念的意义主要表现在便于代工企业对不同时期的关系状况加以比较。由于不同企业对超额收益度、资产可转度和业务对等度的测算方法有可能存在较大的差异，因此就某个企业的关系合宜度中的某个孤立的、绝对的数值而言往往并不能说明问题。在不同的企业之间，也很难直接进行关系合宜度的比较。

第六章　代工企业持续成长的策略空间

在第五章,我们主要讨论了代工企业持续成长的概念、基本路径和代工合作关系的价值问题。在本章,我们将主要讨论代工企业持续成长的策略问题。围绕着代工模式的基本特点,结合相关代工企业的案例与经验,本章将提出和讨论以下几种有助于代工企业持续成长的基本策略,它们分别是价值链后向整合策略、职能服务化延伸与细分策略、深度互动策略、多客户服务策略、多产品共存或产业链跃迁策略、优势区位转移策略、错位化自营策略、稳定无变与坚守共进策略。

一、价值链后向整合策略

品牌委托商寻求更低的制造成本、更高的产品质量、更加有效的作业调度无疑是其将生产制造环节外包给代工企业的初衷。因此,对于专门从事加工制造服务的代工企业而言,成本、质量和客户响应是自身存在与发展的最根本的基础。而沿着产品价值链的后向环节加以高效整合则是控制成本、保证产品质量和实现快速客户响应的重要保障。因此,价值链后向高效整合往往成为代工企业最为重要的"基本功"。

"后向整合"的概念在很多情况下就是指"后向一体化"。但是这里所说的"后向整合"的含义较宽,不仅包括后向一体化,也包括供应商管理或关系构建。另外,虽然关键投入品的内生替代也属于后向一体化的一种类型,但由于其涉及企业的技术政策等,所以也将单独提出讨论。因此,这里所说的后向整合策略可以细分为后向一体化策略、供应商优化策略和关键投入品内生替代策略。

1.后向一体化策略

后向一体化是指企业自己供应生产现有产品或提供现有服务所需要的全部或部分原材料或半成品的经营模式。如前所述,实施后向一体化策略有助于建立防范竞争对手进入的壁垒、促进专用资产投资、保护产品品质和改善作业调度。对于代工企业来讲,如果自制半成品、原材料的成本、质量和灵活性优于外购半成品、原材料,就应该考虑采取相应程度的后向一体化措施。除了成本、质量和客户响应方面的考虑外,形成或提高其他潜在竞争者的进入壁垒,巩固自己的代工承接商地位,也是代工企业实施后向一体化策略的支持性因素之一。一般说来,代工企业实施一定程度的后向一体化策略不仅与代工委托商的利益一致,而且也往往是代工委托商选择供应商的附加条件之一。因此,代工企业的后向一体化行为往往能够得到委托商的支持、指导与一定程度的帮助。一些代工时间较长、代工规模较大、代工关系较为稳定的代工企业在后向一体化方面也往往得到较为成功的发展。

2.供应商优化策略

代工企业对委托商而言是重要的供应商,但对于其所使用的各种零部件、半成品、原材料供应商而言,它又是重要的购买商。因此,如何恰当处理与零部件、半成品、原材料供应商的关系,对于代工企业实现成本、质量和客户响应方面的卓越表现意义重大。代工企业应在供应商筛选、管理、交流、指导等方面实现优化。应根据零部件、半成品、原材料在代工生产中的作用和地位选择恰当的供应商关系类型,即在单纯市场关系和以长期合约为基础的网络合作关系之间加以权衡取舍。

3.关键投入品内生替代策略

如前所述,代工企业所从事的加工制造职能往往处于产品价值链中附加价值较低的"低端环节"。如果能使自己的业务覆盖领域向"微笑曲线"左侧附加价值较高的关键零部件、元器件或基础性原材料领域扩展,无疑对提升代工企业的价值创造能力和竞争优势有着非常重要的意义。因此,通过加大研发力度,努力实现部分外购关键零部件、元器件或基础性原材料的自给,即实施部分关键投入品的内生替代策略,往往成为一些代工企业发展的重要策略。尤其是一些代工委托商为了保证产品质量,同时也为了将大规模采购商所拥有的采购者优势利益牢牢地掌控在自己手里,实行部分关键投入品自己直接采购的策略。而代工企业如果能够实现内生替代,则往往能得到委托商的认可和支持。

考察一些卓有成效的知名代工企业,可以看出后向整合,尤其是关键投入品的内生替代在降低制造成本、保证质量和提高客户响应速度等方面发挥着重要的作用。

宝成工业(全称为"宝成工业股份有限公司")是中国台湾的一家上市公司,成立于1969年,是一家专注于为世界知名的运动鞋及休闲鞋品牌商提供制造服务的代工企业。宝成工业共拥有376条鞋类生产线,分别分布于中国,以及印度尼西亚和越南等地,经过多年的发展,宝成工业已经成为全球最大的运动鞋及休闲鞋制造企业。根据其网站(2016年)公布的数据,其鞋类年产量超过3亿双,约占全球运动鞋及休闲鞋市场以批发价格计算额的20%。

在宝成工业诸多的成长策略中,借助纵向整合提升企业在价值链上游环节的掌控地位占据着重要的位置。尽管代工企业在与国际品牌经营商构成的全球代工体系中往往处于非主导性的地位,但这并不妨碍其在产业价值链的上游环节中积极寻求较强的掌控地位。而鼎力推进后向整合就是宝成工业为解决这个问题所采取的重要战略举措。通过转投资等方式,宝成工业与国际上一些一流企业合作,垂直整合上游鞋材供应,从而形成了一个分布于中国、印尼、越南等地的庞大的供应链,其产品范围几乎涵盖了整个制鞋业的上游鞋材。通过这种纵向整合,宝成工业能够稳定地控制上游鞋材的资源,保证各种原材料、模具、设备及鞋类配件保质保量地快速供应。同时,宝成工业还与香港李嘉诚的和记黄埔港口全资附属公司合作组成物流公司,以全面提供宝成工业下属公司的相关物流服务,从而使宝成工业实施面向上游鞋材的纵向整合战略时不但在货源配合上得到优化,而且从物流过程上也得到了有力的支撑。

苏州固铎是国内一家既从事自营业务,又从事代工业务的半导体器件制造厂商。苏州固铎的历史可以追溯到20世纪80年代初。1990年,企业改组为责任有限公司,2002年整体变更为股份有限公司,2006年在国内证券市场挂牌上市。苏州固锝不仅是国内半导体分立器件行业最大的二极管制造商,在国际上也占据较大市场份额;公司主要产品包括整流二极管芯片、轴型硅整流二极管、开关二极管、稳压二极管、微型桥堆、表面安装玻封和表面安装塑封二极管、金属玻璃封装大功率整流管等,共有50多个系列、1500多个品种,其90%以上的产品销往包括美、日等发达国家在内的40多个国家和地区。

在苏州固锝的代工业务中,由于客户对产品所需晶粒的技术指标要求较高,所以相关业务所需的晶粒主要由OEM客户直接提供。如果能够提高自产晶粒对外购晶粒的替代程度,就可能有效改善代工产品的成本结构。为此,苏州固锝积极筹措资金,努力进行后向整合,以提高自产晶粒对外购晶粒的替代程度,从而在代工产品的成本结构改善方面取得了显著的成效。另外,通过适当提高企业的后向一体化程度,苏州固锝在业务定位方面获得了一定的优势:较之那些专业于封装测试,从而封装测试能力突出,但自身不具备晶圆生产能力的企业而言,苏州固锝不仅拥有较为全面的封装测试能力,而且具备较强的前道工序整合能力;较之那些分立器件综合生产企业而言,苏州固锝又专注于二极管产品的生产销售,从而在二极管的专业生产能力和成本控制体系方面更为突出。

中国广达电脑企业是一家专门从事笔记本电脑代工服务的企业。在众多的代工企业中,广达无疑是一个佼佼者。经过多年的发展,广达由小到大,逐渐成长为笔记本电脑代工企业中的“航空母舰”。

广达电脑在其发展过程中,采取了多项重要的后向整合措施。例如,生产液晶面板上游产品彩色滤光片的展茂光电是广达向供应链的更前端垂直整合的产物;生产塑壳的展运、龙承,制造模具的进达让广达摆脱了对新进入者鸿海的零组件供应依赖。广达早期的后向整合往往采取自主投资,即“自己生孩子”的模式。从2006年起,广达的经营策略有了重大改变,不再执着于“自己生孩子”,而是更多地采取并购与战略联盟的方式进行后向整合。例如2006年1月,广达发行新股,以1∶1.25的比例换取鼎天40%的股份,使公司取得了GPS整合技术,从而进一步降低为客户代工的成本;2006年3月,广达公司与三洋电子共同出资21亿新台币成立LCD TV(液晶电视)公司,用三洋的品牌和技术打开平板电视的市场,同时也为电脑业务提供液晶显示屏;2006 年 5 月,广达参与电池厂商新普的私募,买入 750 万股,取得 5％的股权,成为其最大股东。而新普一直以来都是广达公司主要的电池供应商之一。

二、职能服务化延伸与细分策略

生产制造职能无疑是代工企业的主要或基本业务职能,但是立足于生产制造职能,沿着产品价值链向某些非制造性服务职能环节延伸,或在某个价值链环节找到某种细分定位,也是一种值得深入挖掘的重要策略。

关于沿着产品价值链向某些非制造性服务职能环节延伸,在代工企业持续成长的路径划分中已经有所讨论。在这里,我们从"策略"视角再作适当展开。

从本质上来讲,从 OEM 向 ODM 延伸是一种最为常见的服务延伸策略。代工企业应委托商要求对产品作较大的改进、改型甚至重新设计,实际上是将业务范围从单纯的加工制造环节沿着价值链的"后向"(或"微笑曲线"的左向)延伸到了非制造性服务领域。除了提供设计服务以外,之前提到的"设计、制造、售后服务(design manufacture service,DMS)"或"全面承担工程、制造、服务(engineering manufacture service,EMS)"路径中的"提供制造加服务的整体方案"、与产品制造相关的"技术开发"等则是一种比"设计"更加综合和深入的"服务"。至于在 DMS 或 EMS 中提到的"售后服务""提供维修和物流服务"等内容,显然是沿着产品价值链的"前向"(或"微笑曲线"的右向)向服务领域延伸。

在这种情况下,品牌厂商只要有一个"想法",像 ODM、DMS 或 EMS 厂商这样的代工企业即可把这种"想法"变成产品,并提供相应的技术、工艺文件,以及相应的服务方案等。通过这种业务职能的服务化延伸,代工企业可以增加自己的业务价值含量,从而在产品价值链中占据更加重要的地位。

除了这种业务职能的服务化"延伸"以外,寻求某种服务功能的细分化定位,也是代工企业的一种成长策略。① 例如,主要基于上海制皂公司(以下简称"上海制皂")经验的"国际代工二传手"服务方式就可以归结为这样一种策略。

上海制皂是专业生产和销售个人清洁用品、家用清洁品和衣用清洁用品的企业,创建于 1923 年,至今已有 90 多年的历史。其前身在中国的香皂、洗衣皂生产销售方面曾经有过极为辉煌的业绩,拥有"蜂花""扇牌""上海""上海药皂""固本"和"白丽"等知名品牌,尤其是"固本"品牌的历史最为悠久,在国内曾经家喻户晓。但是,面对 20 世纪 90 年代以来宝洁、联合利华等国际知名品牌商的大举进入中国市场,上海制皂不得不在经营战略上作较大幅度的收缩调整。在此过程中,上海制皂一方面尽量避开与宝洁、联合利华等国际知名品牌商和国内实力较强的民营企业在主流产品市场上的正面竞争,将自身的经营重心较大程度上转入某些特殊功效产品或满足某些特殊偏好需求的非主流细分市场,另一方面则开始较大规模地承接国际代工业务。

上海制皂代工业务的主要产品是固体香皂和洗衣皂,主要客户是中国境外的一些超市采购商及地区代理商,例如美国 DFW,非洲 DEEPAK 等。其接受的各种代工订单多数为 ODM(委托设计制造)订单,自营产品和代工产品的比例大约是 70% 和 30%。在上海制皂的出口产品中,代工产品的销售额约占 60%。由此,上海制皂成为一家既做自主品牌业务,又做国际代工业务的企业。上海制皂的国内市场主要以华东、华北、华南为主,中国境外市场主要以东南亚、北美洲和非洲为主。

在初接代工业务的时候,上海制皂代工订单的生产制造环节全部都由本企业来完成。后来,上海制皂开始尝试实行将部分代工订单交由国内其他代工制造企业完成的生产组织模式。由此,上海制皂就担当起了国际代工承接商与国际代工业务转包商或"二传手"的角色。担当国际代工"二传手"可以使上海制皂得到以下几个方面的获益。

---

① 这部分内容根据本人拙作《全球合约制造网络中的价值创造细分定位——对 SZZ 公司国际代工的状况考察与理念解读》(当代经济管理,2012,34(3):15 - 18)改写。

1.充分发挥公司在资源与能力方面的独特优势

上海制皂是一家具有90多年历史的老字号企业,虽然在国际知名品牌大举进入国内市场的巨大冲击下市场份额和品牌影响力均受到较大的挤压,但相对国内其他本土厂商而言,其技术研发能力、生产组织管理能力和客户关系拓展能力等都仍具有一定的优势,担当国际代工"二传手"显然有助于其充分发挥这些方面的优势。

2.有助于降低代工成本

由于上海制皂地处国内劳动力、土地等要素高成本地区,承担完整的代工生产价值链环节越来越受到劳动力、土地等要素高成本挤压,以致部分代工业务的利润越来越薄,甚至完全无利可图。通过将国际代工的生产加工环节转包给其他厂商,尤其是处于劳动力、土地等要素低成本区位的企业,有助于降低代工成本,从而使一部分原本无利可图的业务变得有利可图,或使一部分利润率极低的业务变得利润相对丰厚。

3.拓展资源的间接配置范围

将部分代工业务转包给二级代工商,实际上是将这些二级代工商的厂房、设备、劳动力和部分资金纳入了相关代工体系,从而大大拓展了上海制皂的资源间接配置范围。其结果不仅是大大扩展了上海制皂的代工业务规模,而且使一些原本没有条件承接的产品品种变得也有可能承接,从而大大丰富了上海制皂的代工产品体系。而较为丰富的代工产品体系对于提升上海制皂代工服务能力的形象和拓展更多的代工业务承接机会也有很大的促进意义。

由上海制皂采取将部分国际代工订单交由国内其他代工制造企业完成的生产经营组织模式,从而担当起国际代工业务转包商或"二传手"角色的情况表明,在国际代工委托商与单纯的代工业务承接商之间存在着一块价值创造的"中间地带"。担当国际代工业务"二传手"是在提供一种服务:由于上海制皂这样的"二传手"的存在,国际委托商节约了与最终的代工制造企业形成代工关系所产生的搜寻、选择、谈判与监督的成本,国内最终的代工制造企业则省去了发现与找寻国际代工机会的成本。而国际委托商与国内代工制造商所减少的这些成本基本上也就是"二传手"所创造的价值。同时,通过担当这种商流和信息流"汇集点"的角色,上海制皂在产品设计、研发、工艺流程改进和产业链后向整合等方面的核心能力也将能够在更大的层面上得到运用,从而有助于其获得规模经济与范围经济方面的好处。此外,当好"二传手"也能够获得良好的商誉,而这种商誉也能够形成品牌效应。

由此可以认为,上海制皂担当国际代工"二传手"实际上是在全球代工体系中担当了一个既不同于 OEM 或 ODM 方式,也不同于 OBM 方式的价值创造的细分定位。当然,上海制皂的这种成长策略是否具有普遍性意义还有待进一步的观察和研究,但至少在一定程度上表明目前学术界流传甚广的主要来源于国际学者 Gereffi、Humphrey 和 Schmitz 等人的关于代工企业升级的 OEM—ODM—OBM 路径或"台阶"存在着进一步细分的可能性。

还需说明的是,上海制皂除了将部分国际代工业务转包给二级代工商以外,其部分自营品牌产品的生产制造环节也采取了委托代工的商业模式。因此,上海制皂不仅担当着国际代工"二传手"的角色,同时也扮演着代工委托商的角色。

三、深度互动策略

产品价值链上下游企业之间采用签订长期合约的方式建立"外包"这种网络合作关系的重要出发点之一就是寻求买供之间在产品制造、设计乃至研发等方面的良性"互动":供方向买方及时反馈产品设计、制造中存在的问题,提出改进建议,共同寻求相应解决方案等。通过这种"互动",可有效提升相关业务活动效率。例如,通过让供应商较早就参与产品研发,并给予它们更多的设计和制造职责,戴姆勒-克莱斯勒公司得以压缩其产品研发周期,研发新型车辆的时间从 20 世纪 80 年代中期的 234 周减少到 1996 年的 160 周;1995 年,克莱斯勒采纳了 5300 条来自供应商的建议,所产生的年度节约费用在 17 亿美元以上。

代工是一种特殊类型的外包。代工企业与委托商之间的良性互动,既是体现买供间网络关系优越性的重要内容,也是代工企业寻求持续发展的重要形式之一。从一些"资深"代工企业的情况来看,开展与委托商的深度互动往往是其所提供的优质代工服务的重要组成部分。

以中国宝成工业为例,在新产品的开发过程中,虽然最初是由委托商来确定设计和材质,但是在交由宝成工业相关研发中心进行模具开发与制样的过程中,委托商往往会提出各种需要改进或调整的内容。例如,可能有时设计虽好,但无法开模或面板无法展开。这时,就需要研发中心的开发人员和委托商的设计人员反复讨论。在成本核算方面,研发中心可以提出建议,比如设计人员指定的产品品质不好,价格高,交货期长。在这种情况下,委托商尽管事先已经指定了材料,也可能根据研发中心提出的方案对原设计进行修改。研发互动使宝成和品牌商有了一个相互嵌入的接口,借助这个接口,品牌商可以使自己产品的设计方案变成实际可行性更高的生产方案。

海鸥卫浴在客户互动方面凸显优势。在产品的前期设计过程中,海鸥卫浴公司与客户双方的工程师在产品设计、工艺制定、质量控制等方面进行全面的沟通和合作,逐步形成了以电视/电话会议形式为主的设计移转制度。同时,公司还会向主要客户长期派驻工程师,现场深入地融入客户的研发体系,派驻的工程师参与客户产品的前期调研、前期设计,与客户的技术人员一起进行全方位的探讨。① 除此之外,海鸥卫浴的互动触角还延伸到了市场需求预测的领域。例如,海鸥卫浴不仅为客户提供物流服务和售后服务,而且为客户提供市场调研的服务,从而帮助客户将营销决策建立在更加科学准确的基础之上。

通过这种互动,代工企业一方面可有效提升自己的服务价值,另一方面则可提高自己在代工体系中的不可替代性。关于后者,马海燕、李世祥在结合 Zaheer A.,Venkatraman N. 和 Kim S. K.,Hsieh P. H. 等人的相关研究基础上提出:代工企业通过与客户共同进行产品价值分析活动,通过提供制造环节的技术分析和成本分析,共同制定降低成本的目标,实际上也是在一定程度上参与了委托商的"决策",而这种决策活动的参与有助于代工企业与委托商之间合作关系的进一步持续。在两位作者的相关实证分析中,这一点通过了一定程度的验证。

当然,要想实现这种互动或"决策"参与,代工企业必须在技术、工艺等

① 根据海鸥卫浴相关内部资料整理。

研发活动方面达到一定的水准,因为只有这样才能与委托商"搭得上话"。从一些较好实现这种互动或"决策"参与的代工企业来看,它们通常都在研发活动方面有着很大的投入力度。例如,宝成工业为了夯实为客户提供高效优质服务的基础,在技术改进、流程再造等方面进行长期的努力。宝成工业相信,即使是传统产业也必须运用信息科技提升竞争力。因此,宝成工业斥巨资建立内部互联网系统,使自己的管理人员能够和美国、欧洲等地的客户共同对产品的设计、制造、配送、支持等相关流程进行实时监控;为了提高生产效率,宝成工业积极探寻流程改造。其中,仅通过取消将鞋面用皮的"裁断"和"针车"隔成两个车间的中间仓库,把裁断后的皮块直接拿去针车这一项流程改造,就使时间效率提高 10 倍,减少 1/3 的员工,并可以减少库存,分批出货。又如,海鸥卫浴为了构建先进的研发能力,研发与质量控制人员的比例通常保持在 12% 左右,用于新产品开发的费用通常保持在销售收入的 15% 左右。为了鼓励新产品开发和工艺技术改进,海鸥卫浴专门建立了提案管理制度,鼓励员工在技术工艺改进、成本降低和运作流程合理化等方面提供合理化建议。广达之所以能够长期保持与世界各大笔记本电脑品牌商之间的代工合作,很大的原因在于其能够注意保持强大的研发实力。广达在研发上一直保持高投入,以期能够比同业看得更远、更准、更快。在硬件上,广达投入数亿美元兴建了公司研究院作为研发基地。广达研究院拥有一流的硬件软件设施,一直保持与麻省理工学院的合作,共同开发信息技术方面更为前沿的应用平台。广达采取了前瞻研发、企业研发及事业部研发三个层次的研发战略。其中,前瞻研发致力于三年以上的长期研究,并积极寻找与学术科研单位合作的机会,开发未来科技的趋势;企业研发则是指一年半到三年的中期产品研发,这些研发产品将会作为赢得下一年为品牌商代工的筹码;事业部研发则指一年半以内的短程产品规划,配合客户需求做产品的修改和完善。

四、多客户服务策略

所谓多客户服务是指代工企业同时为多家经营同类产品或相近产品的委托商提供代工服务,实施多客户服务是代工企业持续成长的重要策略之一。代工企业实施多客户服务策略具有以下几个方面的好处。

1. 寻求规模经济优势

在保证一定质量水平的前提下,寻求更低的制造成本无疑是代工企业保持竞争优势的基本途径。而充分挖掘规模经济的潜力则又是代工企业降低制造成本的重要途径。因此,寻求代工规模的扩大,既是代工企业持续成长的重要表现形式,也是其不断获取竞争优势的重要途径。

只是,与独立产销企业不同,代工企业的规模扩张不仅取决于自身的投资能力,同时还直接受到代工委托商方面的影响或制约。在不考虑其他因素的前提下,如果某代工企业的规模扩张过程恰与委托商的规模扩张同步,这种规模扩张自然有可能在不改变原有合作关系格局的情况下进行。但是,如果该代工企业的规模扩张过程和委托商的规模扩张过程不同步,或者委托商的规模虽有扩展,但是将新增业务委托给了其他在位的或新增的代工企业(应该说这种情况往往是非常多见的),则该代工企业的规模扩张就必须通过寻求新的合作关系格局,即通过寻求新的代工委托商来实现。

2. 降低专用性资产的专用度

专用性资产的投资是网络合作关系与单纯市场关系差异性的最主要根源之一。如前所述,专用性资产的投资对于代工企业来讲隐含着一定的资产价值折损风险,因而成为代工企业的一种成本性因素,即“关系成本”。而寻求多客户服务,变仅为单一或较少数的委托商服务为同时为较多的委托商服务,虽然会因生产规模的扩大需要作进一步的投资,且这种新增投资仍然具有一定的专用性质,但是从企业整体来看毕竟有相当一部分资产(包括人力资源)是可以同时服务于多家委托商的,因此从总体上来说多客户服务策略无疑具有降低专用性资产的专用度,进而降低关系成本的作用。

3. 改善业务倚重格局

我们曾经讨论过代工企业的业务倚重问题,提出了“业务依他度”“业务他依度”和“业务对等度”的概念。实施多客户服务策略通常能够使代工企业降低业务依他度,提高业务他依度,进而改善业务对等度,并以此提高其经营状况的“稳健”程度。

当然,从委托商的立场来看,代工企业的多客户服务是一种具有不利性因素的"事件"。首先,按照资源依赖理论的观点,一般的组织都不希望因依赖于其他组织而受其控制。不仅如此,他们往往会试图使其他组织尽量依赖自己。而代工企业的多客户服务显然具有减少对单一委托商依赖性程度的作用。同时,代工企业的多客户服务过程实际上往往就是一个不断地为委托商的更多竞争对手服务的过程,而这一结果或多或少地会对委托商形成一定的负面竞争影响。但是,只要这种不利性因素或负面影响没有大到一定程度,委托商通过对代工企业的高品质代工服务、因代工规模扩大所带来的代工成本降低预期、寻找和更换新的代工承接商的相关代价等因素的综合权衡,仍然有可能对代工企业的多客户服务采取"容忍"的态度。

正是由于多客户服务在寻求规模经济和规避经营风险方面的重要意义,所以一些知名的代工企业都非常重视多客户服务。例如,宝成工业先后分别与 Nike、Adidas、Reebok、New Balance、Asics Tiger、Converse、Salomon 及 Rockport 等 30 多个国际知名品牌商建立长期代工合作关系。作为全球知名笔记本电脑制造商的广达也非常注意多客户服务。早在 20 世纪 80~90 年代初创时期,广达就成为世界笔记本电脑各大品牌商如 Dell、Sharp、Gateway 与 Apple 等公司的 OEM 代工服务商。到了 20 世纪 90 年代末和 21 世纪初,随着广达研发与设计能力的长足进步,其他国际品牌商包括 HP、IBM、Compaq、Sony、NEC、Acer 等也纷纷委托广达设计和制造笔记本电脑。海鸥卫浴的主要客户也包括美国的 Moen、Kohler、American Standard,西班牙的 Roca,德国的 Hansgrohe、Grohe 等世界卫浴行业顶级品牌商。富士康科技集团是中国鸿海精密集团(成立于 1974 年)在中国投资兴办的企业,1988 年在深圳地区投资建厂。在中国,富士康从珠三角到长三角、环渤海,从西南、中南到东北先后建立了 30 余个科技工业园区,在亚洲、美洲、欧洲等地拥有 200 余家子公司和派驻机构,现拥有 120 余万员工及众多全球顶尖客户群。富士康虽然对于自己与哪些公司在做生意一直守口如瓶,但是长期跟踪研究该公司的分析师们仍能给出该公司代工客户的名单。据了解,富士康的代工客户除了众所周知的美国苹果公司以外,索尼的 PlayStation 3、任天堂的 Wii 和亚马逊的 Kindle Fire 都属于富士康的代工产品。另外,它还为索尼、夏普和东芝生产电视机,为诺基亚、摩托罗拉和华为生产手机,为思科生产网络设备。其他公司,包括宏碁、微软、摩托罗拉、夏普和东芝虽均拒绝透露它们的产品产于何处,但有分析师认为富士康可能也是其代工服务商之一。

需要说明的是,虽然委托商对代工企业的多客户服务有着一定程度的"容忍"性,但是作为代工企业在实施多客户服务的过程中尽量避免造成客户信息的泄露也很重要。

在这方面,宝成工业的"多品牌管理"具有一定的借鉴意义:为了避免将委托商的商业机密泄露给他们的竞争对手,宝成工业在生产过程中将不同品牌的生产分别设置在不同的厂区、厂房、生产线;管理团队、研发等方面完全分开,管理人员遵循严格规定,不讨论客户的计划,为客户保守商业秘密;负责不同品牌的事业部各自形成利润中心,每个人的收益都和这个利润中心效益结合,所以不同品牌的设计、研发、生产计划、制造过程都能很好地确保相关信息的安全性。

广达也在避免客户信息被竞争对手获得方面采取了一些有效的措施:广达通过将不同委托商的代工业务分属于不同事业部的办法有效地解决了"信息隔绝"的问题。例如,对于像 Dell、HP、Apple 等大客户,广达都单独成立事业部。稍小的客户则按地域(如日系品牌)或者是代工方式的不同(如广达自行设计的款式卖给不同地域的中小代理商)归属到某一事业部。各事业部配备专属的研发、工程、品管、业务、客服等部门,生产运营也隔离到不同的工厂,有专门的流水线和操作工。事业部制的独立运作从根本上满足了客户对于自家品牌设计制造的保密要求。同时,各事业部财务独立核算,也有利于集团总部对各个客户事业部的成本和盈利的监督管控及绩效对比考核。

五、多产品共存或产业链跃迁策略

多客户服务是指代工企业同时为多家经营同类产品或相近产品的委托商提供代工服务,而多产品共存或产业链跃迁则是指代工企业进入不同的产品或不同的业务领域。如果代工企业在进入其他产品或产业领域的同时并不放弃原有的产品,我们将其称作"多产品共存"。如果代工企业在进入其他产品或产业领域的同时放弃了原有的产品,我们则将其称作"产业链跃迁"。

从战略分类来讲,后向整合、职能服务化延伸与细分、深度互动策略都可大致归结为集中成长策略,即集中于某一类产品或某一个产业的成长策略。更细分化一点说,这类策略都属于集中成长策略中的纵向成长策略。而多客户服务,即为多家经营同类产品或相近产品的委托商提供代工服务则属于集中成长策略中的横向成长策略。至于多产品共存策略则应属于多元化成长策略。实施多元化成长策略有利于实现范围经济,对于代工企业而言,也有助于关系适宜度的改善。

一般说来,如果代工企业所从事代工的产品或产业具有较好的成长性,那么继续集中力量在这种产品或产业内寻求发展是比较理想的选择。但是,如果原有产品或产业出现了发展速度下降、发展潜力不足的情况,就需要考虑采用多元化发展,即进入其他产品或产业的策略,甚至实施产业链跃迁的策略。当然,除了产品或产业发展潜力不足等因素以外,企业出于经营稳健性的考虑也可能实行多元化经营。如果所进入产品或产业与原有的产品或产业具有一定的相关性,就相当于是采用了同心多元化策略。如果所进入产品或产业与原有的产品或产业不具有或只具有较少的相关性,就相当于是采用了离心多元化策略。

企业实施多元化策略需要具备一定的条件或基础。其中,除了一定的财务资源,例如原有业务能够产生较为充裕的现金流以外,还包括其既有独特能力的充分转移或延展。

独特能力的转移通常是指企业将某些从原有产品或产业获取的知识、经验、技能运用于新进入的产品或产业。例如,在一个经典的多元化经营案例中,独特能力的转移被认为是重要的成功基础:菲利普·莫里斯公司是一家在产品研发、营销和品牌定位方面拥有独特竞争力,且在业内处于领导地位的烟草公司,它收购了一家相对较小的啤酒公司——米勒酿酒公司,共同创造出了米勒牌淡啤酒——世界上第一种淡啤酒,并将其在啤酒业的市场份额从第六位上升到了第二位。烟草和啤酒看似缺乏联系,但是啤酒和烟草都是市场很大的消费品,建立品牌地位、发布广告和产品研发技能对两者都很重要。而正是菲利普·莫里斯公司在这方面独特能力的充分转移,构成了这一多元化经营措施获得成功的重要基础。

独特能力的延展通常是指企业运用某种独特能力创立全新的业务,例如,佳能公司运用其在精密机械、精密光学仪器、电子成像方面的独特能力来生产激光打印机;3M公司巧妙地利用胶合剂等方面的技能创建新的胶带业务、磁带和录像带业务、多层胶片技术业务甚至与显示器相关的业务等。

代工企业当然也有自己的独特能力。除了在所从事产品领域获得相应的技术能力以外,在精益生产、敏捷制造、物料管理、质量与成本控制以及客户响应等方面也往往会积累丰富的经验,这些技术和经验的转移、延展将为代工企业实现多产品共存提供重要的基础。

宝成工业在实施多客户服务的同时,也在多产品共存方面进行了积极的探索。其中,有的比较成功,至今仍在继续坚持,有的遇到了较大的困难,已经做了较大调整。

1999年,宝成工业出于分散产业风险的考虑,通过转投资的方式成立精成科技股份有限公司,并仍以代工模式涉足电子产业,从事印刷电路板与印刷电路板组装的生产制造。在此后的数年中,宝成工业的电子产品装配业务一度得到很快的发展,其产值在宝成工业的产值比重中占据着举足轻重的位置。但是后来出于种种原因,宝成工业基本从这一领域撤出。2010年3月,宝成工业完成了精成科技40%的股权拍卖。

除了涉足电子产业外,宝成工业也涉足流通业。早在1992年,宝成工业就开始从事品牌代理业务,后来逐步发展运动用品零售业务。经过多年来的拓展扩张,宝成目前在大中华区已建立起了一定规模的销售网络。2014年度,宝成工业的制鞋业务与运动用品经销业务分别占合并营收比重的75.1%和24.6%。宝成工业表示,其将不断丰富产品组合,从运动用品领域跨足至休闲及户外商品,持续建立多元化销售渠道,包括多品牌实体店及电子商务平台的拓展,稳步实现营运及获利同步成长的目标。

此外,宝成工业在房地产业、酒店业等方面也有所涉及。

按照宝成工业自己的说法,未来公司将持续聚焦于制鞋与流通两大营运主轴。在制鞋业务方面,不断精进生产技术及研发能力,持续优化生产效能,与各国际品牌紧密配合,以提供最优质的产品及全面性服务;在流通业务方面,将继续提供高水平的客户服务、产品组合、市场推广及宣传活动,并着力打造名称为"胜道(YYsports)"的品牌形象,强化核心竞争力,创造最大价值。

宝成工业的经验说明，代工企业多产品共存之路并不容易，有时可能并不能一下找准方向。但是只要能够坚持探索、勇于实践，终能找到成功的"幸运之门"。

六、优势区位转移策略

代工模式作为一种特殊类型的外包，寻求生产制造环节的最低成本是其最重要的出发点之一。而低成本的获得，除了借助规模经济和学习效应以外，代工企业所在区位的要素成本，尤其是土地成本和劳动力成本是更为关键的因素。一般说来，一定区位的要素价格会随着要素需求的增加而增加。例如，随着某一地区的产业集聚和经济发展，该地区的土地价格和劳动力的工资水平会逐渐提高。而对于某一类产业来说，虽然随着生产技术的不断改进、生产管理水平的不断提高和学习效应的不断发挥，在一定范围内对于这种要素价格的提高具有一定的消化能力，但是，超过了一定的范围，就会出现难以为继的局面。这时候，对于代工企业而言，要么离开原有的产品或产业，进入与原有区位要素供给相适应的产品或产业，即实现前文所说的"产业链跃迁"；要么离开（或部分离开）原有的区位，寻求与现有产品或产业相匹配的新的区位。因此，对于那些原有区位相关条件的有利性明显下降，但出于种种原因仍需继续留在原有产品或产业内的代工企业而言，适时寻求优势区位的转移应当是一门重要的"必修课程"。

考察一些知名代工企业的发展历程，可以看到优势区位适时转移的重要作用。例如，寻求优势区位的适时转移策略在宝成工业数十年代工经历中担当着重要的成功要素角色。制鞋业是一个劳动密集型产业，随着中国台湾地区经济的起飞，其人工成本也越来越高，从而使竞争优势开始减小。由此，20 世纪 80 年代末，宝成工业开始寻求新的投资区位，以降低生产的人工成本。20 世纪 80 年代末，中国的改革开放进入了更加深入的阶段。中国廉价而充沛的劳动力资源、较为低廉的地价，以及各项优惠政策，特别是针对"三资企业"和"三来一补"企业的税收优惠政策的不断出台，无疑对宝成工业形成巨大的吸引力。为了充分利用中国的各项有利条件，宝成工业决定在中国投资,并首选珠海作为第一投资基地。1988 年,蔡氏家族首先在中国香港注册成立了"裕元工业有限公司",然后通过该公司进行转投资,在广东珠海成立了"吉大裕元鞋厂",从而走出了到中国投资生产的第一步。1990 年,宝成工业在中国台湾地区上市。同年,全球最大的运动鞋品牌 Nike 指定宝成为主要生产商。随着订单的不断增加,蔡氏家族开始在中国大规模扩张:1991 年,在广东省中山市的三乡镇建立中山宝元工业区;随着 1992 年裕元工业在中国香港上市,1993 年宝成工业在广东东莞高埗镇建立高埗宝元工业区;同年,宝成工业在东莞市的黄江镇进一步投资开发了裕元工业园。在实施上述大规模扩张的同时,宝成工业也积极寻求在中国以外的投资。例如,1992—1993 年,宝成工业在印尼投资设厂;1995—1996 年,宝成工业在越南进行投资设厂。通过一系列的中国境外扩展,宝成工业逐渐演化为一个庞大的制鞋集团,其生产线广布于中国、越南、印尼和美国等地,成为世界上最大的制鞋代工企业。

富士康作为一家代工企业,虽然由于某些负面事件的发生而一度受到社会的关注或媒体的诟病,但在短短的 20 多年间成长为一家年营业额 600 多亿美元(2011 年),在较长时间内年均营业收入保持超过 50%的复合增长率,2013 年跃居《财富》全球 500 强第 30 名的企业,其巨大的成功肯定无人可以否定。

应该说,富士康在 20 世纪 80 年代末首次落脚深圳本身就是一个优势区位选择的绝佳手笔。而在以后的发展过程中,富士康先后从珠三角地区到长三角地区再到环渤海、从西南到中南再到东北的空间扩展过程,更显示了富士康不断寻求优势区位的商业智慧。近年来,富士康向中国贵州地区的巨额投资可以说更是把优势区位适时转移策略用到了一个新的高度。据相关媒体报道,富士康将来希望在贵州创造 5 万个就业岗位。另据报道,富士康曾于 2014 年 7 月宣布与贵州省签订贵安新区富士康云计算、半导体设备制造、养生乐活产业园协议,并携手北京大学、清华大学,签署贵州大数据、碳纳米研发中心协议,从而进一步全力投资贵州。

此外,广达电脑等 5 家大代工企业在 2010 年以后,也相继在重庆等地建设新工厂。中国台湾代工企业生产了全球约 90%的笔记本电脑,随着中国东部沿海地区的工资成本上涨,寻求劳动力成本更低的优势区位成为企业持续成长的重要战略举措。为此，广达电脑董事长林百里宣布个人电脑的代工业务将尽量集中到重庆，而在上海和江苏的工厂，将加紧转向生产服务器等高附加值产品。

七、错位化自营策略

（一）"自营策略"的概念

所谓"自营策略"是指代工企业直接销售与自己代工产品相同或相近产品的经营策略，亦即人们通常所说的"自主品牌"或"OBM"策略。显然，在自己所代工的产品领域内以自己的品牌直接生产和销售，实际上就将自己置于了与委托商直接竞争的地位。或者换句话说，代工企业的这种自营活动使自己变成了委托商的直接竞争者。当然，这种直接竞争的程度往往是各不相同的。有的直接竞争程度较高，对抗性较强，有的则程度较低，对抗性较弱。而这里所说的"错位化自营策略"主要是指那种直接竞争程度较低，对抗性较弱的"自营策略"。例如，虽然代工企业和委托商经营同样或相近的产品，但是如果彼此在产品规格品种、市场定位、销售地域范围等方面保持一定的差异性，就可能使竞争程度较低，对抗性较弱。

需要说明的是，代工企业与委托商的这种直接的业务竞争和我们在第四章所讨论的"竞争"是两种概念。后者是合作关系"内部"的竞争（即所谓的"竞合"），而前者则是合作关系"之外"的竞争，或者是与合作关系"并列"的竞争。

对于实施自营业务的代工企业来说，如果其在从事自营业务的同时完全放弃了代工业务，则与原有委托商的关系就只是竞争关系；如果其在从事自营业务的同时并不完全放弃代工业务，则与原有委托商的关系就既有合作关系，又有竞争关系。我们在第四章将代工企业划分为纯代工企业和混合业务代工企业。据此，我们可以做这样的进一步划分。混合业务代工企业有两种不同的情况：第一种情况是原来的独立产销商兼做代工业务，如前面提到的苏州固锝，其代工业务与自营业务的比例大约是各占半壁江山；第二种情况就是原来的纯代工企业在不放弃代工业务的同时拓展自己的自营业务,前述成霖股份即可大致归属于这类情况。应该说,第一种混合业务代工企业的情况相对简单,因为其自营业务在与委托商建立代工合作关系的时候就得到了委托商默认。显然,这里以"错位化自营策略"为标题所要讨论的并不是第一种混合业务代工企业,而主要是关于原来的纯代工企业如何成为一家混合业务代工企业的问题。

如前所述,代工委托商与承接商之间的关系说到底是一种产业链的上下游之间通过长期合约的纽带联系起来的网络合作关系。在这种网络合作关系中,合作各方既在资源与能力上相互依赖补充,以创造出大于单个企业创造价值之和的超额价值,又彼此戒备防范,以争夺或保持各自在所创造价值中的某个分享份额。而代工企业的自创品牌行为不仅会打破网络内合作各方的利益均衡(或至少是原有均衡状态的一种"扰动"因素),而且或多或少地形成了一种合作关系外部的市场竞争关系。所以,在代工企业希望继续保持代工关系的情况下,其自营业务或自创品牌的行为是否能够如愿实施,将不仅取决于代工企业自身的动机与能力,还牵扯到委托商对这种行为的反应:"容忍"或"不容忍"。如果委托商选择容忍,则代工企业的自创品牌行为就有可能付诸实施;如果委托商选择不容忍,则代工企业就只能在放弃自创品牌和放弃继续与该委托商保持代工合作之间选择其一。因此,对于希望发展自营业务,同时又希望与原有委托商保持代工合作关系的企业来说,在决定开展自营业务的时候不仅要考虑自身的需要与条件,还要充分考虑代工委托商的容忍程度。

(二)影响委托商对代工企业自创品牌行为容忍程度的主要因素

从委托商的利弊得失角度来考察,影响其对代工企业自创品牌行为容忍程度的主要因素大致包括以下几个方面。

1. 转换代工企业的搜寻与培育成本

委托商对代工企业自创品牌行为不容忍的最终表现通常是终止代工合作关系,并以寻求与其他供应商的代工合作关系作为替代,而这会导致一定的转换成本。首先,寻找新的代工企业会形成一定的搜寻成本。由于代工合作关系往往是一种长期合约关系,委托商对代工承接商的挑选非常严格,这就要求委托商花费一定的人力、物力来审核待选企业的各方面信息,并且需要承担一定的由于信息不对称所造成的风险。同时,新的代工承接商选定以后,还需要进行一定的培育。例如,新的代工商并不一定一开始就能提供与之前代工商同样质量水平的产品及服务;委托商与新的代工商之间也许存在着诸如质量标准要求的不一致等方面的差异;为了能够更好地满足委托商的要求,代工承接商有时可能还需要在委托商的监督或指导下进行某些专用性资产的投资;委托商的有些要求有时无法在事先的合约中得到充分的约定,需要在合约实施过程中通过不断地协商互动来加以补充解决,而这样的协商互动往往需要有彼此之间的充分磨合才能真正有效。显然,解决所有这些问题会产生一定的花费或成本。一般来说,转换代工企业的搜寻与培育成本越高,代工委托商对代工企业自创品牌行为的容忍程度也越高。反之则越低。

2.代工企业的业务量在委托商业务总量中的比重与代工商的潜在替代者数量

按照资源依赖理论的观点,一般的组织都不希望受到其他组织的控制,但是在组织间只有联合起来共享稀缺资源才能更具竞争力的情况下,一些组织有可能压缩"不希望受到其他组织控制"的意愿。而代工委托商与承接商形成代工合作网络则正是参与各方压缩"不希望受到其他组织控制"意愿的产物。尽管如此,网络参与各方仍然会设法将受到其他组织控制的程度压到最低。例如,委托商为了避免受到供应商的挟制,往往不会将所有的外包业务都集中于一个供应商身上,而是会同时委托两家或两家以上的供应商。因此,在服务于某个委托商的代工承接商数量较多的情况下,单一代工承接商所承担的代工业务量在委托商业务总量中的比重就相对较低(亦即所说的业务他依度较低)。与此相对应,代工委托商对代工承接商自创品牌行为的容忍程度也就相对较低。当然,由于委托商的外包业务往往不会平均分配于各个承接商,所以那些业务比重较高(即业务他依度较高)的代工承接商有可能因"地位"较为重要而得到委托商的较高容忍程度。同时,代工委托商如果因拒绝容忍代工承接商的自创品牌行为而失去该代工服务,且必须通过寻求新的代工承接商来接替这一代工服务,则代工承接商的潜在替代者数量就成为影响代工委托商对代工承接商自创品牌行为容忍度的一个因素。

3.代工企业所提供服务的"物超所值"程度

在经济学中,产品或服务的客户价值超过其价格的部分被称作"消费者剩余",购买者获得的这种"剩余"越多,表明该项产品或服务的"物超所值"程度越高。在代工委托商与承接商的合作过程中,如果代工承接商所提供的代工服务在产品质量、交货准时等方面表现良好,在代工服务过程中对委托商的产品改进意图能够准确理解领会,对产品设计、工艺改良等方面的变化能够做出灵活反应,为顺利解决生产销售中出现的各种问题能够与委托商进行良好的协商互动,则这种服务对委托商就意味着具有较大的价值。在代工服务价格一定的情况下,代工承接商所提供的代工服务的价值大于价格的部分越大,代工委托商获取的"剩余"就越多,这项代工服务的"物超所值"程度也就越高。一般说来,代工企业所提供代工服务的"物超所值"程度越高,代工委托商就越不希望轻易失去这样的合作伙伴。与此相对应,代工委托商对这类代工承接商自创品牌行为的容忍程度也就相对较高。反之则较低。

4.代工企业在代工网络中获取的合作收益

之前我们说过,代工企业在代工合作中获取的超额收益可归结为两个方面:一是财务性超额收益,二是非财务性超额收益。代工企业的财务性超额收益主要是指其在代工合作中获得的较之其采取独立产销模式所能获取的更高的盈利;代工企业的非财务性超额收益主要是指通过参与代工合作而享有的溢出效应、声誉提升等。一般说来,代工委托商能够给予承接商的各种合作收益越大(亦即之前所说的代工企业的超额收益度越高),则委托商往往可以料定代工企业不愿意失去这种合作关系的倾向性越强,其越可能充分利用这种倾向性对代工企业的自创品牌行为给予较低程度的容忍。反之,则可能给予较高程度的容忍。

5.委托商业务量在代工企业的业务总量中的比重与委托商的潜在替代者数量

与代工承接商的业务量在委托商业务总量中的比重(即业务他依度)有可能影响委托商对承接商自创品牌行为的容忍程度相对应,代工委托商业务量在承接商业务总量中的比重(即业务依他度)也会影响到代工委托商对代工承接商自创品牌行为的容忍程度。一般而言,某个委托商所委托的业务量在某个承接商业务总量中的比重越高(即代工企业的业务依他度越高),该委托商就越有可能利用这一条件来增强自己的控制或谈判地位,对代工企业自创品牌的行为越有可能给予较低的容忍程度。与代工承接商的潜在替代者数量可能成为影响代工委托商对承接商自创品牌行为的容忍度相对应,代工委托商的潜在替代者数量也可能影响代工委托商对代工承接商自创品牌行为的容忍度。一般而言,如果代工承接商在中断了与原有委托商的代工合作以后越不容易找到相应的替代者,就表明该委托商所创造的代工机会越稀缺。在这种情况下,代工委托商对代工承接商自创品牌行为的容忍程度就可能相对较低。反之,其容忍程度就可能较高。

6.代工企业拟经营品牌业务对委托商业务的竞争程度

如前所述,代工企业的自创品牌行为不仅有可能导致对委托商依赖程度的降低,其所创品牌业务还可能对委托商的业务形成一定程度的直接竞争。当然,只要这种竞争的程度不超过某一个"阈值",原有的合作网络就仍可能保持。因此,代工企业在由纯代工业务类型向混合业务类型转换时,需要对拟经营品牌业务对委托商业务的竞争程度做出恰当的估量,并将其与以上5个方面的因素加以通盘考虑,从中找到一个均衡点。

纵观代工企业的发展,不乏顺利以代工为基础,逐步实现代工业务与自营业务共存,甚至主要经营自主品牌业务的例证。例如,韩国的三星微波炉1980年获得第一笔中国境外的OEM订单,1987年便开始承担通用电气全部微波炉的设计与生产,1991年开始在韩国以外使用自己的品牌,并逐渐成为世界上名列前茅的品牌。广东的格兰仕集团从1992年转入微波炉行业,经过分别与美、法、日、韩等国厂商的大规模OEM合作和在国内市场上积极打造自主品牌的发展阶段之后,不仅逐渐成长为我国最大的微波炉厂商,还成为国际上微波炉行业的知名品牌。在产品出口总量中,自主品牌与OEM的比重由1997年前后的1∶9上升到2004年的4∶6。

宏碁集团(以下简称"宏碁")作为一家在个人电脑方面既做代工,也做自主品牌业务的企业,虽然过程比较复杂,但也实现了代工业务与自主品牌业务双管齐下的经营格局。尤其是宏碁为了有效提升委托商对其自主品牌业务的"容忍度"所采取的集团内业务分拆措施更是对相关企业具有较大的借鉴意义。

宏碁由施振荣和其他五位合作伙伴创立于 1976 年,创始人施振荣被称为中国台湾"电脑教父",是中国台湾电脑科技产业的领头羊。宏碁创立初期通过推广和普及微处理机的应用知识来积极培育市场,从贸易和顾问业务切入市场,主要从事微处理器、工业设计和贸易代理等三项业务。1983年,宏碁发布了皇冠型的 Multitech 商标,踏入了积极塑造自主品牌形象和积极外销的阶段。1987 年宏碁的品牌名称正式由 Multitech 换成 Acer,确立了自创品牌的经营方向,并积极进行企业的国际化与多元化经营。其后,宏碁集团不断扩大,相关事业单位陆续成立,进入了半导体制造、IC 设计、通信与网络等多元化的领域。随着中国境外销售与制造据点纷纷设立,宏碁大步迈向了国际化,并提升了国际知名度。至 2008 年,宏碁已是全球第三大个人电脑品牌,也是全球第二大笔记本电脑品牌的拥有者,其产品销往 100多个国家和地区。

然而,尽管宏碁一直坚持发展自主品牌,也获得了相当大的发展,但早期的宏碁毕竟比较弱小,而自主品牌需要一个较长的培育期(据相关资料称,在宏碁做自主品牌的前十年内,自主品牌业务一直是亏损的,宏碁的利润基本是由代工业务贡献的)。因此,成长中的宏碁无法一开始就只做自主品牌。出于获得一定的稳定收入以维持继续生存的考虑,施振荣在坚持自创品牌的同时,没有放弃代工业务。1980 年,宏碁接受诚洲电子的委托,为该公司设计终端机,从而诚洲电子打响了信息产品大量外销的名声。

为诚洲电子设计终端机可以说是宏碁的第一笔大量的代工(ODM)业务。在此后的 1981 年,施振荣发现电脑代工市场利润相当可观,于是在新竹科学工业园区设立第一个厂房,正式跨足代工制造领域。从此宏碁的代工业务——OEM 发展迅速,很多国际著名的 PC 厂商都给宏碁下代工订单。在相当长的时间内,宏碁一直都居中国台湾 OEM 厂商之首,OEM 业务逐渐成了宏碁最重要的利润来源。

不过,代工业务和自主品牌业务之间这种相得益彰的局面很快就迎来了来自客户方面的压力。从代工承接商角度来看,代工业务和品牌业务之间存在着一定的互补性:代工业务流程较短且相对简单,市场周期也较短,优势在于速度快和成本低;自主品牌业务的管理相对复杂,流程较长,对市场的反应比较迟缓。在没有代工订单的时候,可以将空闲的资源应用于自主品牌的生产和销售;在自主品牌的经营出现某些困难时候又可以多接些订单。但从代工客户角度来看,代工企业发展自主品牌在一定程度上使其成了代工委托商的潜在竞争对手。当宏碁不构成威胁的时候,代工委托商可以容忍宏碁的代工和自主品牌同时发展。但当市场环境和相对地位发生变化时,代工客户的策略会发生相应的转变。1991年电脑行业不景气,PC市场的老大康柏电脑发动了一次大规模的价格战——将全线产品平均降价30%,整个PC产业的利润空间马上就被拉了下来。这时候,如果代工委托商继续向宏碁这样的代工厂商采购就等于是帮其降低成本,从而间接帮助代工企业的自主品牌以低成本和自己的品牌竞争。显然,IBM等大公司觉察到了这种竞争的压力,不愿再"拿自己的钱去养大自己的对手",于是撤销了原来由宏碁代工的业务。2000年,宏碁的6个大客户仅剩下2个,宏碁整个PC的制造量也由1999年的950万台下滑至2000年的500万台。

基于这样的局面,施振荣发现势不可为,因而不得不将宏碁的自主品牌业务和代工业务进行分拆:(1)代工业务由被重新命名为纬创(Wistron)公司的业务单元来承担。虽然宏碁公司仍然控制着这家公司,但是通过上市把所持有的股份减少到30%以下。在这种情况下,纬创作为一个独立实体,将使客户所担心的利益冲突问题大为缓解。(2)分离出明基。1992年后,宏碁决定慢慢减少在明基中的持股,最终让明基独立上市,明基逐渐成为独立运作的一家公司。2001年12月5日,明基宣布成立明基电通,并另创品牌"BenQ"行销其产品,不再使用Acer品牌。(3)由原来宏碁电脑和宏碁科技合并而成的宏碁则围绕IT服务专心于自主品牌的打造。

2001年12月18日,施振荣在一次重要会议上提出把整个宏碁内三大集团及其他成员统称为"泛宏碁集团",其成员包括:宏碁集团(Acer)、纬创集团(Wistron)、明基集团(BenQ)等,这就是所谓的ABW,A代表Acer,B代表BenQ,W代表纬创。Acer只有品牌,纬创专门从事制造,BenQ有品牌、有制造(其架构如图6-1所示)。

通过这种组织构架的重新安排,代工业务与品牌业务的企业内共存实现了某种新的均衡稳定格局。

```
                    ┌─────────────┐
                    │  泛宏碁集团  │
                    └──────┬──────┘
         ┌─────────────┬───┴───────┬─────────────┐
  ┌──────┴──────┐┌─────┴──────┐┌───┴────────┐┌────┴──────┐
  │   宏碁集团  ││  明基集团  ││  纬创集团  ││  其他成员 │
  │    Acer     ││    BenQ    ││  Wistron   ││           │
  └─────────────┘└────────────┘└────────────┘└───────────┘
```

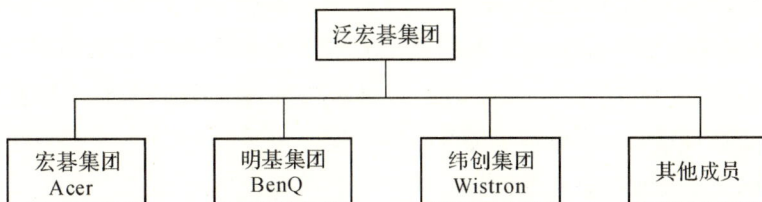

图 6-1　泛宏碁集团的基本构架

八、稳定无变与坚守共进策略

　　以上我们分别讨论了代工企业的价值链后向整合策略、职能服务化延伸与细分策略、深度互动策略、多客户服务策略、多产品共存或产业链跃迁策略、优势区位转移策略和错位化自营策略。不难看出,这些策略无论是属于继续沿着做代工的路径发展的策略,还是属于沿着做自主品牌的路径发展的策略,或者是既做代工、又做品牌的策略,其共同特点,都是在讨论代工企业在原来的基础上如何实现"变"。应该说,积极争取这种"变",无疑是一种更为理想的目标。但是,也不能不看到,无论是代工企业还是独立产销企业,都有可能处在某一种"无需求变"或"难以求变"的状态。因此,除了讨论代工企业的"变"以外,也需要给代工企业的"不变"留下一点位置。

　　在战略管理理论中,有一种战略叫作"无变战略",它是被称作"稳定战略"这一"大战略"下面的一个具体战略。虽然这种战略很少被作为一种明确的战略提出来,但现实中确有一些企业在实施着这种战略。当然,"无变战略"主要考虑的是上面所说的"无需求变"的情况,其基本含义是指企业选择继续维持既有的经营策略,以实现某种可预见的未来收益与生存状态。例如,有些企业占据着一个相对稳定的市场空隙,也能够获取相对合理的盈利,因而处于地位适当、处境舒适的状态。在这种情况下,企业的决策者往往会选择"无变战略"。

　　然而这里需要将"无变战略"的含义作一定程度的引申,即引申到对"难以求变"的涵盖。因为在一定时期内"难以求变"的情况下,选择"不变"或"无变"也是一种具有一定合理性的明智之举。例如,有些代工企业所在产业虽然已经越过了快速成长期,但在短时期内还不至于出现产业迅速萎缩、衰退甚至被其他产品替代的局面;代工利润水平虽低,但并非低到难以维持的境地,在生产规模较大、产品的生产周期较短、流动资产周转率较高的情况下,企业每年的现金收益仍能维持在一定的水平;尽管产业内的竞争仍然存在,但是留下来的企业都是经过较长时间市场较量的"精英",所以无论是在位的委托商之间,还是在位的代工企业之间,都形成了某种相对稳定的"共存"态势;通过较长时间的代工合作,这类代工企业的代工质量已经得到委托商的充分认可,彼此之间在经营状况等方面的相互理解已经比较充分,委托商与代工企业之间的"利益博弈"也达到了某种均衡状态;这类代工企业虽然也做过种种"升级"或多元化发展的努力,但是尚未见到能够使企业经营的倚重点做出具有战略意义调整的成效,因此还必须继续探寻和摸索;经过较长时间的代工合作,其固定资产的投资也已经有了较大程度的回收。在这种情况下,这类企业的主营业务就可以考虑实施"稳定无变战略"。具体地说,就是在一段时间内继续保持原有的代工合作格局,与委托商共同分享产业(或产品)生命周期中的"可延续"阶段。

实际上,面对所在产业(或产品)的增长势头放缓趋势,不仅代工企业在考虑寻求新的可进入产业,委托商也在做同样的考虑。如果委托商选中的新的战略产业仍然具有大规模制造的需求,甚至仍有大规模委托制造的可能性,那么对于那些暂未找到新的成长空间,且在短时期内也不具备做大规模、战略性产业转换条件的代工企业来说,密切关注委托商的新产业探寻开发动向,以便在其新产业探寻开发情况比较明朗的时候及时跟进,可能也是一种虽非最优,但在没有更好办法情况下的"退而求其次"策略。在这里,我们将这种策略称作"坚守共进策略"。

第七章 代工企业持续成长的能力基础

　　企业能力是指企业在生产、技术、销售、管理和资金等方面力量的总和，或在经营管理活动中满足企业生存、成长和发展的系统方法和综合过程的表现水平。从企业经营的宏观方面来说，它包括企业发展战略规划能力、品牌运作及企业定位能力、资源获取能力、资源整合能力、价值链管理能力、关键核心竞争优势的建立和保持能力等；从企业内部管理的微观角度来看，它包括企业组织运作能力、指挥控制能力、战略分解与执行能力、综合管理能力等；从企业职能分配来看，它包括企业产品开发与设计能力、市场与客户服务能力、产品与服务提供能力、生产与品质保障能力、供应与物流管理能力、人力资源开发与利用能力、成本管控能力、品牌策划与运作能力、后勤保障支撑能力等。

　　代工企业作为一种市场经济组织，其持续成长当然离不开以上所述的相关能力。但是，代工企业作为一种不同于一般独立产销主体的市场经济组织，在拥有上述的企业成长一般能力基础上，还应该具备某些用来应对其特定存在环境和商业模式的能力。结合相关理论和部分"资深"代工企业的案例分析，本书认为代工企业应特别注意培育和强化自己的代工机会识别能力、客户价值创造能力、合作权益维护能力、网络关系调适能力和路径依赖超越能力。

一、代工机会识别能力

代工企业的"代工生涯"起始于决定承接代工业务的时刻,因此虽然不能说代工机会的识别能力是代工企业最重要的能力,但却是一项"首先要用到的"能力。代工机会的识别能力可进一步分为关于是否接受代工模式的判断能力和服务于什么样委托商的评估能力。

(一)关于代工模式的判断能力

就多数代工企业而言,在成为代工企业之前一般都以独立产销企业的形式存在。应该说,从独立产销企业到代工企业,尤其是对那些完全或基本放弃自营业务,从而转为纯代工业务的企业来讲是一次重大的战略转折。从这个意义上来讲,关于接受代工模式的判断能力实际上也就是相关企业决策者战略转折机会的发现与把握能力。

1.选择代工模式需要决策者具有"退一步进两步"的战略眼光

在相关战略理论中,一家企业从独立产销模式通过取得长期合约而转为对另一家企业的独家"购买"具有较大依赖程度的(或主要)供应商的战略被称作"俘虏公司战略",这种战略被认为是一种"用独立换取安全"的战略。一方面,企业一旦成为这样的供应商,其相关的技术、工艺、质量控制、运行模式乃至某些账目都必须受到委托商的监督。另一方面,成为这样的供应商能够缩小职能活动的范围(譬如大大缩减营销活动),从而显著降低运营成本,同时获得持续稳定的订单和可以预期的利润。由独立产销企业转为代工企业的过程在很大程度上来讲也正是实施这种"俘虏公司战略"的过程。

从企业成长的角度来看,这种以独立性缺损或让步为代价的战略显然是一种收缩性战略。但是,也必须看到,这种"退一步"战略如果处理得好,是有希望取得"进两步"功效的。其主要原因在于以下内容。

(1)代工模式具有社会生产组织形式的内在合理性。代工模式,尤其是国际代工的形成发展自有其一定的社会生产组织形式方面的内在合理性。

代工模式得到普遍发展的微观基础主要是企业战略的"归核化"。借助于外包,企业的这种"归核化"找到了一种重要的实现途径。外包或战略外包实际上是纵向一体化的"逆运算",是企业实现"归核化",企业间形成价值链伙伴关系的纽带、桥梁和支撑点。而委托代工是业务外包的一种特殊形式,即外包程度极高的一种形式。通过这种外包,代工委托商得以从整个生产制造职能中解脱出来,以便最大限度地发挥其在市场潜在需求发现和产品定义等职能方面的优势。从产业链对接的角度来看,代工模式是实现产业链对接"网络化"的重要形式,而产业链环节的"网络化"对接是"市场化"对接和"企业化"对接所无法替代的,其既有助于克服单纯市场行为的"短视性",又可避免企业科层组织刚性化。从国际分工的角度来看,代工业务的跨国委托使国际分工更趋深化,即从产业间分工,产业内的产品规格或型号分工,产品内的零部件、工艺流程分工进入到了产品价值链的生产制造与非生产制造的"职能"之间的分工,从而使不同国家之间的比较优势得到更加充分的发挥。所有这些都可以说明,代工模式的普遍采用和快速发展是一种生产制造组织方式的进步。

(2)资源互补性是代工模式存在的重要基础。从代工模式参与者的角度来看,代工模式存在的重要基础之一就是委托商与代工承接商之间的资源互补性,包括能力互补性和投入要素互补性。通过这种互补资源的整合,参与者可创造$1+1>2$的超额价值。通过分享这种超额价值,参与者将可获得一定的超额收益。对于代工企业来说,这种超额收益往往既有财务方面的,也有非财务方面的。

因此,对于那些寻求经营状况改善或探寻新的发展出路的企业来讲,这种"退一步进两步"策略也许是一个不错的选择,而要抓住这样的机会,这些企业的决策者需要具备将自己的经营现状、代工模式的有利性与不利性、参与代工,尤其是国际代工希望达到的目标和可能的前景等因素做多方面估量权衡和决定取舍的审时度势能力。

2.决策者敏锐的洞察力被证明是代工企业获取成功的重要基础

从一些已获得较大成长性的代工企业的发展历程来看,其决策者无不对本企业借助代工服务实现迅速成长的可能性具有敏锐的洞察力和捕捉能力。

宝成在从事代工业务之前是一家独立产销商。据相关资料介绍,早在20世纪50年代,宝成集团总裁蔡其瑞的父亲就已利用中国台湾地区农村丰富的人力资源发展手工编织业——编织帽子与凉鞋鞋面。1969年,蔡其瑞创立了宝成工业有限公司。公司早期以生产外销塑胶鞋为主,之后产品项目不断增加,包括塑胶凉鞋、鞋材、运动鞋等,并很快有了"拖鞋大王"的称号。20世纪70年代,全球运动鞋和休闲鞋市场逐渐形成了一个由若干大品牌商支撑的市场结构,而且这些大品牌商逐渐采取了将自己的生产外包给具有成本优势的代工企业生产,而自己专注于新鞋种和鞋型的开发以及市场营销的经营模式。蔡其瑞敏锐地嗅到了其中的巨大商机,于是开始争取名牌运动鞋的代工生产。最初,宝成主要为美国的 Sears Roebuck 和日本的 Mitsubishi 做代工。1979年,宝成拿到了世界著名运动鞋品牌 Adidas 的第一个订单,与 Adidas 开始了长达三十多年的亲密合作。今天,宝成工业已经是一家鞋类产量超过3亿双,产量占全球总产量约1/5的巨型代工企业。

富士康作为中国鸿海集团的子公司,虽然在最初决定到中国投资设立时就是直奔从事大规模代工业务的目标而来,但就其母公司的前身而言,也曾有过一段作为独立产销模式企业的历史:1974年鸿海以30万台币、十来个员工草创时,生产的产品是黑白电视机旋钮。由于旋钮与后来生产的连接器一样,模具的质量好坏直接影响产品品质的好坏,所以从1977年开始,郭台铭决定到日本买进模具设备,建造自己的模具厂。1980年,鸿海模具厂开始投入生产,后来鸿海陆续建立电镀部门与冲压厂,迅速拉开与同业的距离。进入20世纪80年代,PC工业起飞,黑白电视行业衰退。拥有模具技术的鸿海驾轻就熟,很快切进个人电脑连接器领域,从此建立起连接器霸主地位。然而,就在鸿海的自营业务正取得可观进展的当口,决策者对从事国际代工巨大商机的敏捷嗅觉和深刻洞察仍然让其做出了大规模进入的举措。1988年,作为鸿海转投资公司,富士康在中国的第一个生产基地——深圳海洋精密电脑接插件厂开幕,当然仅来自中国台湾的地区员工就达到1000人,年营业额也很快突破2.5亿元人民币。在之后的较长时间内,富士康保持了极高的增长速度,年均营业收入复合增长率超过50%。2004年,富士康首度成为全球第一大3C代工厂,并首度入榜英国《金融时报》世界500大(居第478位);2005年,富士康成为全球第一大手机代工厂,并首度跻身《财富》全球 500 强,居第 371 位;2010 年,富士康位居《财富》全球 500 强第 112 位;2013 年,富士康跃居《财富》全球 500 强第 30 位;在 2014 年和 2015 年,位次虽然有所下降,但仍然高居第 32 位和第 31 位。

3.决策者对代工模式的局限性须保持清醒的认识

当然,在强调决策者对代工模式内在合理性和成长可能性应有足够商业敏感性的同时,也必须强调决策者对代工模式的局限性保持清醒认识的重要性。那种只想获得代工模式的"利",而不想同时承担代工模式的"弊",或对这种"弊"心理准备不足的决策者显然算不上一个理性的决策者。实际上,世界上并没有绝对"好"的商业模式,也没有绝对"差"的商业模式,关键在于是否适合自己,在于能否充分利用和发挥其所"长"的同时,做好如何应对其"短"的相关准备。

苏州固锝相关管理人员将参与国际代工看作企业借助其不断提升价值、创造能级、实现高水准国际化经营的"斜坡"。结合苏州固锝的发展情况,可以对这个形象化比喻做出以下解读:一方面,按照物理学原理,与垂直上升路径相比,借助"斜坡"上升是一种相对省力的办法。例如,借助于为国际知名企业代工这个"斜坡",代工企业可以学到先进的管理理念和方法,学习如何在产品或服务的技术、标准、设计、生产流程等方面与国际接轨,使自己所拥有的长处与优势得以充分的发挥;又如,借助于为国际知名企业代工往往使代工企业因在产品品质、客户响应等方面得到国际知名企业的认可而得到相关美誉度或市场形象的提升,亦即获得"背书效应"。从苏州固锝在相关宣传中重视其服务于国际知名企业的情况中可以看出,公司非常注重对这种"背书效应"的利用。另一方面,"斜坡"毕竟不是"自动电梯",省力不等于可以不花力气,并且省"力"也并不省"功",企业只有把"功"做足,才能沿着"斜坡"不断攀升。从这个意义上讲,苏州固锝将参与国际代工比作"斜坡",表明其深知代工企业只有持之以恒地通过自身的努力,在以创新为基础的效率、品质与客户响应等方面不断学习和改进,才能达到向新高度攀升的目的。如果自身努力不够,虽有"斜坡",仍然可能从坡上滑下。

(二)代工委托商的选择评估能力

对于代工企业来讲,选择代工委托商的过程也就是选择战略合作伙伴

153

的过程,这一选择的正确与否对其能否实现持续成长意义重大。因此,对服务于什么样的代工委托商的筛选评估能力应该成为代工企业能力基础的重要构成部分。

一般说来,合作伙伴往往多种多样,选择合作伙伴的方法自然也应当各不相同。但是,我们仍然可以从理论上对合作伙伴的选择给出以下几个方面的原则性标准。

1. 运行和管理风格上的相容性

一般说来,企业与未来合作伙伴在运行和管理风格上的相容性、价值取向及处理商业活动的相似性都是可以使这种合作变得较为容易的重要因素。约翰·B.库仑认为,企业在与潜在的合作伙伴组建战略联盟时应该特别关注的一个问题就是:它是否具有良好的战略适应性,能否提高本企业在完成企业目标上的成绩。Lorange 和 Roos 提出了伙伴选择的"3C"原则,即兼容性(compatibility)、能力(capability)和承诺(commitment)。

2. 资源的互补性

是否拥有优势核心技能是伙伴选择时需要考虑的重要因素之一。一个合适的联盟伙伴的基本条件是能够带来本企业所渴望的技术、技能、知识和进入新市场的机会等。T. K. Das 和 Bing-Sheng Teng 认为,战略联盟中的资源分析包括两个部分:资源特性和伙伴间的资源组合。资源特性是指联盟中累积性资源的特性,资源组合是指联盟伙伴之间资源匹配的类型。资源基础理论认为:各个企业的资源具有极大的差异性,而且不能完全自由流动。企业所拥有资源的异质性不仅是竞争优势的来源,同时也是获得租金或者高于正常水平收益的来源。异质资源之所以成为企业可持续竞争优势的重要来源,是因为对企业有价值的异质性的资源是稀缺的、不可模仿的和难以替代的。因此,交易和积累资源成为战略需求。当有效的市场资源交换成为可能时,企业更希望保持独立和依赖市场。但是,市场并不完善,一些障碍限制了市场交易,而且还有一些特定的资源不能完全交易,因为它们要么和其他资源结合在一起,要么潜入在组织中。因此,当企业无法通过市场和内部化获得必需的资源时,就必须与其他企业集聚、分享或交换这些资源,也就是组建战略联盟。因此,代工企业在进行委托商选择时必须分析其所拥有的资源状况,以寻求那些异质性的资源,且所选择伙伴的资源能够和本企业的资源形成良好的匹配关系。

3.战略意向上的一致性

企业选择合作伙伴时,还要看双方在所追求战略意向上的一致性及对结盟的积极性。例如,美国软件巨头微软公司和日本电信巨头日本电气公司2001年10月联合宣布,它们将为日本企业共同开发诸如服务器之类的电脑产品。根据协议,两家公司将共享技术,把微软的软件产品与日本电气公司的硬件结合起来,并对企业开发出的计算机系统进行维修和管理,两家公司还将在互联网和其他服务方面进行合作。微软总裁比尔·盖茨在东京提到过,对高端服务器的需求将是一个迅速扩大的市场,他对日本电气公司采取积极态度开拓高端服务器市场表示称赞。

代工企业在选择代工委托商的时候,对于后者在处理合作网络关系方面的导向应给予特别的注意。所谓处理合作网络关系方面的导向是指网络成员在处理网络合作长远发展、成员整体利益与自身利益关系中的总体原则与倾向。一般而言,代工委托商越看重网络合作关系的长期保持与发展,越倾向于对(总)超额收益按照网络成员所创造价值在合作网络所创造总价值中所占的比重进行合理公允分配,就表明越值得与之建立长期合作关系。如果委托商忽视网络合作关系的长期保持与发展,而较重视其自身的短期利益算计,就应当尽量避而远之。

除以上各点以外,对合作伙伴的选择还应考虑其他一些相关因素,主要包括:核心能力,如企业市场价值、技术创新性、不易模仿性、销售能力、企业形象等;综合成本,如产品成本、谈判成本、协调成本等;敏捷性,如设备基础设施、地域性限制、信息反馈能力、管理水平等;风险性,如财务状况、企业声誉、企业文化、企业态度等。在实际工作中,特别需要考察候选合作伙伴的信用等级,从而将一些潜在的危险伙伴排除在外。

考察一些显著成长的代工企业的经验,可以看出决策者在选择客户方面无不各有独到之处。例如,在中国鸿海集团能够从小到大不断发展的诸多因素中,选客户无疑是其中一个最为关键的因素。这一点可以从郭台铭不惜以自称"四流人才、三流管理、二流设备"来突出鸿海的"一流客户"看出。据有关资料介绍,郭台铭在 30 岁时发誓只与世界一流大厂做生意,紧跟一流高手才能迅猛发展。也许正是由于这样的理念,才能使 IBM、康柏、英特尔、索尼、惠普、戴尔、思科、诺基亚、摩托罗拉、苹果等著名的 IT 业公司成为鸿海的客户。

二、客户价值创造能力

上下游企业之间通过长期合约建立外包与承接关系,并在此基础上形成战略性价值链联盟是当今不同市场主体之间专业分工深化的必然结果,是现代生产体系中不同行为主体进一步发挥自身比较优势、寻求更高运营效率的内在要求。在此分工体系中,专业代工企业通过其所提供的特定服务为其委托商创造相应的价值,并获取相应的回报,从而形成了共赢共存的格局。委托商与代工承接商组成价值链合作网络的目的在于提供比由它们各自为市场提供产品与服务的价值之和更大的价值。而这种"更大价值"的基础之一就是代工企业为客户提供优质的代工服务,从而创造卓越的客户价值。因此,创造卓越的价值是代工企业与委托商之间长期合作关系得以保持的根本性前提。而代工企业作为代工服务提供商,通过提供优质的代工服务,从而创造卓越客户价值的能力则应属其最基本的能力。

考察一些已获较大成长性的代工企业的发展经验,可以看出这些企业对于认真打造高效率加工制造和卓越的客户响应能力都非常重视。这些企业不仅在通过经验曲线效应的运用不断降低产品的制造成本等方面下足了功夫,而且通过实施精益生产(lean production)、敏捷制造(agile manufacturing)等,自己能够以更快的响应速度来满足委托商在产品质量、品种、交货速度、存货数量等方面的严格要求。这奠定了自己生存发展的重要基础。为了夯实这一基础,这些代工企业在技术改进、流程改造等方面付出了长期的努力。

首先,以宝成工业为例,在几十年的代工生涯中,由于宝成工业在运用信息科技实现流程实时监控、质量控制和流程改造等方面表现卓越,并为客户创造出令其满意而不可或缺的价值,从而使其在代工合作体系中保持了某种不可或缺的地位。可以想见,如果宝成工业不能通过在产品品质和客户响应等方面的卓越表现使 Nike、Adidas 等委托商满意并认同其不可或缺的价值，Nike、Adidas 等委托商就可能难免"移情别恋"，将其长期订单转向其他更有竞争力的供应商。从这个意义上来讲，代工商业模式与单纯市场交易型商业模式并无本质的不同——前者通过产品品质和客户响应等方面的卓越表现获取委托商的长期合约或订单，后者通过产品品质和客户响应等方面的卓越表现获取相应的市场份额或顾客忠诚。

再以苏州固锝为例，卓越的产品质量或可靠性是苏州固锝长期以来不断追求的目标。为了追求这一目标，苏州固锝除了引进具有世界先进水平的生产线和相关设备，从硬件上保证产品质量以外，还通过遵循 TS16949/QS9000/ISO9001 的标准建立质量控制体系、编制从质量手册到各类作业指导书等一整套质量体系文件等措施，从软件上构筑有效的质量保障。为此，早在 1995 年，公司就获得了 ISO9002 质量管理体系认证，是国内第一家通过 BVQI 认证审核的二极管生产企业。此后，公司又先后通过了环境管理体系 ISO14001 认证、ISO9001（2000 版）及 QS9000 美国汽车质量管理体系认证、OHSAS18001 安全健康体系认证和 SONY 绿色伙伴证书等多项国内和国际认证。由于过硬的质量保证措施，苏州固锝的产品不良率保持在 2ppm（百万分之二）以下，部分产品已做到了 0.1ppm（千万分之一）以下。在确保客户响应方面，苏州固锝始终坚持一贯的经营方针——日本的品质、美国的速度、中国的价格、六星级的服务。公司倡导以客户为导向的经营策略，致力于将公司建设成门类齐全、品种多样的"二极管超市"，为客户提供"One Stop Shopping（一站式）"的服务；通过加强内部技术开发和外部交流合作，苏州固锝提高了产品设计服务能力；通过运用先进的管理信息系统，提高了服务反应速度和信息分析整理能力和为客户提供即时专用信息的能力。苏州固锝从订单接收、生产安排，再到履行交货，都由电脑控制，使产品品质及准时交货得到了有效的保证，并承诺在 4 周内可履行交货。不难看出，追求卓越的产品质量或可靠性、保持快速的客户响应可以被看作是苏州固锝保持和提升代工绩效的重要基础性或背景性因素。

最后来看中国广达。中国广达在长期的代工服务中形成了自己快速的客户响应能力。以广达为客户 Apple 提供代工服务为例：若美国消费者于北京时间 4 月 2 日（美国为 4 月 1 日）在 Apple 的网站上下单订购某款笔记本电脑，广达通过与 Apple 共同建立的 EDI 系统，能够在 5 分钟内取得此订单的详细配置要求,并马上将生产计划排入生产线,在第二个工作日的 11 点以前,产成品下线,随即空运往美国,于第四个工作日抵达美国,再经由当地经销商卡车配送,该消费者将在第五个工作日(北京时间 4 月 7 日,美国时间 4 月 6 日)收到其订购的笔记本电脑。在广达,不管是 1 台还是 1000 台的订单,只要原材料不缺货,公司基本都能如期交货,5 个工作日内交货达成率可达 98%,这种客户响应方式被简称为"985 方式"。正是这种速度和高效,Apple 才会持续将新产品订单下给广达。同样,也正是这种速度和高效,才使广达赢得了诸多委托商的青睐。

三、合作权益维护能力

代工企业与委托商构建合作网络的目的在于创造和分享超额价值。但是代工企业能否合理分享这种超额价值,则牵扯到网络合作收益的分配机制和代工企业对合作权益的维护能力问题。一般说来,网络成员的超额收益水平既与合作网络的超额收益总额大小有关,也与其分享程度有关。从公平的角度来看,网络成员的超额收益分享程度应当与其所创造价值在合作网络所创造总价值中所占的比重相适应。但是,如何能够做到这一点既是一个理论问题,也是一个实践问题。

1. 网络(或联盟)合作利益分配问题的理论与方法借鉴

代工企业的合作权益维护问题说到底其实就是一个网络(或联盟)合作利益的合理分配问题。关于网络(或联盟)的合作利益分配,理论界已进行了一定的研究。例如,Minehart 等设计了猎枪规则(shotgun rule)和价格竞争(price competition)来确定联盟终止时分配剩余财产的机制,以期降低联盟成员由道德风险和信息不对称所导致的机会主义行为等。关于网络(或联盟)的合作利益分配,学者已提出一些方法,如夏普利值法(Shapley 法)、Nash 谈判模型、群体重心模型、简化的 MCRS(minimum cost remaining savings)等。其中,运用夏普利值法(Shapley 法)处理联盟成员间的利益分配时要求满足如下条件:(1)对称性或等价处理。若对策中的两个局中人相互替代(当联盟总财富不发生改变时,由一个人替代另一个人),那么它们的值相等。这一条件意味着局中人的平等关系。(2)最优性或有效性。所有局中人的赢得（或价值）之和等于 $V_{(N)}$，$V_{(N)}$ 是所有局中人总联盟的财富。(3)可分可加性。两个对策之和的值等于两个对策值之和。理论上可以证明，这些条件唯一确定了每一博弈的一个赢得（支付）向量，即合作博弈联盟中的一种分配形式。Shapley 法给企业提供了多种合作方式的选择，每个企业可以根据自己的意愿和利益回报状况自由地选择合作伙伴。这种方法是根据局中人对联盟所做的边际贡献的大小来分配支付的，体现了某种程度上的公平性和合理性。Shapley 法不仅衡量各局中人的平均贡献，而且按此法处理的分配具有联盟稳定性。

在实践中，人们还总结出一些其他可行的分配方式。例如，在合作模式和目标确定后由企业一次性支付（或一次性确定定额分期支付）的方法，这种方法也称为总额支付方法；按比例与产值、销售额或利润额挂钩逐步提成（也称提成支付）的方法；按股分红的方法；期权方式等。这几种分配方式各有长短：一次性定额方法执行起来方便迅速，但风险较大。由于定价和利益分配是在成果商品化之前，所以定价缺乏依据，难以合情合理。后三种分配方式是按产品的一定比例分配，且是在成功商品化后由利益驱动将双方捆在一起，实现风险共担、利益共享、互利互惠、共同发展，有利于合作关系的良性发展，但在执行过程中，计算、检查、监督较为复杂。又如，核心企业与外围企业之间可以采用基于分包形式的动态合同来预控和规避风险，具体做法是根据联盟运作不同阶段的风险状况采取不同的合同形式，如成本加固定酬金合同、成本加激励酬金合同和成本加奖励酬金合同等。

对于一个要寻求持续成长的代工企业来讲，应当注意学习和借鉴这些理论和方法，并在实际操作中融入自己的经验和特色。

2. 相关代工企业的实际经验

当然，在由代工委托商和代工承接商构成的合作网络中，代工委托商与代工承接商的关系往往是不对称的。一般说来，那些扮演着合作网络发起或整合角色的代工委托商往往处于更加主导性的地位，而那些扮演着合作网络响应或被整合角色的代工企业则往往处于非主导性甚至从属性的地位。因此，代工企业的合作权益维护更有其特定的复杂性。

在这方面,相关代工企业的实际做法可供参考。例如,海鸥卫浴建立的原材料"战略供应商制度"与客户"议价机制"在有效维护代工企业的合作权益方面发挥了一定的积极作用。海鸥卫浴面对的上游与下游企业的议价能力均很强大,一旦外部环境发生变化,上、下游均可能向海鸥卫浴施加压力,转嫁风险,从而使其面临很大的经营压力。因此,如何处理与原材料供应商及客户的关系对于海鸥卫浴能否成功实现持续成长至关重要。海鸥卫浴生产所需的主要原材料为铜合金和外购零配件等,约占制造成本的55%;所需主要辅助材料为包装材料及其他五金配件,约占制造成本的25%。不难看出,这两项成本占到了总制造成本的80%左右。因此,这两项因素构成了影响成本和利润的主要因素。从2003年10月起,国内外金属铜、锌等原料价格大幅上涨,导致材料采购成本相应提高,对公司的收益水平造成不利影响。针对这一情况,海鸥卫浴一方面与多家原材料供应商建立了稳定的战略供应商关系。具体做法主要是:公司协助供应商进行生产力提升和成本控制方面的改善,建立共同的质检体系,在同等条件下保证对其优先采购。作为条件,在价格出现显著上涨时公司可获得有利的采购价格从而将部分价格波动转由供应商承担,减少价格上涨对公司收益的影响。海鸥卫浴采购价格的涨幅低于市场价格的涨幅,一个重要原因就是价格上涨一部分由供应商予以消化。另一方面,海鸥卫浴与代工客户建立了"议价机制"。例如,海鸥卫浴与客户建立伦敦金属交易所(LME)的交易价格评估机制,并依据LME电解铜交易价格的涨幅对代工产品进行调价。通过这种方法,海鸥卫浴在2006年4月以后与主要客户达成共识:当原材料价格波动幅度在±10%以上并持续一段时间后,双方都有权提出调整产品价格的要求。具体说来,如果伦敦金属交易所(LME)的价格上涨10%以上并持续一段时间,海鸥卫浴有权提出提高产品价格;如果伦敦金属交易所(LME)的价格下降10%以上并持续一段时间,代工委托商有权提出降低代工产品价格。通过这种双向"议价机制",海鸥卫浴得以有效减少原材料价格大幅上涨以及汇率波动带来的利润损失,从而在一定程度上比较有效地维护了自己的合作权益。

3.代工企业在维护合作权益过程中的几个关注点

从更加一般性的角度来看,代工企业在维护自己的合作权益过程中应对以下几点给予更多的关注。

(1)对自己代工服务的价值尽可能做出比较客观的估量。由于代工企业,尤其是纯代工企业的产出并不直接面对外部市场,而是主要面对代工委托商,因此自己的代工服务究竟"值"多少,需要结合成本等多种因素加以估算,并在此基础上来判断代工委托商所给予自己代工服务的"价"是否合理。因此,恰当估计自己代工服务的价值是有效维护合作权益的重要基础。

(2)对外部市场的竞争状况保持一定程度的关注。由于代工企业的产出主要面向委托商,再由委托商去面对外部市场,因而代工企业与外部市场之间往往存在着"隔层"。在这种情况下,代工企业需要采取一定的措施对自己所代工业务的"市场行情"有一定程度的了解,从而为自己代工服务的合理要价提供重要的参考依据。

(3)对自己与委托商的"关系张力"有一个恰当的把握。这里所谓的"关系张力"是指在不失去代工合作关系的前提下代工企业在代工合作中力主自身权益的可能性范围。虽然在多数情况下,委托商在代工合作中处于主导地位,因而在代工服务的价格制定中也往往拥有更多的决定权。但是,代工企业在这种"讨价还价"过程中也不是完全"任由摆布"。而这种并不完全"任由摆布"的重要前提或基础之一就是"关系张力"。我们之前讨论了影响委托商对代工企业自创品牌行为的容忍程度问题。显然,这里的"关系张力"与"容忍度"有一定的类似性,其主要影响因素包括转换代工企业的搜寻与培育成本、代工企业与委托商之间的业务对等度格局和彼此角色的可替代性等。

代工企业应在综合考虑以上因素的基础上尽量规避委托商可能利用自己有利条件实行"后向压榨"的机会主义行为,寻求自己应得的合作权益。当然反过来讲,代工企业也不可以借助某些有利条件损害委托商的利益,因为无论是委托商还是代工企业,都不可能靠"相互算计"来获得长期持续的稳定发展。

四、网络关系调适能力

代工企业与委托商之间的合作状态既是代工企业成长状态的综合性反

映,也是影响代工企业能否持续成长的重要整体性因素。因此,如何有效调适代工企业与委托商之间的合作关系,便成为代工企业寻求持续成长之道的重要课题。与此相对应,网络关系的调适能力也就成为代工企业寻求持续成长的重要能力之一。

在第五章,我们讨论了代工企业与委托商合作关系的"价值"问题,并给出了代工企业关系价值的估算指标——关系合宜度,即

$$关系合宜度＝超额收益度/关系依赖度$$
$$＝超额收益度×资产可转度×业务对等度$$

实际上,代工企业与委托商合作关系的调适问题说到底也就是关系价值的保持或提升问题。而借助于关系合宜度的数学表达式,我们不难看出,代工企业保持或提升关系合宜度(关系价值)的总体方向应当是对超额收益度、资产可转度和业务对等度的改善或提升。

1. 积极寻求超额收益度的提高

在关系合宜度中,超额收益度是一个最为关键和核心的变量。因此,代工企业寻求关系合宜度的保持或改善,首先应当考虑如何寻求超额收益度的提高。结合以上相关讨论可以看出,代工企业通常可通过以下几种途径来获取超额收益度的提高。

(1)争取为委托商提供代工产品系列中技术水准更高或市场价值更大的产品。一般说来,技术水准更高或市场价值更大的产品的获益水平也相对更高。代工商如果能够实现由较低技术水准或较低市场价值的产品向较高技术水准或较高市场价值的产品"跃迁",就有可能使自己的超额收益水平得到相应的提升。

(2)提高代工产品的后向一体化程度。如果代工商不但能够为委托商提供产品的一般加工组装服务,而且能够在较大程度上提供产品零部件,尤其是关键性零部件的生产制造服务,即实现较大程度的代工产品后向一体化,就等于提高了自己代工服务价值创造的范围,因而也是实现超额收益水平提高的一条路径。

(3)向代工产品价值链的高端环节攀升。代工企业可争取由单纯提供生产制造服务向同时提供产品设计和生产制造服务转换(即由 OEM 向

ODM 转换），以实现向代工产品价值链的高端环节攀升。这既可以提高代工企业在合作网络中价值创造的比重，又可以从委托商那里获得更多的技术溢出，从而实现超额收益水平的提高。

（4）将业务触角向售后服务领域延伸。与生产制造环节相比，售后服务环节通常具有较大的利润空间。因此，代工企业积极争取成为委托商的指定服务商可成为其提升超额收益水平的又一途径。

（5）扩大自营业务的规模或范围。那些既从事代工业务，又从事自营业务的企业可以通过扩大自营业务的规模或范围来实现"背书效应"的更充分利用，从而增加自己的超额收益。

2. 有效推进资产可转度的改善

除了向提高超额收益度方向寻求关系合宜度的改善以外，代工企业也可以通过寻求资产可转度的提高来改善关系合宜度。例如，前述多客户服务、多产品共存、错位化自营等措施从总体上来讲都有助于代工企业资产专用性程度的降低。

3. 形成更加有利的业务对等度格局

这实际上就是要尽量降低代工企业的业务依他度，提高业务他依度。在实际商业运作中，一些代工企业通过自己的高质量服务而逐渐成长为委托商代工业务的大承接商，往往能在实际上改善自己与委托商之间的业务对等度。前述一些已经获得较大成长的知名代工企业，如宝成工业、广达、富士康等，都是其主要委托商的举足轻重的代工承接商。可以认为，这种举足轻重的业务地位无疑是这些知名代工企业保持或改善业务对等度的重要支撑性因素。

以上分析指出了代工企业保持或提升关系合宜度（关系价值）的总体方向，它表明在其他条件一定的前提下，超额收益度、资产可转度和业务对等度任何一方面的改善都意味着代工企业的关系合宜度，即代工企业与委托商合作关系的价值的提高。

但是，代工企业的超额收益度、资产可转度和业务对等度三者之间并不是相互独立的关系，而是存在着一定的连带关系。例如，在代工企业为了寻求更高的超额收益度而争取为委托商提供代工产品系列中技术水准更高或市场价值更大的产品、通过提高后向一体化程度或将业务触角向售后服务领域延伸以提高自己代工服务价值创造范围的过程中,有可能同时也需要增加新的专用性资产的投资,从而在资产可转度方面有所减损;在争取成长为委托商更大的供应商,从而改善自己与委托商之间的业务对等度的同时,代工企业通常需要扩大生产能力,而这往往伴随着专用性资产的规模扩大,从而导致资产可转度方面的某些相应变化。因此,代工企业在关系合宜度调适的过程中,要将超额收益度、资产可转度和业务对等度综合起来做通盘考虑,尽可能争取在资产可转度不变或仅有很小幅度减损的情况下获取较高程度的超额收益度增加或业务对等度改善,或者在超额收益度不变或仅有较小幅度减损的情况下争取较大幅度的资产可转度或业务对等度改善。显然,这种通盘考虑、反复估算,从而寻求网络关系价值最大化的行为是具有挑战性的。代工企业应通过这种通盘考虑、反复估算的积极实践,不断提升自己寻求网络关系价值最大化的能力。这种能力也是代工企业必须掌握的一种独特的"关系管理"的能力。

五、路径依赖超越能力

代工模式的产生和发展是人们在社会生产制造方式方面寻求效率的产物,相关企业在一定条件下通过承接代工业务嵌入代工合作网络能够获得相应的成长机会。但是,任何事物的优与劣、有利与不利都是相对的。对代工企业来讲,当其发展到一定阶段,或相关产业环境变化到一定程度,代工模式就有可能成为其进一步发展的制约性因素,因而代工企业必须经过相应的战略转型才能重获新的成长空间。然而在实施这种战略转型的过程中,和所有试图实施战略转型的企业都会面临路径依赖的影响一样,代工企业也不得不面对这种影响。因此,能否有效克服路径依赖,如何培育路径依赖的超越能力就成为代工企业能否实现持续成长的又一个重要问题。

(一)关于路径依赖的一般理论解释

路径依赖(path-dependence)是指在经济、社会或技术等系统的演进变迁过程中所存在的一种犹如物理学中的惯性的现象,经过人们的选择,这种演变迁一旦进入某一种运行状态或路径（无论好坏），就会在惯性力量的作用下形成不断的自我强化。

路径依赖的概念最早由生物学家提出。20 世纪 70 年代初，美国古生物学家 Eldredge 和 Gould 在研究物种进化问题时，发现物种的进化往往是以跳跃方式而不是渐进方式进行的，偶然的随机突变因素会影响物种进化的路径。据此，Eldredge 和 Gould 提出了"路径依赖"的概念。后来，美国经济史学家 David 将其引入了社会科学领域，用于技术变迁问题的研究。再后来，North 将路径依赖的概念从技术变迁的研究引入制度变迁的研究。从此，路径依赖在经济学、社会学、政治学、管理学、历史学、心理学和地理学等领域得到了广泛的应用。

路径依赖起源于这样一个思想，即一个小的最初的优势或者一些小的随机扰动能够改变或锁定历史的进程。在这方面，人们可以找出很多相关的例证。其中，现代标准铁路的轨距常常被用来作为例证。现代铁路两条铁轨之间的标准距离是 4 英尺 8.5 英寸（1435 毫米），但为什么是这个尺寸而不是别的尺寸？有一种解释是这样的：早期的铁路是由造电车的人所设计的，而 4 英尺 8.5 英寸正是电车所用的轮距标准。最先造电车的人以前是造马车的，电车的轮距标准实际上是沿用了马车的轮距标准。马车为什么要用这个轮距标准呢？因为英国马路辙迹的宽度是 4 英尺 8.5 英寸，如果马车用其他轮距，它的轮子很快会在英国的老路上撞坏。这些辙迹从何而来？据说是从古罗马人那里来的。因为整个欧洲，包括英国的长途老路都是由罗马人为它的军队所铺设的，而 4 英尺 8.5 英寸是罗马战车的宽度。罗马人为什么以 4 英尺 8.5 英寸作为战车的轮距宽度？据说是因为这大体是牵引一辆战车的两匹马的屁股的宽度。现在被广泛采用的 QWERTY 键盘是另一个被用来说明路径依赖的例证。相关研究认为，QWERTY 键盘之所以能在市场上占据支配地位，并不是它最好，而只是它最早。录像机技术被锁定于 VHS 制式的现象是另一个关于路径依赖的事例。实际上，VHS 制式的录像机并没有 Beta 制式的录像机图像清晰，但是由于 VHS 制式的录像机抢先占领了市场，因此成为占有绝对优势市场份额的录像机主流制式。

关于路径依赖的成因，Page 作了以下四个方面的归纳：（1）报酬递增。一个选择做出的次数越多或者某种行为采取的次数越多，其收益就越大。

(2)自我强化。做出选择或采取某种行为会产生一些力量或者通过形成互补的制度来使先前的选择或行为得以持续。(3)正反馈。当同种行为或选择被其他人采纳时,这种行为或选择将会创造出正的外部效应。(4)锁定。一种选择或行为比其他方案更好,仅仅是因为已经有足够数量的人采取了这种选择或行为。

(二)代工模式路径依赖的自我强化因素

从以上关于路径依赖的一般理论的解释中不难看出,无论是自然界还是人类社会,无论是技术领域还是经济政治制度,都存在着"惯性""路径依赖"或"锁定"。就企业的成长过程而言,任何企业也都或多或少地存在着路径依赖的问题。当然,由于代工模式与独立产销模式的显著差异,所以代工企业的这种"惯性""路径依赖"或"锁定"问题格外引人注目。

代工企业的路径依赖可以从不同的方面加以考察,但是人们最为关注的还是代工企业一旦走上代工之路,就很难重返以"自创品牌"为标志的独立产销模式,即被牢牢地"锁定"于代工模式。因此,以下关于代工企业的路径依赖问题讨论将针对于此。

那么,究竟是何种原因导致了代工企业往往被"锁定"于代工模式呢?或者换句话说,究竟是哪些"自我强化"因素在促使代工企业被锁定于代工模式呢?对于这个问题,我们仍然需要围绕着构成代工模式主要特点的几个方面来加以观察或解释。

1.专用性资产投资

如前所述,网络参与者通过专用性资产投资,与伙伴企业联合培育专用性资产可以提高竞争优势。例如,通过位置专用性资产投资,可以达到降低库存、运输成本和合作交流成本等功效;通过物质资产专用性资产投资,可以强化产品间的匹配性,从而提高产品的生产效率、差异化程度和产品质量;通过人力资本专用性资产投资,可以提高网络成员间的沟通效率和效果,减少沟通错误并加快反应速度等。但是,由于专用性资产在用于他用性处置时会产生一定程度的价值折损(或为了将专用性资产转作他用需要追加一定的投资),因此代工企业一旦嵌入代工合作关系就会倾向于尽量维持这种关系,并往往会形成新的、更深层次的专用性资产投资。例如,为了得到更多的代工订单,代工企业会扩大生产规模,而这往往意味着更大规模的专用性资产投资;为了降低代工成本,提高代工质量,优化客户响应,代工企业会采用新的更加专业化的技术、设备或操作流程,从而导致更加深度化的专用性资产投资。而这种新的、更深层次的专用性资产投资会将代工企业更加牢牢地绑定于某种产品、某个或某些代工委托商,并形成一种自我强化和正反馈的过程。

2.营销职能的弱化与缺失

企业一旦进入代工模式,就可能因主要专注于生产制造职能而导致市场营销职能的不完整、弱化甚至缺失。特别是那些纯代工企业,其产品主要或完全由委托商去考虑市场销售,自己只需按照订单完成生产制造职能环节,所以营销职能几乎完全萎缩。在这种情况下,重新恢复或构建营销职能将会是一种比较"昂贵"的努力,其较大的投入会使许多代工企业望而却步,其结果往往是将自己"锁定"在专业的生产制造者(或按照委托商的要求从事设计、部分研发、部分售后服务和生产制造者)的角色定位之上。

3.委托商对代工企业相关行为的阻挠

代工企业开展自营业务的行为往往会受到代工委托商的阻挠,这种阻挠主要以停止代工合作或以停止代工合作相要挟为表现形式。委托商采取相关的阻挠行为的原因如下。

(1)出于对代工服务商的"控制力"的考虑。按照资源依赖理论的观点,一般的组织都不仅不希望受到其他组织的控制,而且往往会试图使其他组织依赖自己。为此,处于强势地位的委托商往往会将自己与代工商之间的合作关系设计得使自己尽量保持较多的"选择性"而对方只拥有较少的"选择性"。由于代工企业寻求自营业务的行为会改变这种"控制力"格局,所以委托商往往会形成阻挠代工企业开展自营业务的动机。

(2)出于对自己知识产权保护的考虑。在委托商与代工企业的代工合作过程中,代工企业会获得各种来自委托商的"技术溢出",包括技术知识、管理经验、管理理念、品牌影响力等。代工企业寻求自营业务的行为会使这些"技术溢出"平移到这些自营业务之中去,这对代工委托商而言相当于是在做"免费贡献"。显然,代工委托商不会甘于担当这样的角色。

(3)出于避免不利竞争的考虑。代工企业在代工业务领域中寻求自营业务实际上会对委托商形成直接竞争,如果任由代工企业寻求自营业务,就相当于"用自己的金钱培养自己的竞争对手"。所以,委托商往往会对代工企业寻求自营业务的行为做出一定程度的遏制性反应。委托商出于种种原因的阻挠或遏制性反应,会大大增加代工企业"改弦更张"、摆脱代工模式的风险和成本,从而使其选择继续保持专业代工商角色的可能性也大为增加。

(三)代工企业的路径依赖超越与能力构成

通过以上分析,我们对代工企业进行业务转型的艰巨性有了比较充分的了解。但同时也应该看到,尽管代工企业路径依赖突破或超越的难度相对较大,但也绝不是一旦踏入代工门槛就永无回头之日。

实际上,从路径依赖理论研究的视角看,关于"路径创造"的问题近年来也越来越得到学者们的关注。传统的路径依赖观认为,路径一旦进入锁定状态,行为主体将无法"解锁",除非有外部"震动"发生。显然,这种观点忽视了行为主体的主观能动性在路径发展过程中的积极作用。近年来,不少学者将人的因素纳入路径发展过程,以探索更有实际价值的路径创造和突破。Garud 和 Karnoe 认为路径创造是一个有意识地偏离过程,并强调企业家在路径创造过程中的重要作用。他们将熊皮特的"创造性毁灭"思想引入到路径创造研究中,提出尽管企业家认识到有意识的偏离现有结构可能会带来当前无效率的结果,但是为了发展新路径,企业家仍会这样做,因为他们明白这些有意识的偏离过程对于创造新的未来是重要的。在 Garud 和 Karnoe 看来,企业家是知识渊博并能够思考和行动的行为主体,具备对时间、关联结构以及目标进行判断和选择的能力,企业家嵌入于现有结构中,必须通过有意识的偏离过程来创造新的路径。Beyer 认为,在历史路径依赖的背景下,行为主体对路径的发展实施干预不再是无望和强烈受限的。在任何不同机制作用的路径依赖中,路径的终止都是有可能的,行为主体可以对路径依赖的发展进行成功的干预。Sydow 等指出,路径依赖和路径创造是一种互补的关系,任何过程都是被两者共同驱动的。

由此可以认为,代工企业的"路径依赖"或"锁定"并非不可打破,关键在于如何有效培育、构建这种"路径依赖超越"或"路径创造"的能力。

路径依赖超越能力从本质上讲是一种动态能力。一般认为,所谓动态能力是指企业整合、创建、重构企业内外资源,从而在变化多端的外部环境中不断寻求和利用机会的能力。或者换句话说,动态能力是企业重新构建、调配和使用企业核心竞争力从而使企业能够与时俱进的能力。也有学者认为,动态能力是企业有目的地创造或改变自身资源、惯例与过程以适应甚至创造环境变化的模式化能力,包含战略意会能力、柔性决策能力及动态执行能力等维度。还有一些学者将动态能力称为"改变企业能力的能力"。结合以上关于动态能力的不同解释,我们也可以将动态能力简单地归结为是一种"改变不利现状或不理想现状的能力"。

按照这样的认识,代工企业实现路径依赖超越的能力当然也可以被看作是一种动态能力或"改变不利现状或不理想现状"的能力。结合代工企业的商业模式特征,其路径依赖超越能力除了以上学者所讨论动态能力的相关构成要素或内容以外,应特别强调以下几个方面。

1. 原有业务发展前景的判断能力

从产品或产业的生命周期角度来看,能够以代工模式进行大规模生产的产品往往已经进入成熟期。在这一时期,产品的市场需求量一般很大,但是由于技术趋于成熟,市场进入的技术壁垒比较低,导致竞争者数量增加,竞争较激烈,价格下降也比较快。在这种情况下,委托者往往要求产品的制造成本也快速下降。对此,代工企业应当始终保持高度警觉。一般说来,代工企业在初入某个代工合作网络时,尚能获得相对较高的毛利率。但是,随着外部市场产品价格的迅速下降,如果代工企业的产品制造成本不能同步下降,则其毛利率就可能相应地较快下降。这时,代工企业要对自己所在产业或所从事的产品制造的未来前景有一个恰当的判断:是否能够通过规模化、后向一体化、学习效应曲线的运用等手段使制造成本快速下降,从而使自己在相当长一段时间内仍然能够保持一定的利润水平?抑或制造成本下降的速度根本赶不上产品价格下降的速度,产品或产业快速由成熟期走向衰退期甚至退出期或让予期?如果代工企业能够对此做出准确的判断,则面对各种变化就能够从容应对,反之就可能顾此失彼。当然,这种判断偏差存在两种可能性：如果对产品或产业衰退的预期过高，就有可能失去充分享有继续留在原业务领域内的盈利机会；如果未能对产品或产业的衰退进行充分的预期，就有可能来不及做好业务转型的准备，处于被动，甚至受到严重的伤害。因此，培育构建原有业务发展前景的判断能力是代工企业顺利摆脱路径依赖的重要前提。

2. 业务转型方向选择的战略决断能力

企业一旦确定业务转型，"向何处去"的问题就凸显出来。应该说，决定"向何处去"的能力是企业战略能力的核心和关键。而解决"向何处去"的能力说到底是一种洞察力和贯彻力，通俗地讲就是眼光和行动。眼光包括理念、视野和判断，即对未来的发展能看多远、多宽、多深。行动是对目标的规划和追求，百折不挠的韧性和持之以恒的努力等。

在这方面，GE 的杰克·韦尔奇和 IBM 的郭士纳两位世界级企业的领导人为我们提供了卓越的典范。这两人的相同之处在于他们都是靠战略能力把正在走下坡路的大公司重新变成世界最具竞争力的一流企业。两者的不同之处在于韦尔奇是典型的局内人，是由内部选拔上来的电气业务的内行，而郭士纳则是典型的局外人，是从外部招聘来的计算机业务的外行。在这一点上，可以说郭士纳比韦尔奇面临着更为严峻的挑战。然而事实证明，郭士纳卓越的洞察力和贯彻力有效地把握了行业的本质，并在一定程度上弥补了对业务暂时不熟悉的缺陷。

1993 年 4 月 1 日，郭士纳就任 IBM 公司的 CEO。当时 IBM 业务繁多，死气沉沉，亏损严重。接任 CEO 后，郭士纳的目标非常明确：阻止 IBM 业绩的下滑趋势。他知道，公司在原有资源、技术和机制的基础上继续运行肯定行不通，必须发掘新的竞争优势。郭士纳发现，在连续数年网络技术的发展上，IBM 内部各相关部门都不遗余力地在设备上进行投资，结果互不关联的软件程序和系统不兼容造成很多遗留问题。在很多大客户的硬件设备购买需求减少、服务需求增加的情况下，把公司的战略重心转移到服务方面来，通过服务促进销售，通过卓越的服务进一步稳定客户和扩大客户量，应该是正确道路。为了贯彻这个战略，郭士纳果断地整合了计算机系统、软件系统、服务系统，用服务的理念和规则去整合供、产、销、运系统，以及研发、资金、人事系统。当时大多数人都不看好郭士纳,但事实是,经过 8 年多的努力,到 2001 年年底,IBM 的年销售额已经达到 860 亿美元,利润达到 77 亿美元,超过了除微软以外的任何一家高技术公司。通过此举,IBM 的服务收入占总收入的比例由 1993 年的 27％ 上升为 2001 年的 41％。向服务方面的转变,支撑了 IBM 公司的持续发展,改变了行业的格局和竞争方式。

对于代工企业而言,究竟是通过工艺流程升级,提升价值链条中某环节的生产加工工艺流程的效益,重组生产系统或是引入高级技术将投入转化为产出,由此达到业务转型的目的,还是通过产品升级,引进新产品或改进已有产品的效率来达到业务转型的目的? 是通过功能升级,即获得价值链上新的、更好的业务或职能环节,如设计和营销,即通常所说的从单纯代工制造(OEM)到代为设计制造(ODM)再到自主品牌制造(OBM)的转换来实现业务转型,还是采取链条升级,即从某个产业链条转换到另外一条产业链条的转型方式? 是采取完全脱离代工模式的转型方式,还是代工业务与自主品牌业务在企业内共存的转型方式? 对这些问题的决策判断能力往往成为代工企业能否不断克服业务瓶颈,实现跨越式成长的关键因素。

3. 与委托商进行有限博弈的能力

代工企业与其委托商之间的关系首先是一种价值链上下游环节之间的合作关系。能力互补、默契配合是共同创造超额价值的基础。因此,相互信任、恪守契约精神是这种合作关系得以存在发展的重要前提。但是,彼此之间毕竟是各自独立的产权主体和利益主体,在合作关系存续过程中,难免会产生各种各样的利益摩擦或冲突。尤其是当代工企业寻求某种存在状况的改变时,这种利益摩擦或冲突可能更为突出。在这种情况下,委托商与代工企业之间难免发生某些相互之间的博弈行为。

以代工企业自创品牌为例,如果是在选择自创品牌产品的同时决定放弃代工业务,当然情况比较简单。但是如果代工企业出于种种考虑认为继续保持原有的代工业务关系是有利的,就会牵扯到自己的自创品牌行为是否能够得到委托商“容忍”的问题。一般说来,这时委托商可能出于对代工服务商“控制力”的考虑、出于对自己知识产权保护的考虑或出于避免对自己不利竞争格局形成的考虑而对代工企业的这种行为表现出一定的负面反应。在这种情况下,能否在不打破自己与委托商的"关系张力"条件下成功实现自己的战略意图,将成为对代工企业战略智慧的重要挑战。

显然,代工企业如果要想在继续保持原有代工业务关系的前提下实施自创品牌战略,就意味着其决策者要在自己的自创品牌行为对委托商的"不利"程度和自己与委托商的"关系张力"之间找到一个恰当的平衡点。因为如前所述,委托商出于自己对代工企业能够拥有足够的控制力(或出于尽量避免代工企业因自身实力强大而增加在合作网络中的话语权)的考虑,往往不希望代工企业由单一客户纯代工企业向多客户纯代工企业和既有代工业务又有自营(品牌业务)的混合业务代工企业转换。而委托商阻止(或扬言、暗示阻止)的最终"王牌"就是终止与代工企业的代工合作。但是,委托商更换代工服务商实际上是有成本的,这些成本包括新的代工替代者的搜寻与培育成本、因新的代工替代者可能存在的代工服务质量差异所导致的机会成本、因更换代工服务商所导致的经营波动风险成本等。如果这些成本很高,委托商也可能在代工企业的相关业务转型面前采取"容忍"的策略选择。反之,则可能采取"坚决阻止"的策略选择。所以,代工企业在实施战略转型的时候应当明确:是完全放弃代工业务,还是不完全放弃代工业务? 如果选择不完全放弃代工业务,那么自己所采取的战略转型是否可能对委托商构成实质性的竞争性影响或威胁? 如果会对委托商构成实质性的竞争性影响或威胁,这种影响或威胁究竟有多大? 根据对自己在委托合作网络中的"分量"(如自己所承担业务占委托商业务总量的份额、自己所提供代工服务的稀缺程度或物超所值程度等),自己的战略转型是否在委托商的"容忍"程度(抑或"关系张力"范围)以内? 如果不在委托商的"容忍"程度(抑或"关系张力"范围)以内,是修改自己的战略转型方案,还是继续创造委托商增加其"容忍"程度(抑或"关系张力"范围)所必须的条件? 只有将这些问题都考虑或判断清楚,才能提高战略转型成功的概率。而考虑、判断和恰当处理这些问题的能力就构成了与委托商展开有限博弈能力的基本构成部分。

在这里需要特别强调的是:我们讨论代工企业与委托商展开一定程度的博弈,并不是鼓励代工企业抱着一种缺乏诚意的、总是千方百计"算计"委托商的态度进入到代工合作网络之中。尽管这两者之间有时会显得很像,但是实际上有着实质性的差别:前者是建立在自身实力达到一定程度基础之上的自然而然的、合理的要求,在一定程度上是可以拿到谈判桌上与委托商展开种种基于双方利弊权衡的交涉与讨论的;后者则往往是建立在背信弃义、乘人之危、乘机捞一把等非正当行为基础之上的。

4.转型资源的整合能力

竞争优势的获取或保持不仅要充分利用现有的资源和能力,而且要开发新的资源和能力。企业的竞争优势不仅来源于独特的资源,而且也来源于配置这些资源的方式。动态能力的产生不仅需要企业本身已经拥有一个较强的资源和能力的基础,而且还要求企业能够有效地配置现有资源,并能够不断地创造新的资源和新的知识。

那么,怎样才能"充分利用现有的资源和能力",不断"开发新的资源和能力"呢?按照一个人们运用较多的概念来讲,就是要整合资源。所谓资源整合是指组织或个人对不同来源、不同层次、不同结构、不同内容的资源进行识别与选择、汲取与配置、激活和有机融合,使其具有较强的相互协同性、条理性、系统性和价值性,并创造出新的资源的一个复杂的动态过程。

资源整合的能力构成了企业竞争优势的重要因素,当然也就构成了代工企业超越路径依赖能力的重要构成因素。对于代工企业而言,在确定了战略转型的方向或路径之后,如何有效地整合战略转型所必备的各种资源,就成为决定代工企业能否成功超越路径依赖,顺利实现战略转型的又一关键因素。

关于如何构建资源整合能力的问题是一个可以从诸多方面加以总结概括和归纳的问题。从代工企业实现路径依赖超越的角度来看,其资源整合能力的构建应着重关注以下几个方面的内容。

(1)生产制造组织过程中相关知识与经验的转移延展能力。在讨论代工企业的多产品共存或产业跃迁策略时,我们讨论了独特能力转移与延展的重要性。显然,这种独特能力的转移与延展也是代工企业实现路径依赖超越所需资源整合能力的重要构成部分。

就代工企业而言,产品的生产制造能力无疑是其赖以生存发展的基本能力。因此,在原有业务领域形成的生产制造组织过程中的相关知识与经验将成为其进行战略转型的能力起点。无论其所进行的战略转型是属于由单一代工客户服务转向多客户服务,还是由单一产品代工转向多产品代工,抑或是由纯代工转向代工业务与自营业务组合经营,生产制造组织过程中的相关知识与经验都将继续成为其竞争能力的重要构成部分。因此,代工企业应当非常重视将其在长期代工服务过程中培育起来的高效率加工制造和卓越的客户响应能力,将通过诸如经验曲线效应的运用不断降低产品制造成本的能力,实施精益生产(lean production)和敏捷制造(agile manufacturing)的能力,技术改进与流程改造能力,将通过诸如实施ISO9002质量管理体系认证制度、全面质量管理制度、六西格玛管理等获取的质量控制能力,将以供应链管理等为基础的采购与物流管理能力、后向整合能力,将新技术、新工艺研发能力等有效地平移或延展到新的业务领域中去。

(2)新进入领域的关键性知识、信息与技术的学习掌握能力。建立新业务,无疑首先需要学习和掌握新的知识、信息与技术。因此,新进入领域的关键性知识、信息与技术的学习掌握能力对于代工企业实现业务转型、摆脱业务发展的路径依赖也非常重要。

构建新进入领域的关键性知识、信息与技术的学习掌握能力是一个涉及多种因素的问题。其中,首先应当注意的是拟进入领域的关键性知识、信息与技术的搜寻能力;其次,应注意拟进入领域的关键性知识、信息与技术的吸收消化能力;再次,应注意运用这些关键性知识、信息与技术确定自己的业务性质和设计自己的业务模式的能力。为此,企业决策者要早作部署,安排专门的人员,配备专门的资金、设备、设施,采取强有力的领导、督促、鼓励等措施,推动拟进入领域的关键性知识、信息与技术的前期学习掌握进程。

当然,除了这种具体的安排部署以外,构建整个企业的学习氛围也很重要。一般认为,构建整个企业的学习氛围需要做好以下几个方面的工作。

①形成组织学习正确的价值观。一个企业对组织学习持有的价值观将会直接影响到企业是否有可能营造良好的学习氛围。而形成组织正确的学习价值观需要从企业的高层领导做起。所以,若想提高组织的学习氛围,企业的领导,特别是主要领导要充分认识组织学习对企业发展的重要性,并能以身作则,积极投入到组织学习文化的建设中去。

②分享愿景。愿景是企业未来发展到何种程度的描述,是企业发展的未来蓝图。与员工共同分享企业愿景,让员工清楚组织对他们的期望,有助于保证员工的学习方向与企业的发展目标一致。分享愿景为企业的所有员工提供了学习的方向,是提升组织成员的能量、承诺和目标的一个焦点。

③开放心智。心智模式深植于我们心中,是关于我们自己、别人、组织及周围世界每个层面的假设、形象和故事。心智模式反映人的世界观和价值观,反映人们持有的对世界是如何运作的看法。企业只有开放心智,鼓励企业员工不断开拓进取,不断创新,才能接受新生的事物,鼓励大家打破常规去创造,整个组织才能营造一种很强的有创新意识的氛围。

④系统思考。系统思考是指管理主体自觉地运用系统理论和系统方法,对管理要素、管理组织、管理过程进行系统分析,旨在优化管理的整体功能,取得较好的管理效果。彼得·圣吉在其著作《第五项修炼》中明确指出,系统思考是五项修炼的基石。组织管理者只有进行全面的、系统的思考,才能很好地指导组织认知与学习。

(3)战略性人力资源的前瞻性储备能力。所谓战略性人力资源的储备是指根据组织的发展战略,有预见性的人才招聘、培训和岗位培养锻炼,使得人力资源,尤其是某些重要人才的数量和结构能够满足组织战略转型或扩张的要求。代工企业要成功超越路径依赖,实施战略转型,采取必要的战略性、前瞻性人力资源储备具有重要的意义。

实施战略性人力资源储备首先需要将这项工作当作转型战略的重要构成部分来看待。严格说来,战略性人才储备应贯穿于企业发展的全过程。对于准备实施转型战略的企业来讲,战略性人力资源的储备就更显重要。其次,实施战略性人力资源储备要以对未来发展方向和目标的清晰认识为基础。只有在对未来发展尽可能准确预期的基础上,才能较好地确定与之相应的前瞻性人力资源需求,包括人员数量、结构,人员所拥有的知识、能力和水平等。此外,实施战略性人力资源储备要尽可能与战略转型的实际进程相衔接。人才储备是有成本的,这些成本主要包括人员工资支出的增加、一定程度的人浮于事所导致的工作效率下降、因相关人员在一定时期内得不到实质性的发展机会(例如作为储备人员一定时期内还未有与之相应的实际岗位)而造成的人才流失等。因此,要尽可能掌握好战略性储备人才的数量、结构和进入企业(或角色)的时间节点等因素的相互匹配,以便使战略性人力资源储备的成本与收益形成良好的平衡关系。

对于代工企业而言,代工模式与独立产销模式的重大区别之一就在于前者在营销职能方面的弱化甚至缺失。因此,在突破路径依赖,实现业务转型,尤其是重返(或部分重返)独立产销模式的情况下,实施营销人员的战略性人才储备就显得格外重要。

不难看出,实施战略性人力资源储备对决策者的统筹规划和运作能力提出了很高的要求。但是,只要把握得当,战略性人力资源的储备将成为代工企业成功实施战略转型、超越路径依赖的重要支持性因素。

(4)财务资源的聚集动员与平衡配置能力。企业实施业务转型,需要以一定的财务支撑为基础。首先,为了进入新的业务领域,企业需要进行一定的投资,这通常需要花一大笔钱;同时,新业务在投入运行后的一段时间内往往并不盈利,或者盈利能力很弱,甚至还可能亏损。在这种情况下,维持新业务的运行也需要花费一定的金钱。所以,在进行业务转型之前,企业通常需要筹集一大笔钱。而这种筹集业务转型所需的资金,在企业不同业务领域之间平衡配置的能力,就成为企业实施战略转型、超越路径依赖的又一项重要的能力。

就代工企业而言,实施业务转型所需资金的来源首先应当是其原有的代工业务。一般说来,代工企业在进入代工合作的初期阶段或较早期阶段,只要生产状况比较正常,能够按时、按量、按质完成委托商的订单,大多能够获得相应的、稳定的收益。虽然利润水平可能不会太高,但是由于相对稳定、有保障,如果生产的周期性控制良好,从总体上来讲大都能保持不错的盈利状况。这一个时期应当说是代工企业与其委托商之间的网络合作的"蜜月期"或上升期。在经过了"蜜月期"或上升期以后,虽然存在外部市场竞争等原因,委托商给代工企业的订单价格可能会有所下降,但是,如果代工企业能够很好地利用学习曲线效应等相应降低生产成本,其利润空间也仍可保持在一定水平。这一个阶段,代工企业与其委托商之间的网络合作可以说进入了"平稳期"。此后,市场竞争有可能导致产品价格的进一步下降,但是此时代工企业的代工成本下降的速度有可能跟不上市场价格下降的速度,其结果当然是代工服务的利润水平开始下降,但通常仍有利润。这个时期我们权且称其为"衰减期"。在过了这个时期以后,如果市场价格继续下降,而代工企业又无法改变生产成本下降速度慢于市场价格下降速度的格局,就有可能进入无利可图甚至亏损的状态。这时,代工企业与其委托商之间的网络合作就可以说进入了"维持期"或"寻求退出期"。不难看出,代工企业寻求战略转型比较有利的时期应该在"平稳期"后期或"衰减期"前期,最晚也不应晚于"衰减期"中期。而从代工企业业务转型财务资源聚集动员的角度来讲,还应当适当超前,比如说在"平稳期"中期就开始积极运作,将一部分企业盈利储备起来当作业务转型的财力支撑。

当然,究竟将企业盈利的多大比重用作转型基金,多大比重用作维持或改善原有业务的运营条件是一个需要恰当解决的问题。如上所述,代工企业的盈利状况变化过程在很大程度上来讲就是一个产品市场价格下降和产品生产成本下降之间的速度比赛,而代工企业为了实现这种成本下降也需要一定的投入或再投入。因此,财务资源在战略转型与原有业务维持之间需要合理、恰当地平衡配置。企业决策者应该在充分把握战略转型的时机、跨度、规模和财务支撑能力相互之间的动态关系前提下,努力解决好财务资源在战略转型与原有业务维持之间的平衡配置问题。

除了内部筹措以外,代工企业战略转型所需财务资源的筹措来源当然也包括外部金融市场。如何有效地利用外部金融市场的融资渠道也是代工企业提升战略转型资源整合能力必须要思考的问题。

第八章　争取中国企业参与国际代工的有利前景

自 20 世纪 90 年代以来,随着中国对外开放程度的不断加深,大量中国企业顺应部分国际主流企业实施"归核化"、产业价值链环节对接方式实现"网络化",进而产生国际分工"职能化"的全球产业组织方式变迁潮流,充分发挥自身在资源和能力方面的比较优势,通过承接国际委托商的代工业务,担当起了中国参与国际分工的重要角色。大量企业参与国际代工对促进中国经济增长和推进中国的工业化进程无疑发挥了重要的积极作用。但是,代工模式与独立产销模式相比毕竟存在着一定程度的差异性或局限性。在这种情况下,如何客观理性地看待代工模式和国际代工? 参与国际代工的中国企业和较深嵌入全球代工体系的中国经济能否有效克服代工模式和国际代工的局限性而取得较为有利的前景? 在分别讨论了中国企业参与国际代工的背景、代工企业与委托商的合作与竞争,代工企业持续成长的策略空间与能力基础等问题之后,需要在本章对以上几个问题作比较集中的讨论。

一、中国企业参与国际代工的积极意义

大量参与国际代工的中国企业在中国经济发展的历史进程中扮演了非常重要的角色,甚至说中国经济在过去经历了一个"国际代工时代"也可能不算为过。由于统计资料方面的限制,我们无法直接从总量上显示中国企业参与国际代工的数据。但是,被统计为"加工贸易"的贸易量与国际代工

所产生的贸易量之间具有较大的相关性或"可参照性",所以我们这里使用加工贸易的相关数据来近似地反映中国企业通过国际代工参与国际分工的总体水平和进展状况(参见表 8-1)。从相关统计数据中可以看出,中国的加工贸易从 20 世纪 80 年代中后期开始迅速升温,到 1990 年中国的加工贸易出口额已经占到了对外贸易出口额的 40.94%。之后这一比重一路攀升,到 1999 年达到了 56.88% 的最高水平。之后这一比重虽有所下降,但在 1996 年到 2007 年的 10 余年内一直都保持在 50% 以上的高位。直到 2008 年,这一比重才下降到 50% 以下。2014 年,这一比重为 37.75%。

表 8-1　中国加工贸易出口额占对外贸易出口额的比重

年　份	加工贸易出口额 (亿美元)	对外贸易出口额 (亿美元)	比重(%)
1980	6.6	181.2	3.64
1985	34.2	273.5	12.50
1990	254.2	620.9	40.94
1995	737.1	1487.8	49.54
1996	843.3	1510.5	55.83
1999	1108.7	1949.3	56.88
2000	1376.6	2492.0	55.24
2005	4164.7	7619.5	54.66
2007	6175.6	12192.4	50.65
2008	6751.4	14306.9	47.19
2010	7402.8	15777.9	46.92
2011	8352.8	18983.8	44.00
2012	8626.8	20487.1	42.11
2013	8600.4	22090.0	38.93
2014	8843.6	23427.5	37.75

数据来源:根据《中国贸易外经统计年鉴 2015》(中国统计出版社,2015 年)相关数据整理。

　　大量企业参与国际代工对促进中国经济快速增长、提高中国的工业化水平、提升中国经济的国际化程度与国际地位、充分发挥中国的劳动力资源比较优势和企业获得技术与管理方面的学习机会等发挥了极为重要的积极作用。

1.促进了中国制造业的快速发展和结构升级

据相关资料称,中国制造业增加值占全球制造业增加值的比重,从1992年的2.9%提高到2002年的6.2%。而同期日本和德国制造业增加值占全球制造业增加值的比重则分别由23.1%和10.3%下降到18.3%和7.6%(见表8-2)。另据相关统计数据反映,中国的制造业增加值由2000年的3849.4亿美元增加到2013年的29225.2亿美元,后者为前者的7.6倍;日本在此期间制造业增加值不仅不增加,反而有所下降;美国2000年的制造业增加值为15093.2亿美元,2013年为19438.1亿美元,后者为前者的1.3倍;德国2000年的制造业增加值为4006.6亿美元,2014年为7711.8亿美元,后者为前者的1.9倍。显然,中国制造业的增长速度远远高于上述几个发达国家(参见表8-3)。同时,在中国的制造业中,加工度较高的机器和运输设备制造业的比重从2000年的14.4%增加到了2007年的24.5%,7年间增加了10.1个百分点,而美国、日本在大致相应期间的这一比重则都有所下降(参见表8-4、表8-5、表8-6)。尽管我们不能将此结果完全归因于中国企业参与国际代工,但中国企业参与国际代工无疑是其中一个重要的支撑性因素。

表8-2 部分国家制造业增加值占全球制造业增加值的比重

国家	制造业增加值占全球的比重(%)	
	1992年	2002年
美国	20.4	23.7
日本	23.1	18.3
德国	10.3	7.6
中国	2.9	6.2

资料来源:转引自冯飞的《中国制造业的发展与国际竞争力》,载《改革》2005年第7期。

表8-3 中国、日本、美国等国制造业增加值

国家	2000年(亿美元)(A)	2013年(亿美元)(B)	(B/A)
中国	3849.4	29225.2	7.59
日本	9978.7	9045.9	0.91
美国	15093.2	19438.1	1.29

资料来源:根据《国际统计年鉴2015》(中国统计出版社,2015年)相关数据整理。

表 8-4　日本、德国制造业部分行业所占比重　　　　（单位:%）

国家	食品、饮料和烟草		纺织服装		机器和运输设备		化工	
	2000 年	2010 年	2000 年	2010 年	2000 年	2010 年	2000 年	2010 年
日本	11.4	12.8	3.0	1.6	33.9	26.7	10.5	11.7
德国	8.2	7.8	2.3	1.4	32.7	39.9	9.8	11.4

资料来源:同表 8-3。

表 8-5　中国制造业部分行业所占比重　　　　（单位:%）

国家	食品、饮料和烟草		纺织服装		机器和运输设备		化工	
	2000 年	2007 年	2000 年	2007 年	2000 年	2007 年	2000 年	2007 年
中国	14.4	11.8	11.2	10.0	14.4	24.5	12.0	10.8

资料来源:同表 8-3。

表 8-6　美国制造业部分行业所占比重　　　　（单位:%）

国家	食品、饮料和烟草		纺织服装		机器和运输设备		化工	
	2000 年	2008 年	2000 年	2008 年	2000 年	2008 年	2000 年	2008 年
美国	13.0	14.7	3.4	1.7	29.7	25.8	11.8	16.2

资料来源:同表 8-3。

2.提高了中国经济的国际化程度与国际地位

自改革开放以来,尤其是 20 世纪 90 年代以来,中国对外贸易额持续快速增长。1980 年,中国的出口总额仅占世界出口总额的 0.9%,位居世界第26 位;1990 年,中国的出口总额占世界出口总额的比重上升到 1.8%,位居世界第 15 位;2000 年,中国的出口总额占世界出口总额的比重进一步上升到 3.9%,在世界上的位次上升到第 7 位;2009 年,中国的出口总额占世界出口总额的比重上升到了 9.6%,并首次登上了出口总额世界排名第一的位置(参见表 8-7)。在这一重要的历史过程中,中国企业参与国际代工显然发挥了非常巨大的作用。

表 8-7　中国出口总额占世界出口总额的比重和位次

年份	世界出口总额 （亿美元）	中国出口总额 （亿美元）	中国出口总额 占世界出口 总额的比重（％）	位次
1980	19906	182.7	0.9	26
1985	19227	273.5	1.4	17
1990	34700	620.9	1.8	15
1995	50200	1487.8	3.0	11
2000	63580	2492.0	3.9	7
2005	103931	7620.0	7.3	3
2009	124610	12016.6	9.6	1
2010	152380	15779.3	10.4	1
2011	182150	18986.0	10.4	1
2012	183000	20489.4	11.2	1

资料来源：《中国商务年鉴——2013》（中国商务出版社，2013 年）。

3. 改善了中国的出口产品结构

随着中国制造业加工能力的提升，中国的出口结构发生了显著的变化。1980 年，在中国的出口产品中工业制成品的比重不到 50.0％，到 2000 年这一比重达到了 89.8％，2014 年更是达到了 95.2％。1980 年，在中国的工业制成品出口中，机械与运输设备所占比重仅为 9.3％，到 2000 年这一比重达到了 36.9％，2010 年达到 52.2％。2014 年这一比重虽较 2010 年有所下降，但仍达到 48.0％（见表 8-8）。尤其值得一提的是，在中国的工业制成品出口中，高技术产品的比重有了显著的增加。1991 年，中国工业制成品出口中高技术产品的比重仅为 5.2％，到 2000 年，这一比重上升到 19.0％。2005 年，这一比重更是上升到了 30.8％。以后虽有所回落，但 2010—2013 年期间仍保持在 26.3％到 27.5％之间（2000 年—2013 年相关数据参见表 8-9）。在此过程中，中国企业参与国际代工功不可没。

表 8-8 　中国的出口产品结构

年份	工业制成品占出口总额的比重(%)	工业制成品中机械与运输设备所占比重(%)
1980	49.7	9.3
1985	49.4	5.7
1990	74.4	12.1
1995	85.6	24.7
2000	89.8	36.9
2005	93.6	49.4
2010	94.8	52.2
2014	95.2	48.0

资料来源:根据《中国统计年鉴 2015》数据整理。

表 8-9 　高技术产品出口额占制成品出口额的比重 　　　(单位:%)

国家和地区	2000 年	2005 年	2010 年	2012 年	2013 年
世界	24.5	20.7	17.6	17.0	17.1
高收入国家	25.3	20.8	17.3	16.7	16.4
中等收入国家	20.6	20.4	18.5	17.7	18.8
低收入国家	2.3	3.6			5.5
中国	19.0	30.8	27.5	26.3	27.0
日本	28.7	23.0	18.0	17.4	16.4
韩国	35.1	32.5	29.5	26.2	27.1
美国	33.8	29.9	19.9	17.8	17.8
德国	18.6	17.4	15.3	15.8	16.1

资料来源:根据《国际统计年鉴 2015》(中国统计出版社,2015 年)相关数据整理。

4.使中国劳动力资源优势发挥与城市化推进取得显著进展

中国人口众多,有超过 7.5 亿人的劳动力,在一段时间内农村剩余劳动力高达 1.2 亿人左右,城镇剩余劳动力也有 2000 多万人。因此,如何尽快地将广大农村剩余劳动力的存量和增量吸引到城镇非农产业中来,并通过这种方式加快中国的城市化进程便成为中国在此特定历史环境下的突出任务。而全球范围内的以产品价值链职能环节分工为基础的国际分工新格局的形成,以及全球制造业的大量加工制造性价值链职能环节向中国大规模的转移,使中国大量的非熟练劳动力有可能被吸纳到这些劳动密集程度较

高的加工制造性生产环节之中,并成为推动城市化进程的重要力量。从表
8-10 中可以看出,在 1970—1980 年间,中国的城镇人口比例仅增加了 2.01
个百分点;在 1980—1990 年间,中国的城镇人口比例增加了 7.02 个百分点;
在 1990—2000 年间,中国的城镇人口比例增加了 9.81 个百分点;在 2000—
2010 年间,中国的城镇人口比例增加了 13.73 个百分点。到 2014 年,中国
的城市人口比重已经略高于世界的平均水平(见表 8-11)。毫无疑问,中国
企业参与国际代工在这一过程中担当了极为重要的角色。

年份	比例(%)	年份	比例(%)
1970	17.38	2000	36.22
1980	19.39	2005	42.99
1990	26.41	2010	49.95
1995	29.04	2014	54.77

资料来源:同表 8-9。

表 8-11　中国与世界城市人口比重　　　　　　　　(单位:%)

内容	农村人口			城市人口		
	2005 年	2010 年	2014 年	2005 年	2010 年	2014 年
世界	51.0	48.5	46.5	49.0	51.5	53.5
中国	57.5	50.8	45.6	42.5	49.2	54.4

资料来源:同表 8-9。

5.大量本土企业通过与国际接轨得到了重要的学习机会

在接受跨国公司的代工委托过程中,企业可以进一步了解、熟悉和掌握
本领域的先进技术,加快设备更新,推进技术进步,提高企业的技术含量,并
使本企业的技术、管理人员和职工队伍得到必要的锻炼;通过与委托方的直
接或间接接触,企业可以更多地了解国际市场的需求趋势,以便使自己的技
术标准更好地与国际接轨,并更好地接受最新的管理理念和管理方法,促进
企业整体素质得到提高;通过代工合作,企业可以为今后自创品牌集聚资
本、市场、技术和经验等诸多有形和无形的资源。而所有这些,无疑为中国
经济整体效率的提高奠定了重要的微观组织基础。

二、应客观理性地看待国际代工的利弊得失

(一)中国企业参与国际代工具有一定的趋势顺应性和内在合理性

国际代工一进入中国,就引起了人们的广泛关注。但是,应当如何恰当地看待国际代工与代工模式,似乎并不能说是一个已经得到很好解决的问题。今天,在经历了大规模的国际代工之后,随着国际经济景气程度和中国与发达国家之间的要素价格比率等因素不断发生变化,中国企业大规模参与国际代工的巅峰时期已经过去。但是在今后一定时期内,中国企业的国际代工还并不会完全消失。实际上,只要中国与发达国家之间的要素禀赋仍然存在着一定的差异性,资源与能力仍然存在着互补性,企业间通过网络合作的方式实现价值链环节对接的生产组织方式仍然具有其适用性,国际代工就仍可能在一定程度上继续扮演中国参与国际分工的一种形式;即使国际性的"制造代工"可能会逐渐减少,但是国际性的"设计代工""研发代工""服务代工"仍可能继续发展(或者换句话说,中国企业就仍然有着参与国际代工或类似于国际代工的网络合作机会);即使抛开国际代工因素,国内企业间的代工委托与承接关系也会有相当大程度的发展。因此,客观理性地评价代工模式和国际代工,解析和澄清某些关于代工模式和国际代工的认识误区在今天仍然会是一个有意义的话题。

实际上,中国企业参与国际代工具有一定的趋势顺应性和内在合理性。中国作为一个曾经历过较长时间闭关锁国状态的国家,深知开放经济对自己实现快速持续发展的重要性。而要实行开放经济,使自己真正融入世界经济,必然要经历自身产业结构和国际分工角色调整的历史过程。在实行开放经济之前,中国的工业化和城市化虽然取得了很大的成就,但总体水平仍然较低,尤其是大量的农村剩余劳动力急需得到非农产业的消化吸收。而国际主流企业纷纷实施"归核化"、产业价值链环节对接方式纷纷实现"网络化",进而国际分工"职能化"的全球产业组织方式变迁潮流恰为中国加速推进工业化、城市化,尤其是快速吸收农村剩余劳动力提供了一种契机。面对这样的契机,总体上来讲紧紧抓住、充分利用要比排斥和放弃更好一些。

(二)从事代工是弱小企业寻求快速发展的艰辛之路

如前所述,从代工企业的视角来看,国际代工或代工模式存在着种种局限性——代工企业所处的价值链环节的技术含量和价值含量往往相对较低,服务提供者的可替代性较强;在代工合作网络中,委托商与代工商的影响力往往不对称,前者往往处于主导性地位,后者通常处于非主导地位,从而后者对前者存在着较大的依赖性,并且这种依赖性具有较强的"锁定"效应;由于成为品牌委托商的专门制造服务商,代工企业往往会放弃诸如市场拓展、品牌开发与维护等营销性职能,而专注于生产制造职能,从而会失去作为一个独立产销企业通常所具有的全面发展的机会(尤其是那些纯代工企业,这一点更为突出)。应该说,对于中国这样一个泱泱大国而言,大量本土企业不得不以代工企业的角色参与全球价值链中的低端职能环节分工,从而使中国在国际分工体系中扮演了某种程度的"代工专业化"角色,确实是一件在感情上令人难以接受的事情。

但是尽管如此,我们仍然必须看到,在中国特定的资源禀赋条件下,对于相当多一部分本土企业而言,在一段时间内继续实施国际代工战略仍将是其进入和分享国际市场的一种务实选择,其原因有以下几点。

(1)尽管成为国际知名品牌运营商或掌握高端核心技术的研发服务商几乎是当今世界每一个企业的内心向往,但是只有少数在长期的市场拼杀中能够胜人一筹,并在此过程中积累了必要的资源与能力的企业才能够担当起这样的角色。而目前中国有相当多一部分企业在短期内不具备采取诸如自创品牌的战略到国际市场上与相应跨国公司进行直接竞争的实力。

(2)如果大量企业放弃国际代工,转而与其他厂商争夺容量有限的国内市场,则可能使国内竞争更趋"惨烈",不但获利更少,而且可能导致大量生产能力闲置,甚至可能导致大量企业倒闭。

(3)虽然代工企业所处价值链环节的价值比重较低,但这类企业所承担的市场风险、营销成本或某些前期投入也相对较低。与采用独立产销经营模式相比,采用代工模式很可能因生产经营相对稳定、投入相对单一等因素而在实际上呈综合收益水平相对更好的运行态势。

由此可以看出,积极参与国际代工总体而言还是利大于弊,因为"避害"

而放弃"趋利"终究不是明智之举。

当然，做代工并不是一条坦途，而是力量相对薄弱的企业在强手如林的市场竞争中求得一席生存之地，并逐步积蓄力量寻求发展之机的艰辛之路。实际上，大量企业参与国际代工应被看作特定条件下中国经济发展过程中所经历的一个并非完全偶然性的特殊历史时期。从国家层面来说，既然中国选择了对外开放，也就是选择了全面的国际产业竞争。从企业层面来讲，既然选择了代工模式，也就必须面对委托商的百般挑剔甚至苛刻要求，面对众多希望加入代工行列的其他竞争者的激烈竞争。任何企业都可以因忍受不了国际委托商的百般挑剔与苛刻要求而选择放弃代工，但与此同时也就放弃了相应的国际订单、进入国际市场的机会和委托商的技术指导等。而一旦经过利弊权衡之后走上了代工之路，就只能在这条道路上遵从"狭路相逢勇者胜"的生存法则。

（三）不当强调代工之"弊"可能形成某种误导

由于代工模式的自身局限性，代工模式一经传入中国，种种批评、忧虑、不平或劝诫就在相关媒体或学术刊物上频频出现。应该说，充分认识代工模式的局限性，从而使相关行为主体对这种局限性保持足够的警觉，并积极寻求应对之道，当然是一件非常重要的事情。但是，不当强调代工模式的不利性因素也可能对相关行为者产生某种误导。例如，以下几种"说法"可能就存在着这方面的问题。仔细推敲这些"说法"，可以看出它们存在着一定的认识偏颇或误区。

1. 视国际代工为"替他人作嫁衣裳"①

曾有作者在一篇文章中这样写道："虽然中国已是全世界的××制造基地②，但由于缺乏自创品牌，中国××业只好苦作他人嫁衣，丢失了巨额的销售利润。中国③更多地充当了中国境外品牌的'打工者'角色，赚取的仅是不

---

① 这部分内容根据本人发表于《北大商业评论》2010年第10期的《代工企业的价值被"攫取"了吗？》相关内容改写。
② 该作者原文中的具体产品或产业被笔者隐去。
③ 原文中的"中国"显然应当是"中国代工企业"。

多的加工费。由品牌带来的高附加价值全部被外国公司攫取。"在一段时间里,这类有关代工模式或国际代工的评价颇为多见。但是不难看出,这种类型的评价显然是过于情绪化了。

(1)这段文字的逻辑关系存在着某些有待理顺之处。例如,"巨额的销售利润"究竟本该属于谁? 如果本来就应该属于产品的最终销售者,那么作者所说的"中国××业"的相关企业作为产品的委托制造承接商而非最终市场销售者又何来"巨额销售利润"的"丢失"问题? 又如,既然"高附加价值"是"由品牌带来的",而品牌又是属于委托商,即作者所说的"外国公司"所拥有的,那么这些"外国公司"获得由自己所拥有的品牌带来的"高附加价值"为什么就成了"攫取"? 因为"攫取"一词在汉语词典中的基本意思是"掠夺",而"掠夺"的基本意思是以某种强力将本来属于别人的东西占为己有。

(2)从这段文字的语气中可以看出,作者对中国代工企业"赚取的仅是不多的加工费"很不以为然。但是我们知道,在由代工企业与委托商构成的合约制造网络中,代工企业的责任与义务就是根据预先商定的价格,按照委托商的要求按质、按量、按时生产出相应的产品,并按照约定的方式向委托商交付。至于委托商能否将这些产品卖出去、以什么价格卖出去、为了卖出这些产品委托商还需要做哪些投入,将面临哪些风险,都不再需要代工企业承担相应的责任。在这种情况下,代工企业"仅"赚取加工费似乎并无什么不公平。当然也不可否认,由于在相关代工合作网络中,品牌委托商与代工企业之间的地位往往并不对等,前者往往处于更加主导性或支配性的地位,所以前者有可能(注意,是"有可能",而非"一定")利用自己的主导性地位部分侵占后者的利益,例如过分压低代工价格等。但这显然属于另外一个问题,即代工企业如何采取相应措施避免委托商侵占"加工费"的问题,因而并不构成可以对代工企业"仅"赚取加工费不以为然的理由。

(3)这段文字将中国企业从事国际代工定位于"苦作他人嫁衣"。所谓"为他人作嫁衣裳"的含义颇丰,最表面的意思是指自己忙忙碌碌,只是成全了别人的好事。但即使从这个最表面的意思来理解,将中国企业参与国际代工说成"苦作他人嫁衣"恐怕也是多有不妥。从微观角度来讲,有那么多的企业参与国际代工,至少说明还是有利可图。虽然做代工的利润率可能相对较低,但是在合约期内,代工企业的收益比较可靠稳定。因此,企业从事代工通常是在牺牲一定的独立性和换取经济收益的稳定性之间加以理性权衡取舍的结果,用"为他人作嫁衣裳"评价代工企业的代工选择可能对这些企业的商业理性与决策能力有所贬低。当然,说代工企业"为他人作嫁衣裳"的另一层含义可能是说在委托商与代工企业之间的利益分配中前者得的是大头,后者得的只是小头。但即使如此,又能怎么样呢? 总不见得用"只有当自己的获益等于或大于合作者的获益,才去与他人合作"这样一种狭隘的眼光与尺度来作为相关决策的依据吧。更重要的是,在给定条件下,我们能否告诉代工企业一条更容易、更省力而又获利更多的生财之道呢? 如果不能,则"为他人作嫁衣裳"之类的话就听起来更像是"风凉话"。从宏观角度看,大量中国企业承接国际代工对中国的工业化推进、经济高速增长和扩大就业做出了巨大的贡献应当说是一个不争的事实。尽管从中国经济的长期发展角度来看这种大规模的国际代工活动可能未必尽如人意,但用"为他人作嫁衣裳"来揶揄自己恐怕也大可不必。

那么,作者的这段文字究竟想告诉读者什么呢? 莫非是要告诉人们:代工企业应当放弃国际代工? 如果确是这样,则似乎也有一些问题:如果让所有的代工企业都退出国际代工,则不仅使企业少了一条国际化经营的重要路径,而且也会使中国失去一条分享世界市场的重要渠道。尤其是在经济全球化进程如此深入推进的情况下,如果中国企业放弃国际代工,作为一种保持进出均衡的对应性措施,是否也要对一部分进入中国市场的外企业务重新构筑起相应的限制性壁垒呢? 显然,在目前情况下不会有太多人愿意看到这样一种结果。

也许,这段文字是要告诉人们,那些代工企业应当要走自主国际品牌之路。如果确实是这样,那当然不能说有什么错。但是,就大部分代工企业而言,对于走国际品牌之路可谓"不是不想,而是不能"。如果那些代工企业已经具备了创建国际品牌的条件,相信它们绝对不会糊涂或怯懦到仍然甘愿做国际代工的程度,以致需要用"苦作他人嫁衣""打工者""丢失巨额利润""高附加价值被外国公司攫取"等如此这般的话语去教化与开导。

值得一提的是,那些建议企业创建"自主国际品牌"的人们在大谈自主国际品牌的"产出"时,往往很少或者完全不谈创建和经营自主国际品牌所需要的"投入"。应该说,在大谈自主国际品牌好处的同时,也适当谈一点创建自主国际品牌所需要的"投入",这样才更全面、更真实,也更为有用。例如,据有关资料称,尽管一双在欧洲售价约70美元的彪马运动鞋向所有生产这双鞋的中国工人支付的工资仅为1.16美元,但用于这双鞋的广告费用却高达6.78美元。实际上,从一些代工企业虽然已经走上自主国际品牌之路,但在一段时间内或多或少还需要依靠由国际代工业务赚来的现金流为其"保驾护航",另有一些代工企业虽然在自主国际品牌经营方面已有相当大的成就,但从还不愿意轻易放弃国际代工业务的"半壁江山"的状况中也多少可以看出"自主国际品牌之路"的不易与艰辛。

或许有人会说,尽管上述那段文字中"丢失巨额的销售利润"和"高附加价值全部被外国公司攫取"之类的话在逻辑上不大经得起推敲,但字里行间显然透射出了某种超越逻辑地希望对代工企业的价值创造给予更多的肯定的"情结"。这当然应当给予充分理解。但是,在肯定自己的同时,也需要比较客观地肯定别人应当被肯定的东西。因为实际情况是,在产品或服务的整个价值链中,品牌委托商和代工企业各自创造了各自的价值:前者主要创造的是体现在发现与挖掘顾客潜在需求、顾客潜在需求满足方案制定和顾客购买意愿调动等方面的价值,而后者则主要创造的是将"顾客潜在需求满足方案"变成具体(实物)产品的价值。一般说来,前一种价值创造更复杂、更稀缺。后一种价值创造的复杂程度和稀缺程度都相对较低。只是在将"顾客潜在需求满足方案"变成具体(实物)产品之前,品牌委托商的各种价值创造因未有具体的(实物)载体而往往无法得到实现。也许正因为如此,后一种价值创造往往具有更大的显现性和明确性,而前一种价值创造则相对不够直观。

需要说明的是,对上述文字作这样的分析评价并不是小题大做或咬文嚼字,更不是给"外国公司"评功摆好,而是想给中国企业自己留下足够的余地。因为大部分企业都不会心甘情愿永远做代工,在今天从事代工业务的诸多中国企业中,将来一定会有一部分走上品牌委托商的位置,所以现在对所谓"嫁衣"说和"攫取"说给予必要的澄清,在一定程度上是为了避免将来把自己也置于"攫取"者或令他人作"嫁衣"的角色。同时,只有对品牌委托商的价值创造给予应有的承认,才会更有利于代工企业去深刻认识和认真学习这种价值创造、加速积累这种价值创造所必须具备的资源与能力,并更加有效地去尝试这种价值创造。

当然必须肯定,上述文字的出发点是好的。如果抛开其用语上所缺少的某些严谨性,就其对目前中国大量企业参与国际代工,并构成中国参与国际分工的重要形式之一表示某种忧患意识这一点来讲,不无积极意义。如果这种忧患意识不是将我们引向毫无用处的抱怨或愤愤不平,而是提醒我们不要过分陶醉于中国企业已取得的经济增长和经济总量扩大,与发达国家相比,中国的经济发展水平还有较大上升空间,还需要通过更加艰苦卓绝的努力,包括相当多的企业还需要脚踏实地地继续增强国际代工业务能力,并在此过程中尽可能加快自身的资源与能力的积累速度,从而为最后的角色转换积蓄足够的商业能量,则积极意义就可能更大。

2. 关于"悲惨增长"的不当判断与建议

在一段时间内,人们议论较多的话题之一是关于国际代工企业的"悲惨增长"。在这类讨论中,有些说法也不够严谨,甚至有所偏颇。

例如,有学者在其相关论文中提出了基本意思如下所述的两个相互联系的判断:其一,跨国采购商将代工企业牢牢锁定在价值链的低附加价值环节,必然使代工企业的分配地位日益恶化,陷入"悲惨增长"的境地;其二,国内某产业通过企业的国际代工加入了全球价值链,该产业从某个年份出现了利润率下降的势头,并稳定地停留在了某个较低的水平。这证明,该产业中参与国际代工的企业陷入了"悲惨增长",而加入由跨国采购商为主要治理者的全球价值链,是这些企业陷入"悲惨增长"的根源。按照这位作者的解释,所谓"悲惨增长"是指"在生产和就业不断增长的同时,经济活动的报酬却在不断降低"。根据这两个判断,该作者提出了这样的建议:还没有加入国际代工的企业在没有培育出自己的"高级要素"之前不应"急于"参与国际代工(作者原话采用的是"加入全球价值链",但从上下文意思来看显然是指"参与国际代工")。

在评价这位作者的判断和建议之前,我们对"悲惨增长"之说的来源先简要了解一下。"悲惨增长"最初是由经济学家巴格瓦蒂在 1958 年提出,其基本意思是指当一国因生产要素的增加从而导致产品出口增加,不但没有带来该国的出口收入和福利水平提高,反而降低了本国的收入福利水平。

导致这一结果的具体过程大致如下:生产要素的增加导致出口产品产量的增加,当出口国的该产品的出口量在世界市场上已占有一定比重并成为该产品的价格影响者时,增加的出口量必须降低价格才能被市场吸收。如果出口量上升带来的收入被产品价格下降抵消,悲惨增长就产生了。当然,悲惨增长的出现通常需要一些特定的前提条件。

不难看出,"悲惨增长"本来是一个分析国家出口这种宏观层面相关现象的概念。国际代工虽然与出口有关,但要将"悲惨增长"这个用于宏观层面分析的概念平移到代工企业这样的微观主体身上,可能需要有其他一些相应的说明。当然,我们也可以不去细究这方面的问题,而将关注点放在作者借"悲惨增长"这个概念实际所要表达的"利润率越来越低"这个基本意思之上。

应当肯定,作者关注到了中国部分产业出口价格和利润水平过分下降的不利局面,并由此推断作为这类产业出口重要支撑性因素的国际代工企业的产品价格和利润率也会出现相应的下降,从而引起相关部门或企业的重视,以促其采取相应对策,这固然是有很大积极意义的。但是,如果断言国际代工甚至代工模式必定陷入"悲惨增长"的结局,或国际代工甚至代工模式是"悲惨增长"的根源,可能就有点不够严谨了,因为这两个判断实际上是将国际代工或代工模式划入了"劣等"的商业活动或商业模式。

应当承认,代工企业的利润水平在一段时间内确实具有逐渐下降的态势。例如占据全球运动鞋产品总量近 20% 的制鞋业代工巨头中国宝成工业在早期从事国际代工时曾可以获取百分比两位数的毛利率,但以后逐渐降低到 5% 左右甚至更低;全球笔记本电脑代工巨头中国广达 1998 年的毛利率曾高达 19%,但到 2002 年毛利率就跌破了 10%,2003 年下降至 6% 以下,到 2007 年更是一度跌破了 4%,从而进入了所谓的"保三争四常态"。

但是仔细分析便可看到,这种利润水平下降的原因往往是多方面的。首先,如前所述,能够以代工模式生产制造的产品一般都不大会正处于产品生命周期中的前期阶段,而是往往已经到了成熟阶段,甚至更加后期的阶段。因此,这类产品的市场竞争,尤其是价格竞争通常已经相当激烈,市场价格的下降速度通常都比较快。在此过程中,如果成本下降的速度赶不上价格下降的速度,就只有牺牲利润水平。尽管随着规模经济、学习效应的获取和其他降低成本措施的采用,这类产品的生产成本有可能进一步地降低,但是要在较长时间内都保持生产成本下降的速度快于或同步于市场价格下降的速度往往是不可能的。因此,随着某种产品日益趋于生命周期的后期阶段,其经营毛利率在一定时期内出现下降几乎是难以避免的。实际上,经营毛利率在一定时期内出现持续下降并不是只有代工企业才会碰到,即使独立产销企业也往往面临着成熟产品毛利率逐渐降低的问题。将利润水平降低看作是国际代工或代工模式专有,或者将利润水平降低直接归因于国际代工或代工模式,显然有失公允。

从另一个角度来看,只要某种产品还没有被其他产品完全替代,就会有市场需求。如果这种产品的价格降低到没有企业可以或愿意生产经营,市场就会出现供不应求的状况,从而使这类产品的市场价格提高。如果在市场价格或生产成本低到不能再低的那样一种需求和供给的"均衡点"或"边际状态"上仍然能够生存下来的企业,那通常是同类企业中生存能力或竞争能力最好的企业。如果这些留下来的企业大都由中国企业构成,其他企业无法替代,则恰恰证明了这些中国企业与同类企业相比具有很强的国际竞争实力。中国的代工企业中如能够多出几个这样的企业,那也是一种很重要的成功。当然,在此过程中确实会有很多其他代工企业倒下。但是,独立产销企业不也得服从这种无情的市场规律吗?

其次,部分代工企业利润率不断下降、步履维艰,最终破产倒闭也可能与其自身的经营不善有关。关于这一点,我们所提到的这位作者其实自己也有所论及。该作者曾就质量、价格等5个要素的客户期望值和国内部分代工企业的实际达到值对国际采购商进行问卷调查。结果显示,国际采购商对质量、供应可靠性、价格、标准和区位的期望值分别为7、7、6、5.5和4.2,而国内部分代工企业的实际达到值则分别仅为3、2、6、2和3(分值范围均为0~7,即最高为7,最低为0)。可以看出,除了价格以外,在产品质量、供应可靠性等方面,接受调查的国内部分代工企业的表现都不能使国际采购商满意。这一结果可在一定程度上说明,一些代工企业的利润不断降低,经营日趋困难,甚至最终破产倒闭并不能完全归因于其参与了国际代工或采用了代工模式,未能在产品质量、供应可靠性等方面给予应有的重视并做出相应的努力,或虽然重视和做出了相应的努力,但效果不佳,可能也是重要的原因。

当然,也不能完全否定有些代工企业的利润下降、步履维艰,最终破产倒闭确实是由于代工委托商利用其处于合作网络主导性地位和所拥有的某些"权力"对代工企业实施所谓的"后向压榨"所致。但是应当看到,这种建立在委托商"机会主义行为"基础上的"后向压榨"毕竟难以成为代工委托商行为的主流。就多数委托商而言,在正常情况下按照大致的"均衡价格",即与代工企业所创造价值在网络合作所创造总价值中的比重相对应的价格来支付代工企业的代工服务报酬才是"理性选择"。如果经常按照低于"均衡价格"的水准来支付代工企业的代工服务报酬,有可能会因一时之利而毁掉自己与代工企业共同辛辛苦苦构建起来的互补合作关系。残酷的市场竞争、充分的商业理性和关于重复博弈的心理预期会让多数委托商选择珍惜自己的经营理念和行为模式。试想一下,如果不是这样,那么形形色色的网络合作、外包、价值链伙伴关系怎么能够广泛存在? 因此,断定只要参与了国际代工或采用了代工模式,就一定会遭遇委托商的控制、盘剥,就一定会发生"悲惨增长",就一定会步履维艰,最终归于破产倒闭,在一定程度上是步入了将"可能性"等同于"必然性"的认识误区。

再来看看这位作者的建议(或呼吁):还没有加入国际代工的企业在没有培育出自己的"高级要素"之前不应"急于"参与国际代工。这位作者在这里所说的"高级要素"主要是指通过开拓国内市场所培育出来的研发设计和营销渠道构建的经验和能力。仔细推敲,这个建议(或呼吁)的有用性或可行性似乎也存在着颇多疑问。

(1)这种"高级要素"究竟应达到何种程度才算"达标"? 从实际情况来看,很多承接国际代工订单的企业其实也并不是"平地起高楼",而是已经在国内市场的发展中取得了一定基础。这些企业在成为代工承接商以前显然不是完全没有在国内市场培育出来的研发设计和营销渠道构建等方面的经验与能力,那是否可以说这样的企业参与国际代工或采用代工模式就可以避免"悲惨增长"了呢?

(2)企业间资源与能力的互补性是代工合作关系存在的基础。在多数情况下,正是因为一些企业缺乏某些"高级要素"才去给国际品牌商做代工。如果一个企业拥有充分的在国内市场上经营自己的品牌产品,并能够获得一定利润的"高级要素",又何必要去给别人代工呢?

(3)就算拥有这些"高级要素"的企业比没有这些"高级要素"的企业可能有更大的选择余地,但是,如果这些企业自恃拥有"高级要素"而在与国际委托商的讨价还价中索要高价,从而超出了国际委托商的预算或承受力,则国际委托商为何一定要找这样的企业做代工?

(4)那些因种种原因在国内市场经营不利,培育"高级要素"受阻,好不容易遇到承接国际代工的机会,从而获得一线喘息生存可能的企业,究竟是先抓住这样的机会活下来,再图日后成长壮大,还是听从这位作者的建议或呼吁眼睁睁地等着破产倒闭? 估计这位作者也不会忍心继续坚持自己的建议或呼吁。当然也许这位作者会说在这种情况下选择代工无异于"饮鸩止渴",终究难免一死。但相信多数企业不会选择坐以待毙,而会选择"搏一把再说"。值得一提的是,韩国三星也是一家为欧美品牌做代工生产起步的企业,直到今天也没有完全放弃代工业务。在成就三星今天成为一家国际知名品牌商的诸多因素中,恐怕很难说通过代工所获的知识、经验、能力、资金、商誉不是重要的因素之一。至于三星在做国际代工之前究竟获得了多少上述"高级要素",则是一件需要另外考证才能知道的事情。

3.品牌商收益水平比较中的"成本因素缺位"

在对中国企业参与国际代工的种种负面性评价中,经常可以看到这样的说法:一件××产品,国际零售商在商场里卖××美元,而中国代工企业只能拿到区区××美元。应该说,就这句话本身而言并没有什么不对,但也不能不注意到其字里行间所折射出的某种不平与不屑,可能多少存在着一定的偏颇。

首先应当肯定,在代工企业所嵌入的产品价值链的不同职能环节的价值分布中,生产制造职能环节的价值比重确实很低。在这里,我们可以直接引用谭力文教授等人的文章中所做的相关数据分析。谭力文等分析了浙江一家制衣企业给日本某服装品牌经营商代工制造的棉涤女上衣的各职能环节价格、增加值和增加值比重情况,相关数据如下:代工企业生产一件女上衣的原材料价格为 19.00 元(人民币,下同);代工委托商支付给代工企业的价格是每件 28.00 元;代工委托商批发给零售商的价格是每件 55.00 元;零

售商在超市的标签零售价是 121.00 元。由此可以算出,该产品价值链相关
职能环节的增加值和增加值占零售价的比重分别为:原材料价值 19.00 元,
占零售价的比重为 15.7%;生产环节的附加值为 9.00 元,占零售价的比重
为 7.4%;一级批发商(即代工委托商)的附加值为 27.00 元,占零售价的比
重为 22.3%;零售商的附加值为 66.00 元,占零售价的比重为 54.5%(参见
图 8-1)。

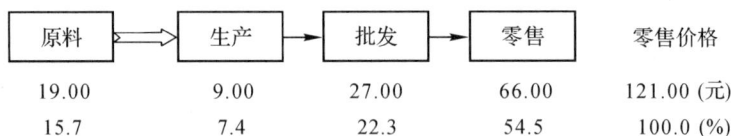

原料 ⟹ 生产 → 批发 → 零售   零售价格

| 19.00 | 9.00 | 27.00 | 66.00 | 121.00 (元) |
| 15.7 | 7.4 | 22.3 | 54.5 | 100.0 (%) |

图 8-1 某代工服装价值链环节附加值及其比重

该文章还根据 Nike 公司网站资料对 Nike 公司产品价值链价值或增加
值分布做出如下分析:在一件零售价为 100.00 美元的产品中,原材料的价格
为 15.67 美元;委托商(Nike 公司)给生产商的价格是 24.71 美元,因而生产
环节的增加值是 9.04 美元;委托商(Nike 公司)给零售商的批发价格为
52.03 美元,委托商所在环节的增加值是 27.32 美元;零售商的零售价格为
100.00 美元,其所在环节的增加值是 47.97 美元。由此,可以给出 Nike 公司
该产品价值链中原材料价值和生产、批发零售环节增加值分布图(见图 8-2)。

原料 ⟹ 生产 → 批发 → 零售   零售价格

15.67   9.04   27.32   47.97   100.00(美元)

图 8-2 Nike 产品价值链环节附加值

从这种价值或增加值分布格局中,可以看出在产品价值链中生产环节
的增加值份额确实很小。例如在上述女上衣案例中,批发、零售环节的增加
值占产品零售价的比重高达 76.8%,是生产环节增加值比重 7.4% 的 10 倍
多;在上述 Nike 案例中,批发、零售环节的增加值占产品零售价的比重也是
生产环节增加值比重的 8 倍多。

从以上数据分析中,的确可以看出生产制造环节的增加值比重与批发、
零售环节的增加值比重之间存在着很大的反差。但是也必须看到,这些价

值或增加值比重分布(除了原材料以外)并没有反映成本的因素。如果将成本的因素考虑进去,则批发、零售环节的"有利性"可能就没有那么显著,上面所说的那种不平或不屑也可能要减少许多。

成本和利润都属企业的商业机密,通常很难获取。因此,本章前面已经提到的关于一双在欧洲售价约 70.00 美元的彪马运动鞋向所有生产这双鞋的中国工人支付的工资仅为 1.16 美元,但用于这双鞋的广告费用却高达 6.78 美元的这一事例不得不再次提到。从这一事例中可以看到,广告费属于品牌商的成本,仅该项成本就是制造环节工资成本的 5.84 倍。应该说,除了广告费以外,品牌商还有其他的成本。另外,上述谭力文等人的文章给出的另一个数据也非常值得关注。在该文讨论 Nike 公司产品价值链增加值分布的相关文字中还提到了这样一个数据:品牌商的单位产品纯利润是 4.00 美元,制造商的单位产品纯利润是 1.90 美元。从这个数据中可以看出,虽然就利润绝对额来看,品牌商获得的纯利润比制造商要高出 1 倍多。但是如果将这个纯利润与增加值联系起来看,就能看出一些耐人寻味的东西:品牌商 4.00 美元单位产品纯利润仅占其增加值 27.32 美元的 14.64%,而制造商 1.90 美元的单位产品纯利润则占到其增加值 9.04 美元的 21.02%。如果以上数字是可靠的,那么至少可以看出在品牌商的增加值中,各项成本的比例应该不会很低。或者反过来说,品牌委托商所获得的利润率也不是很高。

因此,在进行代工或国际代工利弊得失比较的时候,进行全球价值链不同职能环节增加值比重的比较虽然不能说不重要,但是如果这种分析总是"成本性因素缺位"的话,也可能让人产生某种误解。实际上,除了成本因素以外,还应当将市场风险因素也考虑进去。对于代工企业来讲,虽然利润水平相对较低,但在合约期内基本不用承担产品的市场风险,只要按时、按质、按量交货,就能获得相应的收益。但是委托商不然,其产品能不能卖出去,以何种价格卖出去,都存在较大的不确定性。

从这个意义上来讲,在全球价值链诸如品牌经营或市场销售这样的"高端环节"其实也并没有像有些人所渲染的那样"好玩"。或者换句话说,在这样的"高端环节"所赚的那点钱,与经营者所需要的能力、经验、知识等相关要素相比,与这个环节所需要的包括巨额广告费在内的各项投入相比,与这个环节所需要承担的各种不确定性或风险相比,应该说也并不轻松。从这样的较为全面的视角来看,对代工企业所获得的"区区××美元"可能也就不会有那么"不屑",对"××产品在商场里卖××美元"可能也就没有那么"不平"了。

仍然不得不强调的是,做这样分析比较的用意并不是要劝代工企业永远安于做代工的角色,而只是想说明在向众多的代工企业展示全球价值链"高端环节"的美好愿景的同时,需要将真实的、充分显示全球价值链"高端环节"竞争严酷性的景象也一并告知。这样做的好处在于:一则可使那些正在做代工的企业不要过多地受到诸如"对于一件××产品,国际零售商在商场里卖××美元,而中国代工企业只能拿到区区××美元"这样一些说法中所折射出来的"不屑"与"不平"的影响,真正将自己眼下所能做的事情做好;二则可使那些准备向全球价值链"高端环节"冲刺的代工企业对困难有更多的心理准备,对冲刺所需资源与能力做更为充分的积累,并鼓起应对各种不确定性和克服各种风险所需要的十足勇气。

4."NVC倡导"中的"市场保护呼吁"

在诸多有关改变中国代工企业境况的对策建议中,有一种对策建议可以被称作"NVC倡导",其大致意思是:为了改变发展中国家大量企业"俘获型"嵌入全球价值链(即 global value chain,缩写为GVC)、已经嵌入的企业无法向价值链高端环节攀升或向"均衡性"网络转化的局面,发展中国家的相关企业应当首先构建起自己的国内价值链(即 national value chain,缩写为NVC),待这种NVC发展到一定程度、拥有一定实力之后再寻求与GVC对接。但是,由于大量FDI(直接投资,foreign direct investment,缩写为FDI)和跨国公司进入中国市场,在新兴产品或传统产品价值链的高端环节抢夺了中国本土市场,所以基于本土企业的NVC很难得到有效的发展。于是,"NVC倡导"者进一步提出了"市场保护呼吁",即通过实施一定的市场保护政策,为基于本土企业的NVC和代工企业从"俘获型"网络向"均衡型"网络转化留出足够的"转化空间"。这里所说的"俘获型"网络是指参与国际代工的企业因与委托商在资源和能力等方面存在较大的不对称性而会受到后者的种种控制,尤其是在某些功能升级方面的控制。这里所说的"均衡型"网络是指网络成员之间不存在相互之间的控制关系,完全是一种能力互补、技术充分交流、市场共享的双边合作关系。

这样的倡导和呼吁，虽然愿望或出发点良好，但是否被接受或采纳，恐怕还得对以下几点疑问加以认真地考虑之后才能得出结论。

（1）保护措施是否能够确保被保护者成长得更快？如上所述，之所以要进行市场保护是因为"俘获型"网络中代工企业与委托商之间的资源能力差异太大，以致前者会受到后者的种种控制。然而，要想缩小两者之间的差距，就必须确保原来落后的一方比先进的一方成长得更快。如果不是这样，就可能要么差距依然，要么差距更大。于是就出现了这样一个问题，我们有什么把握能够保证被保护的中国企业在受保护期间一定比那些有可能成为其未来委托商的外国公司进步得更快？因为一个很简单的道理是，在被保护企业获取进步的时候，人家也并不是静静地等候在那里。实际上，如果没有其他一些相关条件的配合，仅仅依靠保护措施，结果越保护越落后的先例也绝非没有。一般说来，市场环境较之被保护起来的"人工环境"条件更为严酷，在"人工环境"中培育出来的资源与能力到了真刀真枪地与国际竞争者展开竞争时是否能够取胜，也是一个问题。如果我们能够把"人工环境"设计得比"自然环境"的条件还要苛刻严酷，那自然另当别论。但至少从目前来看，能否做到这一点似乎还是一个有待研究的问题。

（2）国家是否值得支付因实施这种保护所产生的巨大的经济与社会成本？经济学的相关原理告诉我们，实施产业保护往往会形成巨大的经济与社会成本。目前，中国企业参与代工的产业既有像手机、笔记本电脑这样技术含量较高的产品，也有运动鞋、袜子、服装、打火机、眼镜、护肤用品、保洁用品之类技术含量较低的产品。到底对哪些产品进行市场保护，对哪些产品进行市场开放，是一件很难给出明确界限的事情。总不能弄得中国的对外开放搞了几十年，现在又回到连运动鞋、袜子、服装、打火机、眼镜、护肤用品、保洁用品之类的产品也要实施市场保护的程度吧？如果对这类产业或产业环节都实施保护政策，那几乎也就是要由开放经济重新返回到类似过去的封闭经济。国家为了部分代工企业实现"功能升级"花费如此巨大的经济与社会成本是否值得，是否有实际的可操作性，也是一个需要认真考虑的问题。

（3）受到委托商控制的代工企业是否一定不能实现功能升级？如前所

述,当代工企业的功能升级达到一定程度,尤其是在代工业务领域中向OBM环节升级的时候,其与委托商之间的关系就会由原先的互补关系向一定程度的直接竞争关系转化。在这种情况下,委托商当然不愿意干"用自己的技术、管理和订单培育自己的竞争对手"的事情。但尽管如此,似乎也并不能说只要存在着委托商的"控制",代工企业就完全不可能实现包括自创品牌在内的功能升级。从理论上来说,只要"升级"的力量超过了"控制升级"的力量,"升级"就有可能发生。从实践上来讲,韩国的三星,中国的宏碁、格兰仕等企业都经历过代工,也都实现了不同程度的自主品牌功能升级。本书前面的相关论述专门提到了中国宏碁在发展自主品牌产品的过程中面临着品牌委托商所施加的种种压力,但是宏碁通过相关措施较好地协调了这方面的矛盾。至于三星和格兰仕的升级是否受到委托商的控制,因未做专门研究而不好评价,但至少可以肯定不会受到委托商的"热情支持"和"积极鼓励"。因此,在不加"保护"的情况下,受到委托商控制的代工企业也未必一定不能实现功能升级。

(4)功能升级是否是衡量代工企业成功的唯一标准?或许有人会说,像韩国三星,中国宏碁、格兰仕这样实现功能升级,尤其是实现自主品牌经营的代工企业毕竟是凤毛麟角,大部分代工企业都难以实现以自主品牌经营为标志的功能升级。这话当然有一定的道理,能够实现以自主品牌经营为标志的功能升级的代工企业的比例的确不会太高。但是从另一个角度来看,到底要有多大比例的代工企业能够实现以自主品牌经营为标志的功能升级才算是理想状态?以自主品牌经营为标志的功能升级是否是衡量代工企业成功的唯一标准?如果有些企业长期坚持做代工,是否一定意味着不正常、不长久、不成功?

三、中国企业参与国际代工的可能前景及其影响因素

(一)中国企业参与国际代工的可能前景

尽管中国企业参与国际代工的积极意义和重大贡献几乎无人怀疑,尽管本书反复强调无须过分夸大和渲染代工模式的弊端,但很多人对企业代

工,尤其是参与国际代工的前景如何心存疑虑毕竟也是一个不争的事实。因此,正面直视中国企业参与国际代工的可能前景也就成了解决"如何恰当看待中国企业参与国际代工"问题所无法回避的一个话题。

关于中国企业参与国际代工的可能前景问题应该从微观组织的视角与宏观经济的视角两个方面进行分析。

1. 中国企业参与国际代工可能前景的微观层面分析

中国企业参与国际代工可能前景的微观层面分析实际上就是关于参与国际代工的企业的可能前景分析。从总体上来讲,参与国际代工的企业的可能前景不外乎三种类型:实现持续稳定的成长,在某种状态下保持稳定,每况愈下或破产倒闭。

部分代工企业有可能实现不断的成长与壮大。例如:(1)有些代工企业将沿着同一产品价值链的不同环节由低到高实现纵向攀升,包括在做精做强原始设备制造(original equipment manufacture,OEM)的基础上向委托设计制造(original design manufacture,ODM)转换;在做精做强委托设计制造的基础上向设计、制造、售后服务(design manufacture service,DMS)发展;逐渐向全面承担工程、制造、服务(engineering manufacture service,EMS)转换;实现自主品牌制造(own brand manufacture,OBM)等。(2)有些代工企业将在特定价值链环节上实现横向扩展。这种横向扩展既包括代工企业利用自身在制造环节或工艺流程上的某些独特优势,不断扩大同一种产品的生产规模,通过大大提高其在同一委托商业务总量中的比重而获取规模经济的好处,也包括在不影响与原有委托商合作关系的前提下,为不同的委托商提供相同或类似的生产制造性服务,以寻求范围经济的优势。(3)有些代工企业将从某一价值链向另一价值链跃迁。从某一价值链向另一价值链的跃迁相当于是代工企业的产品转型或产业转型,例如从低技术含量的产品或产业转向高技术含量的产品或产业,从低附加价值的产品或产业转向高附加价值的产品或产业,从生产制造性产业转向服务性产业。

部分代工企业有可能在较长时间内处于相对稳定状态。相对于那些通过不同价值链环节纵向攀升、在特定价值链环节上横向扩展和从某一价值链向另一价值链跃迁的路径实现成长壮大的代工企业而言,部分代工企业有可能在较长时间内都处于变化不大的状态。例如,有些企业可能在某个价值链环节上以长期供货商或服务商的形式成为一家或多家品牌委托商的网络合作伙伴。在这些企业所嵌入的价值链合作网络处于稳定发展的条件下,这些企业因能够提供令购买者满意的产品或服务而使价值链伙伴关系得以长期保持,并分享该价值链合作网络长期稳定发展的相应成果。

部分代工企业有可能步履维艰、每况愈下。例如某些代工企业因未能充分满足委托商在产品质量、款式、价格、交货期或专用资产投资等方面的要求,或在新的竞争对手面前难以保持自己的原有地位,因而可能逐渐落入步履维艰、每况愈下的境地,并最终有可能从原来的价值链合作网络中淘汰出局。当然,也不排除有些代工企业完全或较大程度上因遭受委托商的过度压榨、控制或盘剥而遭受重大损失,以致最终走上破产倒闭之路。

需要说明的是,这里关于"可能前景"的分析与其说是"预测性"内容,毋宁说是"强调性"内容。不得不承认,这样的分析完全有可能被人看作是一大堆原则性的空话,毫无新意可言。但之所以还要讲这一大堆"原则性空话"是因为:在有些人的眼里或潜意识中,代工模式从根本上来说就是一种"劣等"的商业模式,采用这种"劣等"商业模式的企业肯定难以有什么好的结果。或者说,在这些人的眼里或潜意识中,代工或国际代工终究算不得是一条"正道",参与其中的代工企业(尤其是那些被称作"俘获型"嵌入的企业)一经嵌入,便难逃破产倒闭的厄运。因此,在他们看来,中国企业参与国际代工的可能前景必然是黯淡的、没有希望的。在这里强调中国企业参与国际代工的可能前景是三种而不是只有一种,就是为了努力说明代工模式与独立产销模式并没有高低优劣之分,而是各有其不同的应用条件和应用对象。那些资源与能力具备采用独立产销模式进入某种竞争领域的企业,通常是不大可能放弃或让渡某种独立性而走代工企业之路的;对于那些在特定条件下不具备自创品牌的资源与能力的企业而言,一定要让它放弃代工模式,则显然是强人所难。独立产销模式自然自主性强,具有独享自己通过艰苦努力而获得的市场收益的有利性,但是也有承担独自面对市场不确定性的风险;代工模式,尤其是所谓的"俘获型"代工,虽然有"受制于人"之弊,但却可享一定程度减小市场风险、收入相对稳定可靠、有可能获得技术溢出、"背书效应"等"非财务性收益"之利。

实际上,只要中国继续选择开放经济之路,大量企业参与国际代工就不会只是一个偶然的现象,更不会只是具体企业决策者的"一时疏忽""一念之差"或"误入歧途"所造成的,它是中国与发达国家要素禀赋差异和能力资源互补性在恰逢国际主流企业纷纷实施"归核化"、产业价值链环节对接方式纷纷实现"网络化",进而导致国际分工"职能化"的全球产业组织方式变迁潮流背景下的某种必然或大概率事件,是企业相关决策者在根据自身具体情况反复权衡利弊之后的理性选择。因此,尽管我们可能不喜欢国际代工,从感情或自尊心上不接受国际代工,但从理性的角度来看最好还是采取既来之则安之的态度。与其过多地批评代工模式存在的种种局限性,甚至有意无意地将代工模式理解为一种"危途"或"陷阱",而实际上又并不能真正指出一条两全其美的替代之路,倒不如以平和心态对待,并在此基础上仔细研究改善之道,以便帮助代工企业踏踏实实地克服发展过程中的各种困难甚至磨难。

2.中国企业参与国际代工可能前景的宏观层面分析

大量中国企业参与国际代工会使中国经济面临怎样的前景?首先,应该肯定,大量中国企业参与国际代工虽然使中国经济得到了非常显著的进步与发展,但人们的某种担心和忧虑也并非完全是空穴来风:大量的国际代工订单来也匆匆,去也匆匆。国际品牌委托商会像羊群对待草场一样,当草场上的草被吃光之后羊群就扬长而去,将荒芜留给这片草场;当中国的廉价劳动力资源被利用殆尽,委托商就可能去寻找新的劳动力资源价值洼地,而将大量失业与衰退留给中国经济。

但同时也必须看到,大量失业与经济衰退并不是唯一的可能前景。从理论上来讲,至少还存在着另一种可能的前景:一些使用初级技能劳动力的代工企业虽然因劳动力成本的上升选择离开中国,流往诸如越南等劳动力价格更加低廉的国家。但是,只有在那些使用初级技能劳动力的代工企业在中国存在期间,中国的企业家才能得到充分的锻炼,中国的基础设施与经济环境得到充分的改善。服务于这些使用初级技能劳动力的代工企业的员工利用自己赚到的收入的一部分对自己或对后代进行了一定的教育投资,同时政府也非常重视劳动力资源的质量提升,将在此期间获得的税收等政府收入的一部分用于教育与培训,就有可能在部分使用初级技能劳动力的代工业务离开中国的同时,迎来或产生新的使用较高级技能劳动力的代工企业或其他企业,从而使中国经济继续保持繁荣的态势。从目前的实际情况来看,虽然一部分委托者从中国诸如长三角、珠三角等地区移除了一部分低端代工代工业务,但是仍然有一部分较高端的代工业务在这些地区得到了发展。更何况,随着时间的推移,会有一些代工企业利用代工业务赚取的利润、学会的技能和经验由纯代工业务模式转向自主品牌业务与代工业务共存的模式,甚至完全转入自主品牌业务模式。这些企业的出现将有效地改善中国经济的"技能结构""职能结构"和"价值链环节结构"。

实际上,当国际代工还有相当大的发展空间的时候,相关企业通常并不会因为人们大声疾呼代工模式的弊端而选择离开国际代工。反之,当国际代工之路走到尽头,我们也不必过分低估微观主体进行产业转型的能力、决心和商业智慧。当然,这种市场信号的获得和据此采取相应行动的决心、勇气的形成往往不得不以部分企业的破产倒闭为代价。但是在这一点上,似乎没有证据能够说明代工模式与独立产销模式有多少本质上的差别。就算不做代工,面对着经济或产业的巨大结构调整,微观主体和宏观经济不也同样需要经历相应的阵痛过程吗?

(二)中国企业国际代工发展前景的影响因素

以上分析了中国企业参与国际代工的各种不同的可能前景,至于究竟会出现何种前景,当然会受到多方面因素的影响。

1.基于微观层面的分析

(1)基于代工企业外部环境视角的分析。

之前,我们从代工企业的视角讨论了其所在环境的相关竞争因素。现在,我们关于代工企业发展前景的讨论,也需要从这些相关因素入手。①代工企业所在产业的生命周期状况会影响代工企业的发展前景。如果所在产业处于相对平稳期,则代工企业所在合作网络的经营环境就相对宽松,成长空间就相对广阔。如果所在产业已进入衰退期甚至让予期,则代工企业所在合作网络的经营环境就相对严酷,成长空间就相对狭窄。②代工企业的发展前景也受到其所在产业竞争情况的影响。如果该产业竞争激烈,不仅业内在位企业强手如林,而且受到潜在进入者威胁,则代工企业所在合作网络的竞争压力就较大,反之则较小。③代工委托商在业内的竞争地位。如果竞争地位有利,代工企业可与之分享的合作收益就相对丰厚,反之,可分享合作收益就相对微薄。④代工企业自身的直接竞争状况。由于委托商通常会将代工业务分别委托给不同的代工企业,所以这些服务于同一委托商的代工企业之间就有了一定的直接竞争关系。如果竞争对手很强,则相关代工企业的竞争压力就比较大,其发展成长过程就更趋艰难。反之就可能相对平顺。⑤潜在代工企业的威胁。如果代工委托商除了已有的代工承接商以外还有较多的候选者可挑选,则在位代工企业受到的威胁就较大,反之则较小。⑥代工企业的生存和发展状况还受到委托商在处理合作网络关系方面的导向的影响。如果代工委托商更加看重网络合作关系的长期保持与发展,倾向于对(总)超额收益按照网络成员所创造价值在合作网络所创造总价值中占有的比重进行合理公允的分配,代工企业的生存发展条件就较好。如果委托商较重视其自身的短期利益算计,从而对代工企业的正当利益竭力盘剥,代工企业的生存发展条件就较差。

(2)基于代工企业内部资源能力视角的分析。

除了外部环境因素以外,代工企业的内部因素,即其自身的资源与能力的获取和积累速度将成为其发展前景的最具决定性的因素。

经济学和管理学相关理论告诉我们,企业竞争地位的高低取决于企业竞争力的强弱,而企业竞争力的强弱又取决于企业所拥有的资源与能力的状况。由于在企业的生产经营过程中,其资源与能力的状况是动态、可变的,所以我们也可以将企业的资源与能力状况看成是其资源与能力获取和积累速度的函数。如果一个企业具有较高的资源与能力的获取和积累速度,则该企业的资源与能力就可能处于较高水平,反之则可能处于较低水平。

现在的问题是,上述理论分析通常以独立产销企业为对象。但代工企业与其"顾客"的关系是一种介于以市场为基础的企业关系和以科层为基础的垂直一体化关系之间的以网络为基础的价值链治理关系。在这种关系中,供应商所提供的产品或服务往往是按照其与购买商的长期合约而专门生产或提供的,具有较强的针对性,因而会不同程度地产生资产和能力的专用性问题,并由此产生非对称控制或"锁定"问题。尤其是在小型代工服务商与大型购买商之间,由于小型供应商往往存在着更大的转换成本,所以这种非对称控制问题或"锁定"问题会显得更为突出。在这种情况下,以上关于竞争地位、资源与能力水平、资源与能力获取积累速度相互之间关系的结论是否仍然适用?

其答案应当是肯定的。例如,对于一个代工企业而言,如果在完成委托商的生产制造订单的过程中更加注意学习、训练和创新,就可能使自己以更快的速度培植与积累相关的资源与能力,主要包括那些使产品成本更低、质量更高、交货速度更快的资源与能力。而这些资源与能力可能使该企业处于更加有利的竞争地位,包括因成本节约而带来相对较高的盈余,因产品质量更高、交货速度更快所带来的客户满意度和更加稳定的合作关系,因具有更大的价值创造能力而在与合作伙伴的下一轮谈判中获得更强的讨价还价地位等。若这类代工企业将由成本节约与较强的讨价还价地位的获得所带来的盈余转换为投入,则可能使其竞争地位更加有利。而这种有利的竞争地位一旦达到某个阈值,就可能集聚起足够的克服因较大转换成本等因素而导致的路径"锁定"效应的能量,从而实现其以规模扩张、网络合作关系更加稳健、职能环节攀升、商业模式转换等形式为基础的持续成长。

当然,从代工委托商角度来讲,为了保持或增强对代工企业的控制力,其往往不会听任代工企业顺利实现这种资源与能力的获取和积累。为此,其可能在下一轮合约签订时进一步降低委托价格,从而进一步削减代工企业的利润水平。但是从另一个角度来讲,这种削减代工企业利润水平的行为不可能无休止地进行下去,因为这可能导致其失去某个代工合作伙伴。为此,代工委托商会在以下两者之间进行权衡:要么继续削减代工企业的利润水平,从而最终导致失去某个或多个代工合作伙伴;要么给代工企业留下一定的利润,从而继续保留其所需要的代工合作伙伴。而正是这种"权衡"的存在,为代工企业的资源与能力的获取和积累留下了一定的空间。

因此,从价值链的纵向视角来看,在其他条件一定的前提下,如果一个代工企业的资源与能力的获取和积累速度高于维持其留在价值链原来环节所需的资源与能力的获取和积累速度,则该代工企业就有可能实现价值链环节的纵向攀升;如果一个代工企业的资源与能力的获取和积累速度与其留在价值链原来环节所需的资源与能力的获取和积累速度大致相当,则该代工企业就有可能在某个价值链环节上保持相对稳定;如果一个代工企业的资源与能力的获取和积累速度低于其留在价值链原来环节所需的资源与能力的获取和积累速度,则该代工企业就可能不仅无力实施价值链环节的纵向攀升战略,而且可能连维持原来的价值链环节都步履维艰,最终难免被淘汰出局。从价值链的横向视角来看,在其他条件一定的前提下,如果一个代工企业能够保持较高的资源与能力的获取和积累速度,其就有可能较快地扩大代工规模,从而使自己的业务份额在原有委托商业务总额中的比重增加,或者由单一客户代工企业发展成多客户代工企业,由单一产品代工企业发展成多产品代工企业。反之就可能出现业务萎缩,甚至难以为继的局面。

2.基于宏观层面的分析

在大量企业参与国际代工的背景下,中国经济究竟是保持继续较快增长,还是因部分低端代工企业在劳动力成本等因素趋于不利的情况下被淘汰出局而导致大量工人失业?这将受到多方面因素的影响。在出现部分低端代工企业向其他低成本国家迁移,相关中国代工企业被淘汰出局的情况下,能否继续保持宏观经济的一定增长,说到底将取决于是否有足够数量的比较高端的产业活动来填补或接替。而要吸引或内生足够多的高端产业活动来填补或接替,关键将取决于中国的区位条件或投资环境要有足够的吸引力。在过去几十年中,在使中国的区位条件或投资环境具有更大吸引力的诸多因素中,由劳动力的素质和价格共同决定的高"性价比"显然属于最为关键性的因素。中国经济在今后若想继续保持较快的增长速度,在新的水准上继续保持劳动力要素的高"性价比"仍将是一个举足轻重的因素。而要继续保持中国劳动力要素的高"性价比",就必须使劳动力素质的提高速度快于劳动价格的上升速度。当然,在过去几十年间,作为支撑中国经济高速发展重要因素之一的劳动力素质的高"性价比"是由特定历史环境造成的。而未来中国若想再创这种劳动力素质的高"性价比",则需要启动一项复杂的"系统工程"。其中,将由中国企业大规模参与国际代工所获得的国家财政收入中的一部分有效地转化为各种基础设施的改善和劳动力质量的有效提升应属这个"系统工程"的重要分支。如果这种改善和提升的速度快于土地使用成本和劳动力使用成本上升的速度,则中国有可能仍然会在更高的技术水准和产业水准的基础上继续保持全球投资价值洼地的角色。反之,人们所担心的失业与衰退就有可能变为现实。

四、争取中国企业参与国际代工有利前景的相关举措

以上分析主要试图表明:从微观角度来讲,不同商业模式各有利弊,关键在于是否适合自己,是否能将所选定的商业模式做到极致;从宏观角度来讲,不同国际分工形式也往往各有利弊,关键在于是否适合自己,是否将所选定分工形式的有利因素发挥到极致。因此,争取较好的企业发展前景和经济发展前景,其关键还在于相关主体要采取有效得力的措施,要做出最大限度的努力。

(一)基于微观主体层面的努力措施

本书在相关章节中对代工企业实现持续成长可能采取的相关策略和应着力培养的能力基础展开了分析。可以相信,这些分析在引导代工企业实现持续成长,争取有利发展前景方面应当会有所帮助。除此之外,代工企业争取有利发展前景还应着重从以下几个方面做出积极的努力。

1.培育高素质员工队伍与卓越的企业家眼光

企业竞争力的强弱在很大程度上取决于员工素质的高低。一个成功企业的背后,必定有一大批素质高、能力卓越、业绩突出的员工。代工企业要想寻求良好的发展前景,必须从培育高素质员工队伍做起。卓越的客户价值创造能力是代工企业最为基本的能力,是未来成长发展漫漫征程的起点。因此,如何以高效、快捷、优质的代工服务赢得客户的满意是代工企业最重要的基本功。而为了夯实这个基本功,代工企业需要培养一支技术精湛、作风过硬、勇于开拓、文化理念先进的员工队伍。对于中国的很多代工企业而

言,在过去相当长一段时间内,其一线操作人员往往主要是所谓的"农民工"。如何将这些"农民工"变成训练有素的产业工人,是代工企业需要花费足够的力气去认真解决的重要问题。近年来,"90后"逐渐成为代工企业一线工人的主体。这些"90后"与他们的代工前辈相比往往文化程度更高,但是对生活内容的丰富性和多样性也要求更高,其各种心理诉求也需要得到更多的回应。为此,如何发挥这些员工的长处,克服其某些弱点,使之成为新一代高素质产业工人,也是对代工企业的一项重大挑战。除了一线操作人员以外,技术人员、管理人员队伍的建设也需要相应跟上。尤其是那些处于战略转型时期的代工企业,面对即将进入的新领域、新职能,要及早做好相应的人才战略储备。

企业家,特别是既能够在中国境外市场,又能在国内市场上适应"国际竞争"需要的企业家的短缺,是制约中国企业持续发展的瓶颈。相关资料显示,中国企业家从总体上来说国际评价还不够高,这说明中国培育企业家的任务还相当繁重。对于代工企业而言,如何使决策者越来越具有卓越的企业家眼光更是一个关乎代工企业能否应对复杂的网络合作关系,并从网络合作的非主导成员逐步向关系对等度较高的成员,甚至向网络合作主导性成员跨越的根本性问题。本书第七章所分析的代工企业持续成长的各项能力基础,如代工机会识别能力、客户价值创造能力、合作权益维护能力、网络关系调适能力和路径依赖超越能力等都主要是对代工企业的高层决策者所提出的要求。因此,代工企业高层决策者需要深入研究代工模式的特点与代工模式下企业提升竞争力的特殊性要求,从而逐渐形成自己驾驭代工模式的精湛技巧与高超艺术。

2. 开发掌握关键技术

依据古典企业理论,企业是一个"生产函数",每个生产函数都是建立在一个已知的技术水平上的。如果技术水平发生变化,生产函数也必须重新确定。其实,在为委托商提供加工制造和其他服务的过程中,代工企业在技术开发方面有很大的发展空间,例如在各种先进制造设备、制程技术的运用和敏捷制造、供应链整合等组织、管理方法的运用方面,代工企业如果获得足够的进步,必将大大提升其在价值链网络中的地位,并为寻求进一步发展奠定重要的基础。为此,代工企业在为委托商提供各种服务的过程中,要加快企业技术进步步伐,在关键技术上缩短与国际领先企业的差距。应在立足自身研发力量培养和利用的基础上,注意借助"外脑"来实现技术获取。目前,期望"中国制造"全面掌握所有核心技术是不可能的,但是如果中国企业能够结合自身实际,有重点地利用全球化,加大投入资金,打造自身的全球研发网络,还是大有可为的。为此,可尝试锁定或购买有创造性的小公司,与世界知名学府和实验室建立合作研发机构,全球布局优化研发网络等举措提高自身掌握某些关键技术的能力。

3. 塑造良好的企业文化

企业文化是一个企业长期形成并为企业成员普遍认同的企业价值、企业精神和企业的行为准则、经营战略等相关要素的集合体,也是提高企业竞争力的无形资本。作为企业在生产经营活动中所创造的具有自身特色的精神财富的企业文化,已成为企业长期稳定发展的重要决定性因素之一。目前,一些企业或企业家往往对企业文化建设缺乏应有的认识,客观上造成了企业文化的外化与虚化,难以达成企业文化真正的内涵建树,以致表现出企业文化竞争力的弱势形态。凡是世界级的国际知名企业无不具备高水平的企业文化。深厚的文化底蕴是坚实的产业基础的支撑。因此,代工企业一定要将培育企业文化当作寻求持续成长之道的重要"抓手"。在此过程中,尤其应结合自身商业模式特点,既要积极培养严谨、守约、一丝不苟的职业精神,也要强调努力形成服务意识、企业间合作的信任意识、合作共赢意识,还要形成自身权益的保护意识、据理力争精神等。如前面已经说过,从事代工往往是弱小企业寻求快速发展的艰辛之路。因此,忧患意识、"狭路相逢勇者胜"的拼搏精神的积极培育也很重要。

4. 提高企业信息化水平

信息这一要素正迅速成为现代制造系统的重要甚至主导因素,并对制造业产生根本性的影响。从某种意义上来说,现代制造业也是信息产业,它加工、处理信息,将制造信息录制、物化在原材料和毛坯上,使之转化为产品。现代制造业,尤其对于高科技、深加工企业,其主要投入已不再仅仅是材料和能源,而是信息和知识;其所创造的社会财富实际上也是某种形式的信息,即产品信息和制造信息。未来的产品是基于机械电子一体化的信息和智能产品,未来的制造技术将向数字化、智能化、网络化发展,信息技术将贯穿整个制造业。当前,电子商务、电子企业、电子制造、电子自动化、网上服务、网上技术支持、基于网络的先进制造等行业的兴起,使得制造过程日益全球化。今天的制造技术是网络化的全球制造技术,通过网络不断更新和扩大产品的知识和技术含量,将成为制造和再制造的一种重要乃至主要方式。因此,提高企业的信息化水平,充分运用在以现代信息技术为核心的制造技术基础上发展起来的敏捷制造、虚拟制造、精良生产及智能制造等现代制造系统,既是代工企业进一步提升其全球价值链非主导性成员角色的需要,也是其日后争当全球价值链整合者的基础。

5.努力创建学习型组织

"学习型组织"一词最早是由美国麻省理工学院彼得·圣吉教授在其代表作《第五项修炼》中提出来的,是指社会的各种"细胞"都必须建成学习型的组织。社会各类组织都要以"学习"为核心,学习是组织中一切工作的出发点和落脚点,通过弥漫于整个组织的学习气氛,充分发挥员工的创造性思维能力,从而建立起一种有机的、高度柔性的、符合人性的、能持续发展的组织。这种组织具有持续学习的能力,具有高于个人绩效总和的综合绩效。学习型组织这一新理念、新方法自20世纪90年代初创立以来,得到了世界许多国家和地区的普遍关注,并掀起了全球式"学习革命"。

代工企业寻求良好发展前景的关键性因素是其资源与能力的获取和积累速度,而影响这种资源与能力获取和积累速度的基础在很大程度上又是学习的能力或学习的速度。如果一家代工企业能够比竞争对手更快地掌握相关技术、技能或诀窍,就可能在成本降低、交货迅速、质量改进等方面处于领先地位,从而通过更高的服务价值和更低的服务成本获取相对较高的利润。因此,代工企业对于创建学习型企业组织的迫切性更高,更应当给予充分的重视。

(二)基于国家宏观层面的努力措施

从上面关于竞争地位、资源与能力水平、资源与能力获取和积累速度相互之间关系的分析中可以看出,只要代工企业能够在代工过程中加快自身资源与能力的获取和积累速度,就有可能争取成为那些通过沿着同一价值链的不同环节由低到高纵向攀升,或在一定价值链环节上实现横向扩展,或从某一条价值链向另一条价值链跃迁而实现不断成长的企业,或至少成为在较长时间内处于相对稳定状态的企业。至于企业能否做到以较快速度获取和积累自身的资源与能力,并进而提升其价值创造能力,则首先要取决于企业的学习能力、努力程度,取决于包括企业战略实施者的胆略、智慧、勇气等在内的自身条件。与此同时,在所有代工企业中能否有较多的代工企业成功实现链节提升式的纵向攀升或建立在规模经济和范围经济基础上的横向扩展,在很大程度上也取决于政府能否通过实施各项有效的宏观政策,以创造更加公平而有效的竞争环境。

美国哈佛大学教授迈克·波特在其《国家竞争优势》(华夏出版社,2002年)一书中说道:"在现代全球经济下,繁荣是一国自己的选择,竞争力的大小也不再由先天承继的自然条件所决定。如果一国选择了有利于生产率增长的政策、法律和制度,比如升级本国所有国民的能力,对各种专业化的基础设施进行投资,使商业运行更有效率等,则它就选择了繁荣。与此相反,如果一国允许破坏生产力的政策存在,或者技能培训仅为少数人服务,或者仅靠家庭背景或者政府的妥协才能成功,则该国就限制了本国的财富增加,也即选择了贫穷。"因此,充分借鉴发达国家的成功经验,采取一系列有利于企业发展的相关政策,以充分鼓励企业真正通过自身的学习能力、努力程度,战略实施者的胆略、智慧、勇气等来获取相应的收益,是确保有较大比重的代工企业成功实现链节提升式的纵向攀升或建立在规模经济和范围经济基础上的横向扩展,进而实现持续稳定发展的重要条件。

1. 加强政府的战略导向和政策支持

代工企业的持续稳定发展既要充分依靠企业自身在市场竞争机制的压力下所形成的强大内在动力,也需要借助政府实施正确的战略导向和有效的支持政策而获得良好的外部环境。目前,国家对自主研发、自创品牌、对外投资等经济活动的支持扶植力度较大,但对代工企业的相关活动缺乏必要的正面评价与支持。不仅如此,在一定程度上甚至存在着将代工模式与自主研发、自创品牌、构建创新型国家等活动对立起来看待的倾向。对此，国家在政策制定和舆论导向方面应予以适当调整。代工企业并非不需要创新与研发，代工企业的创新与研发活动应当被视为中国构建创新型国家的重要组成部分。此外，对部分成功的代工企业的经验应给予适当的宣传与肯定，对代工企业出现的问题给予应有的关注和提供必要的帮助，鼓励相关人员对代工模式或国际代工进行深入的研究，并给予有力的理论指导等。

2.改善人才成长环境

在大量企业参与国际代工的背景下，中国经济究竟是走向进一步的持续增长，还是因部分低端代工企业在劳动力成本等因素趋于不利的情况下破产倒闭并导致大量工人失业，在很大程度上取决于是否有足够多的高端代工企业或其他企业来接替。而要做到这一点，是否有足够的高素质劳动力来支撑高端代工企业或其他企业的接替就成为非常重要的关键性因素。当今世界的综合国力竞争，本质上是一场人才的竞争。科技竞争，说到底也必须以人才竞争为基础。从企业层面来看，人才在企业竞争和市场竞争中的作用越来越大。为了使中国的人才状况适应国际竞争的需要，国家应在改善人才成长环境方面做出进一步的努力。首先，要把教育真正放在优先发展的战略地位，为建设高素质的科技人才队伍打下坚实基础。为此，政府要进一步加大教育投入，包括大力推进适应经济社会发展需求的各级各类职业教育，稳步提高高等教育发展水平和质量，发展终身教育，建设学习型社会，不断提高各种人才的职业技能和知识水平等。其次，努力营造良好的制度和体制环境，促进科技创新人才脱颖而出。目前，我国市场配置人才资源的基础性作用发挥不够，人尽其才的用人机制有待完善。为此，要建立健全科学合理的人才资源管理和开发体制，形成能够鼓励提高创新能力和创新效率的机制，完善客观、公正的评价体系和激励机制，营造一个能者上、平者让、庸者下的公平竞争环境，推进科技人才分配机制改革，为科技人才的成长营造更好的环境。最后，要不断完善人才引进、培养、使用的长效机制，制定和实施对各类人才具有强大吸引力的政策，用良好的机制、政策、环境吸引人才，集聚人才，为科技创新和经济发展奠定坚实的人才基础。

3.进一步加大科技研发投入

国家综合科技实力的增强对代工企业的持续成长无疑是一个重要的环

境因素。而国家科技实力的增强在很大程度上需要通过加大政府对科技研发的投入来实现。目前，中国产业中高技术产业的比例与发达国家相比仍然较低。因此，政府要加大基础科学的研发投入和科技人才的培养投入，完善国家科技创新体系。同时，要鼓励企业和科研机构参与应用技术的开发，特别是在现有生产条件下的产品创新和工艺改造，提高出口产品的质量水平。从世界范围内发达国家在高技术领域竞争与合作的发展趋势来看，未来高技术产业争夺的重点在于技术标准的控制，掌握了行业技术标准的制定权就意味着控制了行业的技术发展方向，这恰恰是中国制造业与发达国家差距的最大之处。为此，中国应加快统一的、与国际接轨的国家技术标准体系的建设，积极参与涉及行业技术标准制定和修改的各种形式的国际合作，积累经验，为争取技术标准制定的主动权创造条件。与此同时，要大力发展科教事业，特别是职业技术教育事业。在发展制造业中，人的因素，特别是一线工人的技术素质占有极其重要的地位。在日本等发达国家的技术工人中，高级技工的比例达40％，而在我国这个比例仅为3.5％左右。由于工人技术素质不高，我国制造业的竞争力受到严重影响。据统计，近年来，制造业产品平均合格率只有70％，每年因不合格产品而造成的损失达2000亿元以上。为此，必须大力加强职业教育和培训，迅速提高劳动者的综合素质。

4. 培育有利于企业创新的社会环境

一些国家和地区之所以能吸引各国技术人才，成为全球高技术企业的栖息地，一个重要的原因就在于其形成了有利于高技术产业发展的创新氛围。要使中国代工企业实现持续成长，要使中国能够不断吸引包括代工业务在内的更有高科技含量的业务活动，从而逐渐向发达国家靠拢，就要在全社会大力倡导和推动形成尊重创造、公平竞争、鼓励合作、注重实效的创新文化，使一切有利于社会进步的创造愿望得到尊重，创造活动得到鼓励，创造才能得到发挥，创造成果得到肯定。为此，政府要在以下两方面有所为。

（1）建立健全创新支持服务体系。在企业比较集中和具有产业集聚优势的地区，重点支持建立一批公共技术支持平台，为企业技术创新提供设计、信息、研发、试验、检测、新技术推广、技术培训等全方位服务，为企业自主创新提供场地、仪器设备、技术人才等资源支持,帮助企业提高技术水平,降低资源消耗,实施环境友好型生产。

(2)完善投融资政策。应建立健全创业投资机制,促进风险投资机构发展,解决制约企业自主创新的资金瓶颈问题;做好符合条件的企业到境外上市,建立企业上市融资的新体系,拓宽直接融资渠道;完善技术交易市场、产权交易市场,促进技术与资本的有机结合;加强与各金融机构合作,开展对企业的金融产品创新,完善金融服务,加大对企业技术创新的金融支持;积极推进多层次的信用担保体系建设,鼓励开展针对中小企业技术创新的多层次信用担保。除此之外,还应当加大对各种不正当手段获取利益行为的打击力度,从而使人们明白只有靠诚信劳动、艰苦创新获取应得收益才是真正的可靠之路。

5. 完善知识产权保护体系

在知识经济和经济全球化的大潮中,知识产权已成为许多国家发展和参与国际竞争的重要手段,成为关系国家核心竞争能力培育和国民经济长远发展的关键因素。中国代工企业的持续成长和中国对各类高技术含量业务活动强大吸引力的保持也离不开知识产权体系的有效构建。因此,一定要提高知识产权意识,重视知识产权保护。首先,应加大宣传和培训力度,增强国人尊重知识、保护知识产权的意识。其次,要继续完善我国知识产权保护法律体系,加大知识产权保护的执法力度,通过日常监管与专项治理相结合,真正做到有法可依、有法必依。然后,要从切实提高企业研发能力着手,积极鼓励研制、开发、拥有自主知识产权的核心技术。产业的技术创新能力构建应同时兼顾技术引进、技术改造和原创型技术创新不同层面,以全面增强产业的创新能力。应加强产业共性技术科技队伍的建设,应在政府购买创新技术产品、知识产权保护、税收优惠、研究开发资助、加速设备折旧等多个方面采取综合措施,形成鼓励创新的有效激励。

6. 积极促进配套性服务的发展

代工企业的持续发展与全社会的配套性服务发展息息相关。为此,促进配套性服务的发展是确保代工企业的持续发展的重要支撑性条件之一。

(1)进一步加强国家信息产业的发展。有效提高代工企业的核心竞争能力,很重要的一个方面就是要积极推进企业的信息化进程。而企业的信息化进程与国家信息产业的发展息息相关。大力推进信息化,是我国实现工业化、现代化的必然选择,是促进生产力跨越式发展、增强综合国力和国际竞争力、维护国家安全的关键环节,是覆盖现代化建设全局的战略举措。

(2)大力发展现代物流业。发展现代物流业对中国制造业的进一步发展意义重大,对促进以制造业企业为主的代工企业的持续发展也至关重要。根据中国的实际情况,应该积极推进物流中心的建设。现代物流中心是组织、衔接、调节、管理物流的较大的物流据点,为了实现进货与发货的同期化,尽可能地缩短商品在物流中心的停留时间,物流中心应具备发达的信息采集传递机制,依据不断变化的供给、需求状况,动态地实施物流管理,这样就会大大降低商品成本中物流成本所占的比例,提高产品的竞争力。应大力发展第三方物流,通过第三方物流企业提供完善高效的物流解决方案等,实现第三方物流企业和客户之间的高效对接与匹配。

(3)改善其他生产性服务行业。自 20 世纪 90 年代以来,金融业在产业重组、技术进步、企业竞争力提高等方面的影响越来越大。代工企业的持续成长离不开金融业的有力支撑。因此,要加大金融改革力度,特别是通过加强民间金融、普惠金融等手段来服务于制造业的发展;应积极发展证券市场、资本市场、外汇市场及风险投资等金融服务体系,进一步推进金融体制改革,完善相关配套设施,为制造业的健康发展提供有力的支持;应培育独立诚信的社会中介机构,充分发挥各类行业协会、会计师事务所、律师事务所等现代中介服务业对发展制造业的重要支持保障性作用,充分发挥其沟通协调、信息服务等方面的优势,降低企业交易成本,推动制造业的发展;要继续营造公平、公正的法律环境,按照国际规范和惯例,清理和修订有关法律法规,特别是不断完善各种经济法律法规;应对合法权益特别是知识产权、物权等提供有力的法律保护,对侵权行为实施坚决打击。

7.加快体制变革和制度创新

在中国,体制变革和制度创新仍然是推进经济发展的最重要的因素,也是企业增强竞争力的最重要的环境因素。因此,体制变革和制度创新也将直接或间接地影响代工企业的持续成长。在未来相当长一段时期内,体制变革和制度创新的主要内容之一仍然是加快政府职能的转变,处理好政府、市场与企业之间的关系。此外,应进一步突破各种行政性垄断,促进企业间的有序竞争。正如波特所说,激烈的国内竞争是本国企业走向全球竞争胜利者的必要前提。竞争越是本地化,就越激烈,它所创造的压力将会使本国企业的竞争优势持续升级。

参考文献

[1] 希尔,琼斯,周长辉.战略管理.孙忠,译.北京:中国市场出版社,2007.

[2] 吴解生.中国制造业的全球价值链融入及其区位优势提升.国际贸易问题,2005(4):87-91.

[3] 冼国明.跨国公司与当代国际分工.天津:南开大学出版社,1994.

[4] 杨农.战略合作经济学:网络时代的企业生存法则.北京:中国财政经济出版社,2004.

[5] 王琴.网络参与者的租金来源与实现途径.中国工业经济,2009(11):99-108.

[6] 吴解生.代工承接商的"关系收益"、"关系成本"与"关系剩余".企业经济,2013(12):47-50.

[7] 汪建成,毛韵诗.从 OEM 到 ODM、OBM 的企业升级路径——基于海鸥卫浴与成霖股份的比较案例研究.中国工业经济,2007(12):110-116.

[8] 吴解生.代工企业的成长空间与竞争策略——台湾宝成工业的发展经验与启示.经济问题探索,2010(2):109-113.

[9] 马海燕,李世祥.代工企业和国际品牌客户相互依赖型的实证研究.管理学报,2015,12(10):1562-1570.

[10] 吴解生,杨慧珍.委托商容忍代工商自创品牌的影响因素分析.企业经济,2012(3):60-62.

[11] 陈黎琴.企业联盟的实现方式研究.北京:经济管理出版社,2008.

[12] 刘汉民,谷志文,康丽群.国外路径依赖理论研究新进展.经济学动态,2012(4):111-116.

[13] 谭力文,马海燕,刘林青.服装产业国际竞争力——基于全球价值链的深层透视.中国工业经济,2008 (10):64-74.

[14] 王雎.跨组织资源与企业合作:基于关系的视角.中国工业经济,2006 (4):44-51.

[15] 杨桂菊.本土代工企业自创国际品牌——演进路径与能力构建.管理科学,2009,22(6):38-45.

[16] 俞荣建.基于全球价值链治理的长三角本土企业升级机理研究.杭州:浙江大学出版社,2010.

[17] 刘林青,谭力文,施冠群.租金、力量和绩效——全球价值链背景下对竞争优势的思考.中国工业经济,2008(1):50-58.

[18] 陈菲琼,王丹霞.全球价值链的动态性与企业升级.科研管理,2007,28 (5):52-59.

[19] 梁建.试论供应链环境下供应商管理中的转换成本.湖北经济学院学报(人文社会科学版),2007(12):48-49.

[20] 张辉.全球价值链理论与我国产业发展研究.中国工业经济,2004(5):38-46.

[21] 刘志彪.中国沿海地区制造业发展:国际代工模式与创新.南开经济研究,2005(5):37-44.

[22] 胡军,陶锋,陈建林.珠三角 OEM 企业持续成长的路径选择——基于全球价值链外包体系的视角.中国工业经济,2005(8):42-49.

[23] 金芳.全球化经营与当代国际分工.上海:上海人民出版社,2006.

[24] 杨桂菊.本土代工企业竞争力构成要素及提升路径.中国工业经济,2006(8):22-28.

[25] 程新章.企业垂直非一体化——基于国际生产体系变革的研究.上海:上海财经大学出版社,2006.

[26] 王锡秋.企业能力战略:基于顾客价值经营竞争优势.北京:东方出版社,2006.

[27] 陈学光.企业网络能力.北京:经济管理出版社,2008.

[28] 罗珉,刘永俊.企业动态能力的理论架构与构成要素.中国工业经济,2009(1):75-86.

[29] 罗珉,何长见.组织间关系:界面规则与治理机制.中国工业经济,2006
    (5):87 - 95.

[30] 俞荣建.基于共同演化范式的代工企业 GVC 升级机理研究与代工策略
    启示——基于二元关系的视角.中国工业经济,2010(2):16 - 25.

[31] 王楷伦,李婧.全球经济一体化中的国际生产组织研究.杭州:浙江大学
    出版社,2007.

[32] 吴解生.代工企业的多客户服务与依附性弱化——部分基于台湾宝成
    工业的相关经验.企业经济,2010(1):33 - 35.

[33] 陈宏辉,罗兴."贴牌"是一种过时的战略选择吗——来自广东省制造型
    企业的实证分析.中国工业经济,2008(1):96 - 104.

[34] 董烨然.全球价值链中市场剩余分配关系研究.经济经纬,2007(4):24 - 27.

[35] 贾生华,吴波,王承哲.资源依赖、关系质量对联盟绩效影响的实证研
    究.科学学研究,2007,25(2):334 - 339.

[36] 卢锋.我国承接国际服务外包问题研究.经济研究,2007(9):49 - 61.

[37] 石磊.关系式交易视角的组织间关系形成.经济理论与经济管理,2007
    (7):55 - 60.

[38] 陶锋,李诗田.全球价值链代工过程中的产品开发知识溢出和学习效应——
    基于东莞电子信息制造业的实证研究.管理世界,2008(1):115 - 122.

[39] 张杰,刘志彪,郑江淮.出口战略、代工行为与本土企业创新——来自江苏
    地区制造业企业的经验证据.经济理论与经济管理,2008(1):12 - 19.

[40] 张小蒂,朱勤.论全球价值链中我国企业创新与市场势力构建的良性互
    动.中国工业经济,2007(5):25 - 32.

[41] 张晔.论买方垄断势力下跨国公司对当地配套企业的纵向压榨.中国工
    业经济,2006(12):29 - 36.

[42] 李维安.网络组织——组织发展新趋势.北京:经济科学出版社,2003.

[43] 史占中.企业战略联盟.上海:上海财经大学出版社,2001.

[44] 李海舰,聂辉华.全球化时代的企业运营——从脑体合一走向脑体分
    离.中国工业经济,2002(12):5 - 14.

[45] 杜传忠.产业组织演进中的企业合作——兼论新经济条件下的产业组
    织合作范式.中国工业经济,2004(6):14 - 21.

[46] 曾忠禄.从企业价值链看战略联盟优势.当代财经,2001(1):61-65.

[47] 宋华.网络化经济时代企业战略联盟的竞争力分析——兼论中国企业的战略合作行为.经济科学,2001(4):20-33.

[48] 孙天琦.合作竞争型准市场组织的发展与产业组织结构演进.经济评论,2001(4):61-63.

[49] 余东华,芮明杰.模块化、企业价值网络与企业边界变动.中国工业经济,2005(10):88-95.

[50] 徐炜.企业间组织:分析模式与运行机制.首都经济贸易大学学报,2004,6(3):24-28.

[51] 祝志明,杨乃定,高婧.基于资源的企业战略联盟形成研究.管理评论,2005,17(9):49-52.

[52] 肖文韬.专用性资产与企业联盟.财经理论与实践,2004,25(3):96-100.

[53] 赵顺龙,韩濮庚.基于组织资本的企业战略联盟分析.江西社会科学,2004(10):110-114.

[54] 董广茂,李垣.战略联盟、价值网络中关系形成的效用组合分析.中国管理科学,2004,12(3):54-59.

[55] 李俊.论产业内贸易与企业内贸易的关系.经济评论,2000(5):25-27.

[56] 田文.基于资产专用性的跨境外包研究.当代财经,2004(7):105-109.

[57] 文嫣.价值链空间形态演变下的治理模式研究——以集成电路(IC)产业为例.中国工业经济,2006(2):45-51.

[58] 雷鸣,朱桂芳.产销战略联盟的意义和实现基础.经济论坛,2000(14):19-20.

[59] 杨瑞龙,冯健.企业间网络及其效率的经济学分析.江苏社会科学,2004(3):53-58.

[60] 王菁娜,韩德昌.基于知识吸收能力视角的学习型战略联盟成因探析.科学管理研究,2007,25(1):69-72.

[61] 厉无畏,王玉梅.价值链的分解和整合——提升企业竞争力的战略措施.经济管理,2001(3):10-11.

[62] 苏桂富,刘德学,卜国琴.全球生产网络治理机制分析.经济问题,2005(2):41-43.

[63] 吕人力,李毅.跨组织合作研究的新视野:伙伴关系管理.外国经济与管理,2005,27(4):22-27.

[64] 赵文丁.国际生产网络的形成及意义.商业研究,2006(9):108-110.

[65] 黄卫平,朱文晖.温特制:美国新经济与全球产业重组的微观基础.美国研究,2004,18(2):7-24.

[66] 刘志彪,吴福象.贸易一体化与生产非一体化——基于经济全球化两个重要假说的实证研究.中国社会科学,2006(2):80-92.

[67] 李晓华.产业组织的垂直解体与网络化.中国社会科学院研究生院,2005(7):28-35.

[68] 李晓华.垂直解体和网络范式下的企业成长.南开管理评论,2006,9(5):89-94.

[69] 宋光兴,杨肖鸳,张玉青.虚拟企业的合作风险研究.软科学,2004,18(3):83-86.

[70] 周俊.代工企业的专用性资产投资对能力构建的作用:机制及调节因素.苏州:苏州大学出版社,2013.

[71] 陈国栋.代工企业的创新动机与创新能力研究.北京:科学技术文献出版社,2015.

[72] 石奇,孔群喜.外资代工模式与本土企业升级.北京:经济科学出版社,2013.

[73] 王晓萍,胡峰.双重产业转移视角的代工制造优化升级:来自浙江观察.对外经贸,2014(12):44-49.

[74] 李桂华,黄磊,卢宏亮.代工专用性资产投资、竞争优先权与自主品牌战略.南开管理评论,2013,16(6):28-37.

[75] 刘丹鹭,郑江淮.异质性企业的国际代工战略选择——基于苏州地区企业的实证分析.国际商务(对外经济贸易大学学报),2012(6):86-97.

[76] 杨桂菊,李斌.获得式学习、非研发创新行为与代工企业品牌升级——基于三星电子的探索性案例研究.软科学,2015(8):25-28.

[77] 尹贻梅,刘志高,刘卫东.路径依赖理论研究进展评析.外国经济与管理,2011(8):1-7.

[78] 刘汉民.路径依赖理论研究综述.经济学动态,2003(6):65-69.

[79] 王雷.全球价值链框架下跨国公司的"纵向控制"策略及突破路径研究——以晋江鞋业集群为例.经济体制改革,2010(5):62-66.

[80] 杨继刚,沈小滨.企业转型.北京:机械工业出版社,2011.

[81] 张京红,王生辉.从代工到创建自主品牌:基于全球价值链理论的阶段性发展模型.经济管理,2010(4):84-91.

[82] 江军民,晏敬东.基于能力不对称的本土代工企业自创品牌博弈分析.企业经济,2013(1):37-40.

[83] 杨桂菊,刘善海.从OEM到OBM:战略创业视角的代工企业转型升级——基于比亚迪的探索性案例研究.科学学研究,2013,31(2):240-249.

[84] 宋晓兵,董大海.国外关系价值研究综述.外国经济与管理,2008,30(4):32-38.

[85] 王亚娟,刘益,张珏.关系价值还是关系陷入?——供应商与客户关系耦合的权变效应研究.管理评论,2014,26(2):165-176.

[86] 姜翰,金占明.企业间关系强度对关系价值机制影响的实证研究——基于企业间相互依赖性视角.管理世界,2008(12):114-125.

[87] 欧志明,张建华.企业网络组织的演进及类型研究.管理科学,2002,15(1):2-6.

[88] 王克岭,罗斌,吴东,等.全球价值链治理模式演进的影响因素研究.产业经济研究,2013(4):14-20.

[89] 王良,刘益,张磊楠.转型业务流程外包中企业间竞合关系类型、知识共享与创新绩效关系研究.科技进步与对策,2013,30(7):84-89.

[90] 秦升.全球价值链治理理论:回顾与展望.国外理论动态,2014(12):14-21.

[91] 陈雨田.价值网络中不同竞合结构下的关系治理模式及绩效研究.上海交通大学,2012.

[92] 刘友丽.企业网络组织竞合关系研究.大连海事大学,2013.

[93] 徐礼伯,施建军,张雪平.企业战略转型的思维突破与路径依赖超越.江海学刊,2014(2):215-220.

图书在版编目(CIP)数据

中国企业的国际代工问题研究 / 吴解生著. —杭州：
浙江大学出版社，2017.5
ISBN 978-7-308-16699-7

Ⅰ.①中… Ⅱ.①吴… Ⅲ.①加工企业－企业发展－
研究－中国 Ⅳ.①F426

中国版本图书馆 CIP 数据核字(2017)第 039029 号

中国企业的国际代工问题研究

吴解生　著

责任编辑	杨利军	
文字编辑	金　蕾	
责任校对	丁沛岚　於国娟	
封面设计	项梦怡	
出版发行	浙江大学出版社	
	（杭州市天目山路 148 号　邮政编码 310007）	
	（网址：http://www.zjupress.com）	
排　　版	杭州中大图文设计有限公司	
印　　刷	杭州日报报业集团盛元印务有限公司	
开　　本	700mm×960mm　1/16	
印　　张	14.5	
字　　数	223 千	
版 印 次	2017 年 5 月第 1 版　2017 年 5 月第 1 次印刷	
书　　号	ISBN 978-7-308-16699-7	
定　　价	48.00 元